Werner Dahlheim
Die Römische Kaiserzeit

Werner Dahlheim
Die Römische Kaiserzeit

Oldenbourg Verlag München 2013

Bibliografische Information der Deutschen Nationalbibliothek

Die Deutsche Nationalbibliothek verzeichnet diese Publikation in der Deutschen Nationalbibliografie; detaillierte bibliografische Daten sind im Internet über <http://dnb.d-nb.de> abrufbar.

© 2013 Oldenbourg Wissenschaftsverlag GmbH, München
Rosenheimer Straße 145, D-81671 München
Internet: oldenbourg.de

Das Werk einschließlich aller Abbildungen ist urheberrechtlich geschützt. Jede Verwertung außerhalb der Grenzen des Urheberrechtsgesetzes ist ohne Zustimmung des Verlages unzulässig und strafbar. Dies gilt insbesondere für Vervielfältigungen, Übersetzungen, Mikroverfilmungen und die Einspeicherung und Bearbeitung in elektronischen Systemen.

Satz: le-tex publishing services GmbH, Leipzig
Druck und Bindung: Grafik+Druck GmbH, München

ISBN 978-3-486-71716-7
e-ISBN 978-3-486-72898-9

Inhalt

Vorwort 7

Augustus: Der Monarch bemächtigt sich der Republik 9
Die Macht der Tradition 9
Die Grundlagen der augusteischen Restaurationspolitik 12
Das Bündnis mit der Republik 16

Die Monarchie: Ihre Ausgestaltung und ihre Funktion 25
Die rechtlichen und politischen Formen der Herrschaft 25
Die sozialen Grundlagen 31
Die sakrale Weihe 35
Die Repräsentation der kaiserlichen Macht 40

Die politischen Eliten 47
Die Zusammensetzung: Reichsadel und kommunale Eliten 47
Der Reichsadel und seine Aufgaben 49
Die soziale und politische Abgrenzung
  des Senatoren- und Ritterstandes 58
Die Loyalität des Reichsadels 61
Die sozialen Pflichten des Reichsadels 65
Die lokalen Eliten der Städte 68

Der Bürger der Stadt und der Bauer 77
Die wirtschaftlichen Bedingungen des städtischen Lebens 77
Das gesellschaftliche Leben in den Städten 83
Grundherr und Bauer 90

Das Heer 95
Die Unterwerfung der Armee unter die Interessen des Staates 95
Die Aufgaben und die Organisation des Heeres 100
Die Verschmelzung der Armeekorps mit den Grenzprovinzen 104

Die Behauptung und die Erweiterung des Weltreiches 109
Die Antriebskräfte der Expansion 109
Die Ziele und die Grenzen der Außenpolitik 115
Die Mittel der Außenpolitik 124

Das Imperium Romanum — 131

Der Zustand der unterworfenen Welt — 131
Die Herrschaftsmittel: Provinzialisierung, Stadtpatronat,
Urbanisierung — 134
Die Dauer des Reiches — 147

Der Aufbruch in eine neue Welt: Das Christentum — 153

Die Anfänge — 153
Die Ausbreitung, die Festigung der Glaubensinhalte,
die neue Würde des Schwachen — 156
Das christliche und das römische Staats- und Religionsverständnis — 163
Der Konflikt — 169
Der Weg zum Bündnis von Staat und Kirche — 176
Zusammenfassung — 181

Literaturhinweise — 183

Quellensammlungen — 183
Gesamtdarstellungen — 183
Der Kaiser — 183
Das Imperium — 184
Gesellschaft und Wirtschaft — 185
Kunst und Literatur — 186
Die Religion — 186
Rezeptionsgeschichte — 187

Zeittafel — 189

Vorwort

Drei Leitmotive bestimmen den Gedankengang: Die Kaiserzeit ist die Geschichte eines Weltreiches, dem eine außergewöhnliche Dauer beschieden war – diese zu erklären ist weit wichtiger als die Schilderung der Taten der jeweiligen Regenten. Und weiter: Antike Geschichte ist Stadtgeschichte. Städte waren es, die den Raum der Politik und das Leben der Menschen bestimmten – ihr Schicksal zu verfolgen, führt ins Herz des Imperiums. Schließlich: Die europäischen Völker lebten über Jahrhunderte in der Überzeugung, die Erinnerung an die Römer sei Teil ihrer Kultur und unersetzlich – der Grund dafür ist zuallererst in ihrer Geschichte selbst zu suchen. Lebendig geblieben ist bis heute das Christentum. Es begann seinen Siegeszug im fernen Judäa, und die Anhänger des Glaubens an den gekreuzigten Erlöser aller Menschen veränderten die Welt gründlicher als jeder Monarch Roms.

Das vorliegende Buch enthält den Darstellungsteil des in der Reihe „Oldenbourg Grundriss der Geschichte" erschienenen Bandes „Geschichte der Römischen Kaiserzeit". Ein detailliertes Inhaltsverzeichnis gliedert die behandelten Gegenstände. Der Text wurde durchgesehen und wo nötig korrigiert. Ein kommentiertes Literaturverzeichnis findet sich im Anhang. Der o.g. Grundrissband unterrichtet über die Quellen und die Themen der Forschung; zu ihnen gehört die Erörterung der Gründe, die den Aufstieg des Christentums möglich machten.

Berlin, im Juni 2012　　　　　　　　　　　　　　　　Werner Dahlheim

Augustus: Der Monarch bemächtigt sich der Republik

Die Macht der Tradition

„Mit der neuen Staatsform, dem Prinzipat, beginnt die Geschichte der römischen Kaiserzeit. Augustus, wie Octavian seit 27 v. Chr. auf Beschluss des Senates genannt wurde, ist der erste Monarch der neuen Ordnung, aber er wie auch die Senatsaristokratie wollte in ihr nicht den Beginn einer neuen, sondern die Fortsetzung der alten Ordnung (*res publica restituta*) sehen" (Jochen Bleicken).

Dass sich Augustus der Geschichte der aristokratischen Republik unterwarf, ist in der Geschichte des Adoptivsohnes des Caesar in der Tat das ungewöhnlichste Phänomen. Die altvordere Erziehung im Elternhaus des kleinstädtischen Velitrae hat dabei ihre Rolle gespielt; sie erklärt jedoch bei weitem nicht alles: Der Erbe Caesars kämpfte bereits als 20jähriger auf den Schlachtfeldern Italiens und des Ostens um die persönliche Macht und die *dignitas* seiner Familie, und nichts in diesen Kämpfen ließ Raum, den Geboten der republikanischen Tradition zu folgen. Im Gegenteil: Nur durch ihre ständige Verletzung konnte die Macht der Republik abgetrotzt werden. Die im November 43 Senat und Volk in der Form des Triumvirats aufgezwungene Militärdiktatur, die Kriege gegen die Mörder Caesars (Philippi 42 v. Chr.), gegen Sextus Pompeius (Naulochos 36 v. Chr.), gegen Antonius (Aktium 31 v. Chr.), die physische Vernichtung der politischen Elite, soweit sie das Knie nicht beugen wollte, in den Proskriptionen, und schließlich die vom Senat 39/38 offiziell vollzogene Vergottung Caesars, die den Adoptivsohn als *Divi filius* der menschlichen Welt zu entrücken begann, hatten den politischen Willen der Republik zerstört.

Erst als dies gelungen war, erst als die Republik ihm, dem Übermächtigen, huldigen musste, räumte Octavian ihr – ihren Normen und ihrer Moral – Urteil und Entscheidung über sein Leben und über seine politischen Ziele ein. In dem Maße, in dem die eigenen Leistungen die Republik zerstörten, lernte der Sieger die Unterordnung unter die Geschichte, nahm er Abschied von der Selbstherrlichkeit, mit der Caesar seinen Standort innerhalb des Staates und dessen Geschichte bestimmt habe, restaurierte er mit der Geduld eines langen Lebens und der manchmal wunderlichen Beharrlichkeit des Moralisten die Institutionen und die Ethik der Republik und zwang sie den Zeitgenossen auf, die sich ihr schon entwachsen dachten.

Die einzigartige Macht, die die Tradition bei der Begründung der neuen Ordnung entfaltete, erklärt sich zunächst sehr allgemein: Der Rückgriff auf die Vergangenheit war in der gesamten Antike immer ein wesentlicher Teil der Begründung für die Richtigkeit eines politischen Weges oder die Güte vorhandener staatlicher und gesellschaftlicher Zustände gewesen und hatte selbst dort getaugt, wo tatsächlich die bestehenden Ordnungen umgestülpt wurden. Die von Augustus versuchte Verschmelzung von republikanischer Tradition und dem Anspruch auf Alleinherrschaft verlangt darüber hinaus jedoch präzisere Erklärungen:

1. Was genau hatten Augustus und seine Zeitgenossen vor Augen, wenn sie von der Republik sprachen, die es zu restaurieren gelte?
2. Welche gesellschaftlichen Kräfte von Bedeutung waren daran interessiert und vor allem mächtig genug, ihre Zustimmung zu der neuen Ordnung von der Wiederherstellung der alten wenigstens der Idee nach abhängig zu machen?
3. Welche Eindrücke, Vorstellungen und Lehren jenseits des Elternhauses bestimmten das Verständnis des Augustus von seiner Aufgabe, deren Größenordnung – daran hatten die Bürgerkriege keinen Zweifel mehr gelassen – die Frage nach Sein oder Nichtsein des Staates abgemessen hatte?

Die Anschauung der Zeit von den konstitutiven Elementen der *res publica* war in wesentlichen Teilen historisch und identisch mit der Geschichte der republikanischen Ordnung selbst. Die Alternative zur Unordnung blieb auch am Abgrund der durch die Geschichte ausgewiesene Staat, und dieser war in den Augen Ciceros und seiner Zeitgenossen der in der Zeit vor 133 existierende. Gemeint war damit nicht alles, was der Erinnerung aus dieser Zeit geblieben war, sondern das, was im Bewusstsein der Zeitgenossen noch lebendiger Bestandteil der staatlichen Existenz und somit nicht im strengen Sinne des Wortes vergangen war. Die Institution des Volkstribunats z. B. war damit, unabhängig von dem Wert, den man der Politik der Volkstribunen noch zumaß, ebenso gemeint wie die Zwölf-Tafeln, deren Bestimmungen so gut wie niemand mehr verstand, mit denen aber gelebt wurde.

Für Augustus waren diese Gedankengänge Teil seines eigenen politischen Selbstverständnisses, sodass er ohne Umwege hierin eines der wichtigsten politischen Probleme erkennen konnte, das es zu lösen galt. Seine Vision von einer besser zu bewältigenden Zukunft wurzelte daher in der Überzeugung von der Sinnfälligkeit der durch die Geschichte ausgewiesenen Staatsordnung. In deren Zentrum sollte und musste nach wie vor ein funktioneller Mechanismus stehen, der von der Ausübung der Macht keine bis dato politisch gewichtige Gesellschaftsschicht so ausschloss, dass diese auf Dauer ihre von der Geschichte legitimierten Rechte oder Forderungen bewusst verletzt sah.

Ein weiterer, der Erfahrung der Zeit und ihrer Deutung abgelesener Eindruck kam hinzu: Als Cicero und Sallust stellvertretend für ihre Generation den Niedergang des Staates mit dem Schwinden der Moral in Verbindung brachten, hatten sie ein wichtiges Symptom der Krise – wenn auch nicht deren Ursache festgehalten. Für Augustus, der in allen Fragen der Moral das hauptstädtische Treiben sein Leben lang aus der kleinbürgerlichen Perspektive seiner Heimatstadt Velitrae misstrauisch beobachtete, hatten derlei Gedankengänge, die der Zeitgenosse Livius in einem grandiosen Gang durch das Museum der römischen Helden noch vertiefen und anschaulich machen sollte, wesentliche politische Grundpositionen bestimmt. Dazu gehörte, dass die Wiederherstellung des Staates nur aus dem Geiste möglich schien, der Rom groß gemacht hatte. Ihn präsentierten die Heroen der Geschichte in idealer Weise, und ihr auf den Staat bezogenes Ethos – verbunden mit einer altväterlichen Lebensformen abgelesenen Lebensmoral – musste dem Werk der Restauration den belebenden Atem der Begeisterung, der Initiative und der Identifikation einhauchen.

Die Erinnerung an die eigene Geschichte sollte also die Kräfte freisetzen, die die verhängnisvollen Gewalten der Gegenwart bändigen konnten. Tatsächlich war eine solche Denkweise zu politischen Entscheidungen fähig, die die tragenden Kräfte der Gesellschaft in ihre ideell nie verlorene staatliche Pflicht zwangen. Voraussetzung dafür war allerdings das Bündnis des großen Einzelnen mit der Senatsaristokratie, die allein die Beschwörungsformeln der Vergangenheit, die die der eigenen Geschichte waren, aufnehmen und an neu herandrängende Führungsschichten weitergeben konnte. Die Erinnerung verlieh hier wie ansonsten ihre Macht dem, der seine Vorstellungen mit der sozialen Schicht abstimmte, die die entwickelten Werte als ihre eigenen erkennen konnte und in ihrer Wiederaufnahme das Tor zu einer neuen politischen Zukunft aufgestoßen sah.

Die Grundlagen der augusteischen Restaurationspolitik

Bei der Suche nach der neuen Ordnung blieb Octavian ohne Vorbilder, die – wie etwa die altorientalischen Monarchien den Generälen Alexanders den Weg gewiesen hatten – Licht in die Zukunft hätten werfen können. Sicher war nach Aktium nur, dass der Ausgleich mit den Kräften gefunden werden musste, die immer die Republik auf ihre Fahnen geschrieben hatten und damit den Mördern Caesars näher als seinem Erben standen. Dies entschied einen Punkt vorab: Nicht Caesar konnte zum Archegeten einer neuen politischen Ordnung taugen, die unter dem Ideal der *res publica restituta* gegründet werden sollte, und nicht als *Divi filius* war die persönliche Macht, die das Kriegsglück bei Aktium geschenkt hatte, den politischen Kräften abzuringen, die die Tradition der Republik verkörperten. So wurde die Senatsaristokratie zum Dreh- und Angelpunkt aller politischen Überlegungen des 29 v. Chr. aus dem Osten heimkehrenden Siegers, und ihr wurde das erste Zeichen des möglichen Ausgleichs gegeben: Der Sohn des vergöttlichten Caesar verzichtete auf die kultische Verehrung der eigenen Person in der Hauptstadt. Kein Tempel trug seinen Namen, kein Flamen betreute einen auf seine Person ausgerichteten Kult und vor allem: Augustus war offiziell nicht Gott, jedenfalls nicht in der Form, in der Caesar als Jupiter Julius [Cassius Dio 44, 6, 4] Gott gewesen war.

Für die Senatsaristokratie lautete nach Aktium die Kernfrage, ob die wesentlichen politischen Entscheidungen, die die Existenz des Reiches und das soziale Leben betrafen, auch in Zukunft im Rahmen der dem *mos maiorum* verpflichteten Ordnung – und das hieß mit dem Senat und der in ihm präsenten Elite – getroffen wurden oder nicht. Die Antwort darauf konnte nur das Maß der Beteiligung der Senatsaristokratie an der Macht bestimmen, da die hypothetische Alternative, die vorhandene politische Elite durch eine neue, in die politische Entscheidung drängende Schicht zu ersetzen, in der historischen Realität nicht existierte. Nichts konnte die militärische und politische Erfahrung der Nobilität ersetzen. Die Summe ihrer Taten umschloss alle inneren und äußeren Erfolge der Republik, und sie hatte das Maß an Zustimmung aller Schichten gefunden, das im Raume der politischen Entscheidung den Herrschaftsanspruch der *nobiles* geradezu sakrosankt machte. Als der Soldat Caesar dies vergaß, war er zum Scheitern verurteilt. Aus den anderen sozialen Schichten Roms und Italiens konnte ihm keine politisch wirksame Kraft die Hand reichen, um gemeinsam mit ihm eine neue Ordnung zu begründen. Selbst die eigenen Anhänger, so sehr sie die regierenden Häupter des Senates verachteten und auf ihre größere persönliche Leistung für den Staat pochten, dachten und handelten in den Denkkategorien der Republik und wollten die Herren des Staates und nicht die Diener eines der ihren sein – wie herausragend immer dessen Verdienste um die Republik gewesen sein mochten. Die Kräfte des Widerstandes, die Caesar das Ende bereiteten, verkörperten die politische Realität, d. h. sie drückten aus, was bis auf Teile der hauptstädtischen Plebs und der Legionen alle Schichten dachten und wonach sie handelten.

Das Chaos der Bürgerkriege nach Caesars Tod schwächte den Widerstand. Der Wunsch und der Wille aller Schichten nach Ordnung und Recht überdeckten alle anderen konkurrierenden Vorstellungen. Die Resignation gebar die Bereitschaft, über eine neue Verteilung der Macht nachzudenken, und gab der auf das Schwert gestützten Macht zum ersten Mal die Möglichkeit, Vorstellungen dazu zu entwickeln und anzubieten. Die großen aristokratischen Familien, ausgeblutet in den Proskriptionen und auf den Schlachtfeldern der Bürgerkriege, anerkannten nunmehr den Wandel des Bestehenden – de facto ohnehin unübersehbare Realität – und machten ihn zum Gegenstand praktischer Politik. Vor allem aber das jahrhundertealte aristokratische Ethos, das den eigenen Machtanspruch untrennbar mit dem Schicksal der *res publica* verbunden hatte, stieß das Tor für eine neue politische Ordnung auf, als sich im verzweifelten Zustand des eigenen Standes die schwindende Kraft des Staates widerspiegelte, und der siegreiche General das Bündnis zur Rettung des Staates anbot.

Das Kernstück dieses Bündnisses mit dem Ziel der Staatserneuerung wurde so die Restaurierung des Führungsanspruches der Senatsaristokratie, die der geistige und gesellschaftliche Mittelpunkt auch der neuen Ordnung sein sollte. Augustus war in diesem Punkt mehr der politische Erbe Sullas als der Caesars, ohne allerdings dessen Versuch zu wiederholen, die rein gesellschaftliche Bindung der Magistratur an den Willen der im Senat gegenwärtigen politischen Elite juristisch zu normieren. Sullas Konzeption, das Volkstribunat und seine Gesetzesinitiative nicht wie vor 133 de facto, sondern auch de jure an die Entscheidung des Senats zu binden, war gescheitert. Der Grund des Scheiterns bezeichnet präzise den wichtigsten Punkt, von dem aus die aristokratische Mitarbeit zu gewinnen war: Die Mehrheit der Aristokratie erkannte nur die Verpflichtung an, das bestehende und durch die Tradition legitimierte

Gefüge der Institutionen den Gegebenheiten anzupassen, nicht jedoch, es außer Kraft zu setzen.

Es enthüllt sich hier zugleich, welche Möglichkeiten Augustus erkannte, seinen persönlichen Machtanspruch in die bestehende Ordnung einzupflanzen. Seine politische Haltung war wie die Sullas geprägt vom römischen Traditionalismus und dem römischen Rechtsbewusstsein, die beide – ohnehin untrennbar verknüpft – eine Zerstörung vorhandener, durch die Geschichte ausreichend anerkannter Institutionen ausschlossen. Jede neue Form der politischen Machtverteilung konnte daher nur so bewerkstelligt werden, dass sie eingebaut wurde in das bestehende Gefüge und das bestehende Netz von Institutionen und Verfahrensregelungen. Diese waren zwar hinsichtlich ihrer Funktionen modifizierbar, sie konnten jedoch nicht bis zur Unkenntlichkeit verstümmelt oder gar beseitigt werden.

Der Senat erwies sich damit in zweifacher Hinsicht als Schlüsselproblem für die Sicherung des Machtanspruches des Augustus: Zum einen als Institution, deren politischer Wille zusammen mit der Machtkompetenz der Magistrate, die diesen Willen juristisch verbindlich werden ließen, die Mitte des staatlichen Lebens in Rom bildete; zum anderen als sinnfälliger Repräsentant der sozialen und politischen Realität, die gesellschaftlich auf einer aristokratisch geprägten Sozial- und Denkordnung beruhte, an deren Vitalität der Bestand Roms und seine Herrschaft über den *orbis terrarum* unauflöslich geknüpft war. Daneben war eine selbstständige politische Größe nie existent gewesen und ist auch in der römischen Staatstheorie (Cicero) nie als auch nur denkbar ausgewiesen worden. Augustus konnte daher – wollte er nicht das ganze Gebäude einreißen und die Anarchie des Schwertes als Ordnung ausgeben – nur in dieses Zentrum eintauchen und in das vorhandene Beziehungsgeflecht zwischen Senat und Magistrate seine persönliche Machtstellung einbinden.

Außerhalb dessen gab es nur Bezugspunkte für eine jenseits der republikanischen Wirklichkeit angesiedelte Machtstruktur. Dabei lag der unmittelbaren Anschauung die hellenistische Monarchie am nächsten, die jedoch als die Staatsform der von Rom Besiegten ihre Unterlegenheit gegenüber der republikanischen Ordnung in römischen Augen bewiesen hatte und nichts Vorbildliches besaß.

Dass Antonius in den dreißiger Jahren hier Anknüpfungspunkte für die Beherrschung des griechischen Ostens gesucht hatte, verstärkte diese Einschätzung noch, da die Propaganda Octavians vor dem Ausbruch des Krieges um die Alleinherrschaft alle umlaufenden negativen Wertungen dieser Staatsform auf den Nenner gebracht, ihr jeden staatlichen Charakter abgesprochen und sie als *dominatio*, d. h. als Herrschaft eines Privaten über ein Volk von Sklaven, definiert hatte. So blieb es den Kaisergenerationen nach Nero vorbehalten, die monarchische Gewalt, die immer ein Stück römischer Revolution repräsentierte, mit den Zügen der hellenistischen Monarchie anzureichern, die im Bereich der Herrschaftslegitimation, des Herrschaftsethos und der Regierungspraxis aus der republikanischen Tradition nicht zu gewinnen waren.

Ebenso wenig tragfähig erwies sich der Rückgriff auf die altrömische Monarchie, den Caesar entgegen seiner sonstigen Art zögernd, so als traute er der Sache selbst wenig Durchschlagskraft zu, versucht hatte. Octavian verfolgte bis in die denkwürdige Senatssitzung am 16.1.27 diesen Gedanken in der modifizierten Form des Rückgriffs auf Romulus [Sueton Aug. 7, 2; Romulus im Giebel des Mars-Ultor-Tempels]. Tatsächlich musste sich der Anspruch, Neugründer des Staates sein zu wollen, in der mythischen Welt eines Romulus, Numa und Servius Tullius spiegeln können: Hatten sie doch die urbs, ihre Religion und ihre Verfassung geschaffen und (nach Cicero) nicht wie Herren über Sklaven, sondern wie Väter über ihre Kinder regiert. Trotzdem wies aus dem Dunstkreis der Legenden, mit denen sich Rom über seine Ursprünge verständigte, nichts den Weg in die praktische Politik. Die Vergangenheit, ohnehin eine gelehrte Rekonstruktion, gab außer der Möglichkeit einer groben Verständigung über die angesteuerten Ziele nichts für die Gegenwart her. Und auch hier war sie – wie Octavian schnell erfahren musste – zweideutig: Romulus erschien dem Betrachter einmal als Gründer der Ewigen Stadt, dann wieder als *rex*, dessen Würde nachzustreben die Republik seit Jahrhunderten zum todeswürdigen Vergehen erklärt hatte. Seinen Brudermord konnte sie zwar erklären, aber nie verzeihen, zumal er den Zeitgenossen angesichts des Todes des Antonius nunmehr im Licht der eigenen Erfahrung vor Augen stand.

Was blieb, war die Republik. Ihre Lebensfähigkeit stand nicht hoch im Kurs, als politische Ordnung bündelte jedoch sie allein das Maß an allgemeiner Zustimmung, ohne das Herrschaft nicht als Kontinuum möglich ist. Die Institution, die Augustus das Eintauchen in diese Ordnung erlaubte, war die Magistratur und das magistratische *imperium*, und damit zugleich der Teil der staatlichen Ordnung, der sich in den Jahrzehnten nach Sulla aus dem kunstvollen Zusammenspiel von Senat, Volk und Magistrat unübersehbar herausgestohlen hatte. Bevor Octavian die politische Bühne überhaupt betreten sollte, war der gesellschaftliche (rechtlich nie fixierte) Konsens, der dem Senat die Rolle des zentralen Regierungsorgans zugewiesen hatte [Auctor ad Herennium 4, 35, 47], gestört und außer Kraft gesetzt worden. Das Funktionieren der staatlichen Organe, das die Rückblickenden bis zu den Gracchen als vorbildlich priesen, war bereits Geschichte: Der Senat, der als Institution die Fähigkeit zum Handeln nie besessen und dem auch jegliche Initiative zur eigenen Beschlussfassung gefehlt hatte, war durch seinen exekutiven Arm, die Magistratur, entmachtet worden, als deren durch die Amtsschranken von Annuität und Kollegialität nur schwach gebundene militärische, politische und jurisdiktionelle Gewalt nicht mehr dem Willen der Senatsmehrheit, sondern den Interessen einzelner Aristokraten und ihrem unstillbaren Hunger nach *gloria*, *dignitas* und *clientelae* [Sallust, Historien 1, 12] gehorchte.

Für Octavian war dieser Prozess der Verselbstständigung der Magistratur Teil der Verfassungswirklichkeit und Teil der eigenen Geschichte; der Weg nach oben war die Usurpation der Machtfülle des magistratischen *imperium* in verschiedenen Erscheinungsformen gewesen. Umkehrbar war diese Entwicklung nicht. Jede Schwächung der magistratischen Machtfülle hätte die Herrschaft über die Provinzen infrage gestellt, und niemand in Rom hätte es je wagen können oder wollen, diese größte Leistung der Republik zu gefährden. Die historische und die eigene Erfahrung hatten also gelehrt, dass das magistratische *imperium* der archimedische Punkt war, von dem aus das Staatsgebäude zu zerstören oder zu reformieren und von dem aus der politische Machtanspruch des Einzelnen zu institutionalisieren war. Als Augustus dieses Erbe der Generäle der Bürgerkriege annahm, machte er an diesem zentralen Punkt deutlich, dass es eine Rückkehr zur republikanischen Regierungskompetenz des Senates, in welcher Form auch immer, nicht geben konnte. Die magistratische Gewalt trat unwiderruflich als eigenständige Größe auf, und ihre Ausgestaltung durch Augustus bildete den zukünftigen Angel- und Drehpunkt der monarchischen Gewalt und ihrer Einkleidung.

Das Bündnis mit der Republik

Historisch ist dieses Ereignis auf die denkwürdige Januarsitzung des Senates im Jahre 27 genau zu datieren, in der Octavian zunächst die im Jahre 32 usurpierte außerordentliche Gewalt an Senat und Volk zurückgab. Mit diesem spektakulären und vor der römischen

Öffentlichkeit wirkungsvoll inszenierten Akt zog Octavian einen verbindlichen Schlussstrich unter die Ära der Bürgerkriege und bekannte zugleich vor aller Welt, dass die Ordnung der Republik und ihre Neugestaltung allein den Weg in eine bessere Zukunft weisen sollten. Die Senatsaristokratie, physisch dezimiert, gedemütigt und selbst an ihrem Regiment und seiner staatserhaltenden Funktion zweifelnd, erkannte nunmehr an, dass ein Teil der drängenden Aufgaben im Inneren und in den Provinzen nur von Octavian zu lösen war. In aller Form, in der die Einsicht der politischen Elite in diese Notwendigkeit zum Ausdruck gebracht wurde, drängte der Senat Octavian zur Übernahme dieser Aufgaben und übertrug ihm die Kompetenzen, die dazu erforderlich waren [der entscheidende Bericht bei Cassius Dio, 53, 12-19].

Im innerrömischen Bereich, der seit 89 v. Chr. Italien einschloss, blieb das Konsulat zunächst das wichtigste Amt, von dem aus die Gesetzesinitiative und die Herbeiführung von Senatsbeschlüssen zu handhaben war und dessen kollegiale Führung das Einvernehmen mit der Aristokratie und der Tradition unschwer herstellte. Augustus bekleidete dieses Amt bis zum Jahre 23 jährlich neu, um es in den späteren Jahrzehnten nur noch ausnahmsweise zu beanspruchen. Nach 23 hatte sich die Zustimmung zu seinem Herrschaftsanspruch so klar artikuliert, dass das Beharren auf einem Amt überflüssig wurde, das als Höhepunkt jeder aristokratischen Karriere galt und dessen Monopolisierung gerade deswegen Widerstände provozieren musste, zumal bereits Sulla die Iteration ausgeschlossen hatte. Die Übertragung des Rechtes, gegebenenfalls mit dem Senat wie der ihm vorsitzende Konsul verhandeln zu dürfen, konnte nunmehr angesichts der faktischen Machtverteilung genügen, um die Übereinstimmung des politischen Willens des Senates mit dem des Augustus herbeizuführen. Die Zuerkennung der äußeren Würde eines Konsuls (*ornamenta consularia*) im Jahre 19 v. Chr., d.h. das Recht auf die *sella curulis* zwischen den amtierenden Konsuln im Senat und auf 12 Liktoren, schloss die Einbindung wesentlicher Teile des konsularischen *imperium* in die persönliche Machtstellung des ersten Mannes im Staate ab.

Die Geschichte seit Sulla hatte gelehrt, dass die Herrschaft über die Provinzen und die Kontrolle der Außenpolitik über die Möglichkeit entschied, den persönlichen Machtanspruch des Einzelnen durchzusetzen und ihm Dauer zu verleihen: Wer die Ressourcen der Provinzen für den politischen Kampf nutzen konnte, war Herr in Rom. Gerade an diesem Punkt war der Einklang mit den republikanischen Formen und den Herrschaftsinteressen des Senates schwer zu finden, da jede in den Provinzen begründete und auf Dauer angelegte Machtstellung als Menetekel der Bürgerkriege erscheinen musste und die Ansprüche des aristokratischen Regiments, das das Weltreich geschaffen und zusammengehalten hatte, am schwersten treffen musste. Augustus fand auch hier den Weg zwischen Skylla und Charybdis. Er schlug die Lösung zeitlich befristeter Aufgaben im Herrschaftsbereich vor und beanspruchte ein auf zehn Jahre befristetes *imperium* für die nicht befriedeten Provinzen; dabei gab er vor dem Senat der Hoffnung Ausdruck, diese Provinzen schon vor Ablauf dieser Frist zurückgeben zu können. Der zeitliche und räumliche Umfang dieses *imperium*, das als prokonsularisches gelesen werden muss, kennzeichnen die damit verliehene Gewalt als eine außerordentliche, die ihrer Substanz nach der bei Aktium mit dem Schwert erkämpften Machtstellung am nächsten kam. Sie lag in der verabschiedeten Form jedoch nicht eindeutig außerhalb des republikanischen Herkommens, da in der nahen Vergangenheit Fälle ähnlicher Machtübertragung vorgekommen waren, die – jedenfalls im Bewusstsein der Zeitgenossen – den alten republikanischen Staat in seiner Struktur nicht verändert hatten. Die *lex Gabinia* und die *lex Manilia*, die 67 und 66 v. Chr. Pompeius den Oberbefehl im Krieg gegen die Seeräuber und gegen Mithridates übertragen und die üblichen zeitlichen Befristungen und territorialen Begrenzungen aufgehoben hatten, waren angesichts ihrer sachlichen Berechtigung und der mit ihnen erreichten Erfolge dem *mos maiorum* zugeordnet worden. Analoge Verfahren waren damit prinzipiell sanktioniert und wiederholbar: Die Bindung an eine spezifische Aufgabe und die auf zehn Jahre begrenzte Gewalt gaben nun auch dem *imperium* des Augustus eine Form, die mit der Gewalt des republikanischen Feldherrn und Provinzialstatthalters vergleichbar blieb.

Die verwaltungstechnische Teilung des Reiches beließ dem Senat und den von ihm erlosten Prokonsuln die Provinzen, die seit langem als befriedet galten und in denen daher keine nennenswerten Truppen stationiert waren: Sizilien, Sardinien und Korsika, Hispania ulterior, Gallia Narbonensis, Dalmatien, Makedonien, Achaia, Asia, Bithynien und Pontos, Zypern, Kreta, die Cyrenaica und Africa. Augustus übernahm alle Randprovinzen und konzentrierte jede außenpolitische Initiative und Entscheidung auf seine Person, was der weiteren Legitimation seines Machtanspruches den nötigen Spielraum verschaffte und die Möglichkeit ausschloss, dass sich ein konkurrierender Imperiumträger mit militärischen Lorbeeren schmückte, die den eigenen Ruhm verblassen lassen konnten. Die militärische Befehlsgewalt über die Legionen, die als stehendes Heer organisiert und an den Grenzen stationiert wurden, fiel in die Hände des Prinzeps, der nunmehr mit den Ressourcen der Provinzen nur noch von den eigenen, untreu gewordenen Paladinen, nicht jedoch von einem mit selbstständigem *imperium* ausgestatteten Magistrat angegriffen werden konnte.

Die Suche nach der magischen Formel, die den Anspruch des großen Einzelnen nach der Macht mit der Tradition der republikanischen Vielzahl versöhnen sollte, hatte in der Sitzung des Senates im Januar 27 das erste Ziel erreicht: Dem weitgehenden Rückzug aus dem innerrömischen Regelkreis der Macht, in dem das konsularische Amt und die ihm eigenen Initiativrechte gegenüber Senat und Volk ausreichen sollten, entsprachen der Rückzug aus dem inneren Kreis des Provinzialreiches und die Bindung der übertragenen militärischen Befehlsgewalt an konkrete Aufgaben, die zeitlich befristet waren. Zugleich war damit das Fundament gebaut, auf dem die ungezwungene Zustimmung der öffentlichen Meinung den Anspruch des Augustus weiter festigte und dem praktischen Vollzug seiner Regierung die nötige lebensspendende Kraft verlieh.

Die Korrektur des Kurses im Jahre 23 konnte denn auch unschwer den einmal gesteckten Wegweisern folgen: Das Konsulat wurde der Elite der Senatsaristokratie ganz zurückgegeben, und an seine Stelle trat die *tribunicia potestas*, die das *ius auxilii*, das Interzessionsrecht, die Gesetzesinitiative und das Recht, den Senat einzuberufen, beinhaltete. Diese Amtsvollmachten entbehrten der aristokratischen Würde des Konsulats. Ihr funktionaler Wert war jedoch – zusammen mit dem übertragenen konsularischen Recht der Antragstellung im Senat ausreichend, um jede gegen Augustus gerichtete Aktion zu unterbinden und selbst in allen Bereichen der republikanischen Ordnung handeln zu können. Wie effektiv dies aussehen konnte, wusste niemand genauer als die Nobilität, für die bis 133 das Volkstribunat den wichtigsten Hebel abgegeben hatte, mit dem man den eigenen Herrschaftsanspruch gegenüber dem Volk durchgesetzt hatte.

Die – analog zum *imperium proconsulare* zu denkende – Bündelung von genau definierten Vollmachten einer „bloß zum Verneinen geschaffenen Institution" (Mommsen), die zudem in den zurückliegenden Jahrzehnten besonders missbraucht worden war, ist die Erfindung des Augustus selbst gewesen [Tacitus, ann. 3, 56] und verfolgte über die praktische Handhabung der Vollmachten hinaus einen doppelten Zweck. Zum einen war die Verbundenheit mit dem Volk und der Wille, auch ihm Schutzpatron sein zu wollen, aus dem *ius auxilii fe-*

rendi unmittelbar zu begründen; der Gedanke, dass damit zugleich dem demokratischen Zweig der republikanischen Tradition Genüge getan werde, stellte sich von selbst ein. Zum anderen – und dies wog schwerer, weil es für die Zukunft von höchster Bedeutung war – wurden die tribunizischen Vollmachten ohne Fristsetzung verliehen und dazu benutzt, die Regierungsjahre des Augustus (später aller Kaiser) zu zählen; die Aufnahme dieser Zählweise in die offizielle Titulatur und die Nennung der *tribunicia potestas* im Tatenbericht unterstrichen die Bedeutung des Vorganges noch [Cassius Dio 53, 32, 5 f.; Tatenbericht 4].

„In dieser Gestalt ist die tribunizische Gewalt als die höchste mit dem Prinzipat notwendig verknüpfte bürgerliche Magistratur namentlich in formaler Beziehung der rechte und volle Ausdruck der Herrschergewalt geworden und geblieben." (Mommsen).

Allen diesen Regelungen stimmten der Senat und die Komitien zu. Sie dokumentierten nirgends klarer als durch diesen Rechtsakt selbst, dass sie als Institutionen wieder zu leben begannen. Auch der strengste Republikaner konnte nicht leugnen, dass die Rückgabe der triumviralen Ausnahmegewalt, die Teilung der Aufgaben im Reich und die sie ermöglichende Verleihung eines auf zehn Jahre befristeten *imperium proconsulare* bei gleichzeitiger Weiterführung des Konsulats zwar nicht das von Männern wie Livius gepriesene Staatsgebäude der vorgracchanischen Zeit wiedererrichtete, jedoch aus den Trümmern der Bürgerkriege mehr Republikanisches zusammenzimmerte, als auch der Kühnste nach Aktium zu hoffen gewagt hatte. Erneut tagten Senat und Volk, der Gesetzgebungsmechanismus der Republik kam wieder in Gang, das Volk wählte die Konsuln, Prätoren, Ädilen, Quästoren und Volkstribune; die Promagistrate, vom Senat bestimmt, verwalteten die senatorischen Provinzen und stellten den Zugriff des Senates auf Teile des Reiches wieder her. Da verschlug es wenig, dass sich Augustus neben den amtlichen Wahlleitern das Recht sicherte, die Qualifikation der Bewerber zu überprüfen (Nominationsrecht) und Kandidaten dem Volke zu empfehlen (Kommendationsrecht). Erst das faktische Machtgefälle zwischen Prinzeps und wahlleitendem Konsul entschied, dass nur von Augustus geprüfte oder gar empfohlene Kandidaten gewählt wurden – die Rechtsform der republikanischen Institution blieb davon unberührt. Ohnehin wurden derartige Maßnahmen sehr unauffällig inszeniert; der allgemeine Jubel aller sozialen Schichten über das kaum noch erhoffte Ende der Bürgerkriege hätte zudem keine Kritik an diesen Dingen zugelassen. Im Gegenteil: Den Miterlebenden erschien der Mann, der dies zuwege gebracht hatte, als das, was er dem Vergil immer war: *semper deus* [1. Ekloge, 7]. In unzähligen Sakramentshäuschen an den Kreuzungen Roms und der italischen Landstädte sammelten sich denn auch die Opfer und Kulte für den Genius Augusti. Sie zeugten von der Dankbarkeit der von den Bürgerkriegen befreiten Bevölkerung ebenso wie von dem elementaren Bedürfnis der einfachen Menschen nach religiöser Verehrung des glücklichen Staatslenkers.

Als drei Tage nach der Sitzung am 13. Januar der Senat dem Sohn Caesars das Cognomen Augustus verlieh [Sueton, Aug. 7, 2], fasste er in sinnfälliger Weise zusammen, was den Prinzeps selbst bewegte, das Volk an Dankbarkeit und Hoffnung an seine Person knüpfte und der Senat als Hüter der Tradition erfüllt sah. Augustus – dies implizierte die Erinnerung an alle Tugenden des Stadtgründers Romulus ohne den lastenden Gedanken an den Tyrannen und Brudermörder. Augustus – dies wies auf die Berufung der Götter durch das heilige *augurium*, das dem ersten und jetzt auch dem zweiten Stadtgründer die Aufgabe gewiesen hatte; es assoziierte zudem den Aufstieg nach dem Tode in den Kreis der Götter, in deren Auftrag Rom einst als künftige Herrin der Welt gegründet worden war, und mit denen nur gemeinsam die Stadt auch zukünftig umsorgt werden sollte. Augustus – dies hieß in der Summe, dass der Träger dieses Namens im Einklang mit der Geschichte Roms handelte.

Zum zweiten Mal hatte damit der Prinzeps nach seiner Adoption durch Caesar seinen Namen geändert. Vorangegangen war im Jahre 38 die Usurpation des Titels *Imperator* (griech.: Autokrator) und seine Erhebung zum Vornamen (das sog. *praenomen imperatoris*) bei gleichzeitiger Abstoßung des alten Vornamens Gaius; nach Aktium bestätigte der Senat diese Anmaßung. Damals war es darum gegangen, den Namen, den der Magistrat im Felde trug und der ihm nach dem Sieg bis zum Triumph noch als besonderer Ehrentitel durch Akklamation verliehen wurde, auf Dauer an den Triumvir zu binden, der sich als militärischer Führer par excellence vorstellen wollte. Der ständig wachsenden Klientel der Soldaten machte ihr Feldherr und Patron begreiflich, dass er sich ihr immer verpflichtet wissen wollte und die Glorie des triumphierenden Feldherrn ständig neue Siege und neue Beute versprach. Die Erhöhung der Person war einzigartig, blieb jedoch im irdischen Raum: Losgelöst von dem aktuellen Anlass des Sieges beanspruchte Octavian von nun an allen künftigen feldherrlichen Ruhm und die daran gebundene Anerkennung. Bei der Verleihung des neuen Cognomens Augustus wurde bereits mit mehr als sterblichem Maß gemessen, und der neue Name fing wie in einem Hohlspiegel alle Grundgedanken der Politik seines Trägers ein. *Imperator Caesar*

Augustus: Dies drückte in unübertrefflicher Präzision das besondere Nahverhältnis zur wichtigsten sozialen Stütze der Macht, dem Heer, aus, dies erhöhte die eigene Person über alle anderen, ohne das unmittelbar einsichtige Bekenntnis zur Geschichte der Republik und der eigenen Familie aufzugeben, dies hüllte in den Dunstkreis göttlicher Wirkungskräfte, gegen die Kritik und Widerstand zum Sakrileg werden musste.

Als im Jahre 2 v. Chr. der Ehrentitel *pater patriae* hinzukam, wurde die sakrale Autorität, die der Augustusname verliehen hatte, weiter betont und die ihr innewohnende soziale Verpflichtung auf alle sozialen Schichten und auf die Provinzen ausgedehnt. Gleichzeitig blieb sie eingebunden in die Tradition der Republik, die bereits Cicero so geehrt hatte. Augustus hat die Verleihung dieses Titels selbst als den Höhepunkt seines Lebens verstanden und weinend vor den feierlich versammelten Senatoren das Einvernehmen von Prinzeps und Senat als das höchste Geschenk der Götter beschworen [Sueton, Aug. 58]. Tatsächlich war weit mehr erreicht als dies. Die in den Titel *pater patriae* gehüllte Macht speiste sich aus vielen Quellen: „Römischer Rechtsbrauch und griechische Religiosität, republikanischer Retterbegriff, hellenistische Soter-Vorstellungen und monarchische Ausschließlichkeit des Retteranspruchs, militärische Grundlagen und deren politische Umbildung, soziale Verklammerung mit den Schutzbefohlenen und legalisierte Schutzherrschaft des höchsten Patrons, spontane Gefühlsäußerungen, unverantwortliche Rhetorik, juristische Festlegung und theologische Spekulation, sie alle hatten das Ihrige dazu beigetragen, um aus der vielschichtigen Konzeption des *servator, parens ac deus* den eindeutigen Grundbegriff der Kaiserherrschaft von *pater patriae* auszugestalten." (Andreas Alföldi).

Die staatsrechtliche Bestimmung seiner Macht hat Augustus im Jahre 27 als abgeschlossen betrachtet. In seinem Tatenbericht beschreibt er diesen Vorgang so: *post id tempus auctoritate omnibus praestiti, potestatis autem nihilo amplius habui quam ceteri, qui mihi quoque in magistratu conlegae fuerunt* [„später habe ich alle Bürger durch meine persönliche Autorität überragt, an Rechtsmacht jedoch nicht mehr besessen als meine jeweiligen magistratischen Kollegen"]. Der Prinzeps selbst brachte die Grundlagen seiner Herrschaft damit auf den rationalsten Nenner, den politische Weisheit und diplomatischer Verzicht auf die ungeschminkte Wahrheit zuließen. Die Republik lebte in ihren Institutionen und in der Beschränkung der rechtlichen Macht des Prinzeps auf die Amtsvollmachten ihrer Magistrate weiter. Allerdings nur für den, der anerkannte – und ein dankbares Geschlecht tat dies auch –, dass das Maß, mit dem man die verbliebenen Rechte der Republik bestimmte, das Zeitalter der Bürgerkriege war, in dem die ehernen Prinzipien von Annuität und Kollegialität längst verschüttet worden waren. Nur dann konnte man darüber hinwegsehen, dass alle Amtsgewalten des Augustus die Jahresgrenzen weit überstiegen (*imperium proconsulare, tribunicia potestas*), dass eine Fülle von Ämtern und Gewalten in einer Hand kumuliert waren (die Herrschaft über mehrere Provinzen, das Heereskommando, der Oberpontifikat), und dass die Kollegialität in allen zentralen Machtmitteln nie hergestellt worden war. Trotzdem lebte die Republik: eingekleidet in eine Ordnung, die rechtlich normiert war und alle Formen der Machtausübung der Tradition entlehnt hatte, ohne diese zur Karikatur werden zu lassen.

Die Monarchie verhüllte sich in der auf den Begriff gebrachten Summe aller Taten für den Staat, die eigene Klientel und das wachsende Imperium: *auctoritas*. Der Begriff ist in der sozialen Welt beheimatet und juristisch auch gar nicht normierbar gewesen. Was er meinte, verstand jeder Römer, da er immer Teil des aristokratischen Selbstverständnisses war: Materieller Besitz in kaum vorstellbarer Größe, militärische Erfolge, eine riesige Gefolgschaft aus allen sozialen Schichten, die Pflichterfüllung gegenüber der Tradition und schließlich die Rettung des Staates – all dies zusammengenommen verlieh dem Wort des Prinzeps ein nahezu grenzenloses Maß an Durchsetzungskraft.

Letztlich war die auf die *auctoritas* gegründete allgemeine Zustimmung der Schlüssel für den Erfolg und die Dauer der von Augustus geschaffenen Ordnung. Als der greise Monarch kurz vor seinem Tode auf dem Wege nach Capri an der Bucht von Puteoli vorbeikam, „riefen ihm Passagiere und Matrosen eines Schiffes aus Alexandria ..., alle weiß gekleidet, mit Kränzen geschmückt und Weihrauch verbrennend, ihre Glückwünsche zu und spendeten ihm die größten Lobsprüche: nur dank ihm würden sie leben, dank ihm zur See fahren und dank ihm Freiheit und Wohlstand genießen." [Sueton, Aug. 98]. Eben dafür hatten ihm die Provinzen Altäre gebaut, der Senat ihn mit Ehren überhäuft und der einfache Mann ebenso wie der Patrizier, der Provinziale ebenso wie der Römer seine Ordnung als Erlösung von den Bürgerkriegen und dem Chaos begrüßt. Die nach ihm Lebenden taten das ihrige: Sie wiesen ihm einen Platz unter den Göttern zu und verbanden mit seinem Namen ein monarchisches Regiment, das zum Vorbild für viele Jahrhunderte wurde.

Die Monarchie: Ihre Ausgestaltung und ihre Funktion

Die rechtlichen und politischen Formen der Herrschaft

Die Entscheidungen des Januar 27 hatten der Gewalt des Bürgerkriegsgenerals den Mantel der Legalität umgehängt und das Schwert an das Recht gebunden. Es entsprang dies der Einsicht, dass ohne das Zutun der Senatsaristokratie nicht zu regieren sei, sodass die Form, in der die Gewalt des siegreichen Revolutionärs legale Gestalt gewann, notwendig die der Tradition und ihrer aristokratischen Hüter war. Die faktische Alleinherrschaft, die der Gedanke von der *res publica restituta* umhüllte, war eine persönliche Herrschaft. Die Form, in der sie ausgeübt wurde, und die Aufgabenfelder, die sie sich steckte, waren denn auch zunächst auf den Ausgleich mit dem Senat, auf das Heer und dessen Ansprüche, auf die Außenpolitik und die Entdeckung von Geldquellen beschränkt.

Die Aufgaben einer Monarchie allerdings waren vielfältiger; sie fielen im Grunde von selbst an, als die persönliche Herrschaft Dauer gewann und Römern und Provinzialen mehr und mehr als die Institution erschien, die faktisch für alle zuständig war und auch die Macht hatte, alles zu regeln. Dies bedeutete, dass für die zentralen Bereiche des politischen und sozialen Lebens neue Orientierungslinien des Verhaltens gefunden werden mussten. Der Ritterstand harrte nach dem Bündnis von General und Senat seinerseits auf seine Aufgabe, zumal er gemeinsame (gleichsam präpolitische) Interessen mit der Senatsaristokratie dort hatte, wo es um die Beständigkeit der sozialen und wirtschaftlichen Ordnung ging. Die Wertvorstellungen und Wünsche der Führungsschichten der italischen Munizipien galt es einzubinden, die nach der Erringung des Bürgerrechts im Bundesgenossenkrieg nicht eine Zukunft als senatorische Hinterbänkler (*parvus Senator*) im Auge hatten, sondern die Teilhabe am Reichsregiment und den Zugang zu den militärischen Führungskader. Die Verständigung mit den proletarisierten Massen, die in den Legionen als militärische Klienten ihrer Heerführer ihre Macht zu erahnen begonnen hatten, musste gefunden werden: Ihr Streben nach sozialer Sicherheit hatte mit ihrem soldatischen Status eine ganz neue politische Bedeutung erlangt. Die Provinzen schließlich, in denen die ungebunden ausgeübte Macht der Staatsorgane der Republik und die

Bürgerkriege ein vielfältiges Chaos hinterlassen hatten, bedurften einer Ordnung, die auch ihnen in der römisch gewordenen Welt eine Zukunft ließ. Kurzum: Die einen ersehnten in ihrer Not einen mit göttlichen Fähigkeiten und Attributen ausgestatteten Heiland, die anderen forderten die Restauration der alten Ordnung, die in den Köpfen der Menschen immer das Richtmaß ihrer eigenen Lebensordnung und ihrer politischen Vorstellungswelt geblieben war; alle gemeinsam verlangten sie die Sicherung des inneren Friedens und die besondere soziale Fürsorge des Alleinherrschers.

Die Restauration der alten Ordnung erfolgte durch gesetzgeberische Maßnahmen und blieb in ihnen greifbar. Sie war damit wesentlich eine öffentlich-rechtlich geregelte Ordnung. Die Macht, die die Legionen gewährt hatten, entäußerte sich ihres despotischen und gewalttätigen Charakters in den Formen der rechtlichen Bindung.

Nirgends sonst in der formalen Ausgestaltung des frühen Prinzipats wiegt das Erbe der Republik schwerer als hier. Seit die Versuchungen der Weltherrschaft und die Kämpfe um agrarische Reformen den Zusammenhalt und die innere Kommunikation der Aristokratie gestört hatten, war das Gesetz zum wichtigsten Halt des Staates aber zugleich auch zur besten Waffe der innenpolitischen Kämpfe geworden: Die Juridifizierung weiter Gebiete der territorialen Herrschaft ermöglichte Regierung und Kontrolle nunmehr dort, wo früher die alten Mechanismen der persönlichen Kommunikation der regierenden Geschlechter das Nötige bewirkt hatten. In jedem Fall erschien das Gesetz als der einzig funktionierende Mechanismus, der den neuen staatlichen Aufgaben gewachsen schien und die Formen ihrer Erfüllung allein noch reglementieren konnte. Die letzten Generationen der Republik ebenso wie die Zeitgenossen des Augustus verliehen denn auch der Setzung von Rechtsnormen die höchste moralische Autorität. Sie schienen die Auflösung des Staates aufgehalten zu haben, obwohl die *res publica* zum Kampfpreis der rivalisierenden aristokratischen Familien geworden war, und sie schienen den Zusammenbruch des Weltreiches zu verhindern, obwohl es mehr und mehr als Turnierfeld des Kampfes um die Macht im Staate missbraucht wurde.

Die formale Ähnlichkeit der *restitutio rei publicae* des Augustus mit dem Versuch des Cornelius Sulla, den Staat wieder aufzurichten, ist denn auch keineswegs zufällig. Die Wiederaufrichtung der staatlichen Ordnung, bereits bei Sulla ausschließlich auf das Gesetz gestützt, erschien auch der Generation des Prinzeps nur in der Form einer umfassenden Gesetzeskodifikation möglich. Als sich die Alternative zwischen unverhüllter Militärdespotie und einer wie immer wiederhergestellten *res publica* zum letzten Mal auftat, war das Verständnis von dem Wert der Rechtsnorm und ihrer moralischen Autorität soweit verankert, dass die Diktatur des Militärs ernsthaft nicht mehr in Frage kam. Ciceros in der Rede für Cluentius Habitus im Jahre 66 formulierte Gleichsetzung eines funktionierenden Staates mit den Gesetzen, auf die er sich stützt, erwies sich nunmehr als die einzig verbliebene und bewährte Form der Wiederaufrichtung einer politischen Ordnung.

Augustus (wie vor ihm Sulla) hielt also die staatliche Ordnung mit dem Anker, der sich allein als wirkungsvoll gezeigt hatte, das innere Chaos und die Auflösung des Provinzialreiches zu verhindern: dem Gesetz. Für die Institution des Prinzipats hieß dies die Unterwerfung unter die Pflicht, bei jedem Regierungswechsel zunächst die beiden Hauptgewalten (*imperium proconsulare*; *tribunicia potestas*), dann sämtliche weiteren Amtsvollmachten durch Senats- und Volksbeschluss auf den Thronprätendenten übertragen zu lassen. Die Vorgänge beim Regierungsantritt Vespasians verdeutlichen den Vorgang: In den letzten Dezembertagen des Jahres 69 n. Chr. beschließt der Senat die Verleihung der dem Prinzeps zuzugestehenden Rechtsgewalten [Tacitus, Historien 4, 3, 3; 6, 3], die die Komitien im Januar 70 ratifizierten und damit zum Gesetz erhoben. Das in Bruchstücken erhaltene Gesetz (*lex de imperio Vespasiani*) schlüsselt die einzelnen Vollmachten in gesonderte Klauseln auf, die alle in früheren Bestallungsgesetzen bereits formuliertes Recht aufnehmen. Form und Inhalt der Herrschaftsübertragung – genau: die Kumulation von Ämtern, Amtsgewalten und sonstigen Rechten – demonstrieren den nach wie vor gültigen Grundgedanken des von Augustus mit der Senatsaristokratie geschlossenen Bündnisses: Quelle und Legitimationsgrundlage monarchischer Gewalt ist der Senat, dessen Beschluss die Volksversammlung die Autorität des Gesetzes verleiht.

Die Herrschaft des Augustus und seiner Nachfolger – ohne Frage Monarchen im strengen Wortsinn – verdeckt also eine sehr komplexe Wirklichkeit. Diese ist bestimmt durch die auf das Schwert gestützte Alleinherrschaft des Prinzeps und geprägt von der Unentbehrlichkeit einer Elite, deren Autorität in der Gesellschaft durch ihre nur nach Jahrhunderten zu messenden glanzvollen Erfolge sakrosankt geworden war.

Die ersten Regierungsjahre Trajans spiegeln eindrucksvoll die beiden entgegengesetzten Pole der monarchischen Herrschaftsform, die in den ersten hundert Jahren im Gleichgewicht gehalten werden mussten. Im Oktober 99, bei seiner dritten Designation zum Konsul, schwor der Monarch auf dem Marsfeld stehend vor den sitzenden Konsuln den alten Eid der Republik: Er und sein Haus möge dem Zorn der Götter anheimfallen, wenn er wissentlich fehlen sollte. In diesem vor Senat und Volk vollzogenen äußeren Akt wurde das Selbstverständnis der augusteischen Staatsform noch einmal eingefangen. Der Prinzeps unterwarf sich der Tradition und der immer noch republikanischen Grundordnung des Staates, oder – wie dies der tief beeindruckte Plinius ausdrückte – *non est princeps supra leges, sed leges supra principem* [Plinius, Panegyricus]. Aber: Als der Senat nach dem Tode Nervas und ohne Wissen Trajans eine Münze in Umlauf brachte, auf der ein Vertreter des Senates und der Prinzeps gemeinsam die Weltkugel halten und die Beischrift *„Providentia Senatus"* den Anteil des Senates daran besonders betonte, verbot der Kaiser diesen Münztyp. Denn seit Augustus war ein der Wirklichkeit weit näheres Gesetz unverrückbarer Teil der neuen Ordnung: Allein der Monarch sichert die Herrschaft über das Reich, und er allein ist die Quelle von *tutela et securitas generis humani*.

Zu der Huldigung vor der Tradition der Republik treten die Gebete, die in den Provinzen für den Kaiser an seinem *dies imperii* gesprochen wurden und die ihn als Garanten und Urheber des Wohlergehens der gesamten Reichsbevölkerung feierten: *precati deos, ut te generi humano, cuius tutela et securitas saluti tuae innisa est, incolumen florentemque praestarent* („... indem wir die Götter baten, Dich der Menschheit, deren Schutz und Sicherheit an Deinem Leben hängt, gesund und blühend zu erhalten": Plinius, Briefe, 10, 52). Ein solches Denken musste sehr bald die republikanischen Pfeiler der kaiserlichen Macht zu rein formalen Hüllen degradieren. Der Monarch war der Herr der Welt, und dies besagte, dass seine Macht keine Beschränkung und keine Teilung duldete. Von Hadrian bis Heraklios wurde das Leitbild der Zeiten die Regierung des Augustus, durch die den neuen Generationen die Ideale einer die Welt umspannenden und sie zugleich umhegenden Monarchie zukunftsweisend formuliert schienen. Cassius Dio ebenso wie die christlichen Kirchenväter seit Origenes, die die christliche Heilsgeschichte mit der als ewig gedachten Existenz des Imperium Romanum zu verbinden begannen, bestimmten von hierher die Maßstäbe ihrer eigenen und aller zukünftigen Generationen.

Der Augenblick, in dem die Nahtstellen zwischen Republik und Monarchie, zwischen Rechtsform und tatsächlicher sozialer Macht, immer wieder aufbrechen mussten, war der Regierungswechsel, da eine Nachfolgeordnung den monarchischen Charakter des Prinzipats sofort enthüllt hätte und daher nicht zu normieren war. Der in Monarchien ansonsten so vertraute Satz „Der König ist tot; es lebe der König" fiel dem römischen Kaiser erst am Ende der Antike zu. In den Jahrhunderten davor bedeutete der Tod des alten Kaisers zugleich die Wiederherstellung des alten revolutionären Zustands, dem die Herrschaft des Augustus ihre Existenz verdankt hatte. Für jede Generation hieß dies: Nicht das aus der europäischen Geschichte so vertraute Bewusstsein der Legitimität ordnete die Thronfolge, sondern die Antwort auf die im Prinzip nur durch das Schwert oder durch ein Gottesurteil zu entscheidende Frage, wer der Mächtigste im Lande sei. Die Antwort war natürlich präjudizierbar, und sie zu finden, gehörte zu den wichtigsten Pflichten des amtierenden Kaisers. Drei Faktoren waren dabei zu berücksichtigen: Das Gewicht des Senates und die von ihm gehüteten Maximen der Tradition, der Wille des alten Monarchen und vor allem die Interessen der kaiserlichen Klientel, in der dem Heer die entscheidende Rolle zukam.

Die Tradition hatte der Alleinherrschaft die unverrückbare Idee an die Hand gegeben, dass nur der durch seine Taten ausgewiesene und durch sie allgemein anerkannte Beste die Rolle des Prinzeps beanspruchen und ausfüllen kann. Dieser Grundsatz der persönlichen Qualifikation war identisch mit dem auf den Staat bezogenen Ethos der republikanischen Aristokratie und hatte über Jahrhunderte hinweg ihren Machtanspruch legitimiert. Augustus hat dies nicht anders gesehen und mit seinem Tatenbericht, der seine Leistungen für Staat und Gesellschaft bewusst richtungsweisend für die zukünftigen Generationen festhielt, noch vertieft. Er stattete damit ein Postulat mit seiner Autorität aus, dessen Einhaltung nur der Senat überwachen konnte, der als berufener Träger der Tradition Roms denn auch immer die Entscheidung darüber beanspruchte, wer als der jeweils Qualifizierteste zu gelten habe. Verständlich wird dies vor dem Hintergrund eines viel umfassenderen Tatbestandes: Der Prinzipat war revolutionär, weil er die Herrschaft auf dem Schlachtfeld gewonnen hatte und diesen Gründungsakt nie verleugnen konnte. Er hat jedoch die materiellen und geistigen Lebensumstände der Menschen selbst in den Einzelheiten nicht so verändert, dass das für die römische Welt immer selbstverständlich gewesene Zutrauen in die verbindliche Kraft des Überlieferten nicht mehr möglich gewesen wäre.

Der Wille des Monarchen war von seiner Aufgabe, das nach seinem Tode zu befürchtende Chaos vorab bändigen zu müssen, bestimmt; zudem unterlag er der persönlichen und gesellschaftlichen Forderung, die Herrschaft für seine Familie zu erhalten. Beides konnte der eigene Sohn am sichersten garantieren, da er kraft seiner Abstammung ein besonderes Prestige beanspruchte, zugleich Erbe des kaiserlichen Vermögens war und ihm bereits die Zustimmung der Klientel des Kaisers sicher war. Augustus (Adoptivsohn Caesars) besaß wie merkwürdigerweise die meisten seiner Nachfolger keinen Sohn, sodass die Adoption von Anfang an zu einem wesentlichen Bestandteil des Prinzipats werden musste, da sie allein die Funktion herstellen konnte, die dem eigenen Sohn zukam. Der Gedanke, die Herrschaft der Familie zu sichern, brauchte dabei nicht aufgegeben zu werden: Die Adoptionspolitik des Augustus sagt dazu das Nötige und ist Ausdruck der patrimonialen Familiengesinnung jedes Aristokraten: *sub Tiberio et Gaio et Claudio unius familiae quasi hereditas fuimus* [Tacitus, Historien 1, 16, 1].

Diese Erbfolgeregelung – Konsequenz eines biologischen Faktums, nicht Ausdruck politischer Überlegung – sicherte die Dynastie und war im zweiten Schritt in Einklang zu bringen mit den Qualifikationsforderungen der Tradition und dem Recht von Senat und Volk, allein rechtsverbindlich das Bündel kaiserlicher Amtsvollmachten bewahren zu können. Noch zu Lebzeiten – also anders als bei Caesar – wurde daher die privatrechtliche Adoption vollzogen, der präsumptive Nachfolger mit militärischen und politischen Aufgaben betraut und schließlich der Senat veranlasst, die wichtigsten Amtsgewalten (*tribunicia potestas*; *imperium proconsulare*) schon zu Lebzeiten des Kaisers auch dem Nachfolger zu übertragen: Er besaß damit zusätzlich zu den sozialen Elementen der Herrschaft beim Regierungswechsel den Oberbefehl über das Heer in den wichtigsten Provinzen und die rechtlich abgesicherte Initiative zum politischen Handeln in Rom.

Die Adoption hat also ausschließlich eine Ersatzfunktion. Sie schafft den Sohn, der dem kaiserlichen Ehepaar versagt geblieben war. Dieser tritt in alle Rechte ein, die eine dynastische Erbfolge sichern. Daran änderten auch die Adoption Trajans durch Nerva und die diesem Vorbild nachgeahmten späteren Nachfolgeregelungen bis Mark Aurel nichts. Im Verständnis der senatorischen Zeitgenossen, festgehalten in der Dankrede des Plinius am 19. September 100 für die Erteilung des Konsulats [Panegyricus], wurden dabei die Auswahlkriterien neu festgesetzt, so als ob der allgemeine Konsens von Senat und Volk, die sittliche Bewährung und die sachliche Tüchtigkeit des Auserwählten allein den Ausschlag gegeben und idealiter die leibliche Thronfolge geradezu ausgeschlossen hätten. Solche Gedankengänge demonstrieren, wie weit die Senatsaristokratie in ihrer Euphorie über ein senatsfreundliches Regiment zu gehen bereit war und welches Selbstverständnis sie von einem der Tradition und der stoischen Fürstenethik verpflichteten

Kaiserhaus erhoffte. Mit praktischer Politik hatte dies nichts zu tun; Mark Aurel als der erste der aufgeklärten Senatsfreunde auf dem Thron des Augustus, der einen leiblichen Sohn groß gezogen und geliebt hatte, machte diesen zu seinem Nachfolger und bewies, was die Adoption immer gewesen war: ein Ersatz.

Letztlich entschieden wurde über die Nachfolge jedoch in den Lagern der stärksten Legionen an den Reichsgrenzen, in den Kasernen der Prätorianer und in den Faubourgs der Hauptstadt. Der Wille der sozialen Klientel äußerte sich in der Form der Akklamation: Das Heer begrüßte den Erben als *Imperator* und leistete den Treueeid – beides in der durch die Erfahrung seit Caesar gesicherten Erwartung, damit zugleich den Sachwalter seiner Interessen gefunden zu haben. Der so faktisch bereits auf den Schild gehobene Patron und Feldherr seiner Soldaten erwies sich denn auch jedes Mal als stärker, wenn die Vorstellungen des Senats auf eine andere Person oder – wie nach dem Tode des Gaius für wenige Stunden – auf die Restauration der Republik abzielten. Der amtierende Kaiser war also vor allem gehalten, seinen Sohn den Legionen vorzustellen und ihr Einverständnis vorab einzuholen. Es gelang dies im Regelfall ohne Schwierigkeit, da gerade der Soldat – wiederum aufgrund seiner praktischen Erfahrung – seinen Patron als Familienoberhaupt und in der Kontinuität der Familie die beste Sicherung seiner Zukunft sah. Zum Problem musste all dies erst dann werden, wenn die Familientradition abriss und ad hoc entschieden werden musste, wer der Armee am nützlichsten sei. Das dritte Jahrhundert, das diese Entscheidung von den Legionen regelmäßig verlangte, aber auch bereits die Wirren des Jahres 69 (nach dem Tode Neros) und des Jahres 193 (nach dem Tode des Commodus) zeigten, welche Antwort die Legionen auf die ihnen gestellte Frage fanden: Sie erhoben ihre Generäle und waren bereit, mit ihnen Krieg gegen jeden und so lange zu führen, bis der triumphale Einmarsch in Rom ihrem Feldherrn das Diadem und ihnen Lohn und eine sichere Zukunft bescherte.

Die sozialen Grundlagen

Dem Rückblickenden wird schnell deutlich, dass der Prinzeps von Generation zu Generation mehr die monarchischen Züge seiner Herrschaft ausbildet und in gleichem Maße die politischen Herrschaftsansprüche der Senatsaristokratie verfallen. Das Meiste von dem, was diese Entwicklung vorwärts trieb, lag außerhalb des eingreifenden Handelns des einzelnen Herrschers und entzog sich häufig genug bereits der prognostizierenden Erkenntnis der Zeit. Die bei jedem Regierungswechsel lastende Gewalt der Armeen war niemals einzubinden gewesen in Regelungen oder normative Satzungen, die die Zukunft der Regierungswechsel hätten anders gestalten können. Die Macht der Legionen war das wichtigste Element der Herrschaftsbegründung gewesen, und sie zu beschneiden, verbot die Existenz des Weltreiches, das seinerseits den Einwirkungsmöglichkeiten eines städtischen Adels längst entwachsen war. Die für ihren Bestand notwendige Zustimmung der wichtigsten sozialen Kräfte nach der Senatsaristokratie erhielt der Prinzeps denn auch jenseits der republikanischen Tradition und nur an Formen gebunden, die der Monarch selbst erst langsam entwickelte.

Da war zunächst das Heer, oder genauer: Hunderttausende besitzloser römischer Bürger, die als junge Männer angemustert hatten und während ihrer 16–20jährigen Dienstzeit ebenso wie nach ihrer Entlassung von ihrem Feldherrn versorgt werden wollten und dafür ihre bedingungslose Treue als Gegenleistung boten. Da diese Treue an die Person gebunden war – die Zeiten, in denen die Bürgermiliz für die *res publica* ins Feld zog, waren seit Marius dahin –, wurde sie käuflich. Der kaiserliche Patron war also gezwungen, für die Soldaten da zu sein und jeden ehrgeizigen General daran zu hindern, patronale Pflichten an sich zu ziehen.

Da war die hauptstädtische Bevölkerung, in deren Mitte der Kaiser residieren musste. Sie hatte seit den Gracchen gelernt, nur den hochleben zu lassen, der zu generösen Getreidespenden bereit war und ein offenes Herz für großartige Spiele und Feierlichkeiten hatte. Sie war als Kulisse fürstlicher Herrlichkeit und Großmut ganz unentbehrlich, sie war aber auch gefährlich: Als Nero Rom brennen sah und die Gerüchte ihn schuldig zu sprechen begannen, musste schnell ein bequemer Sündenbock gefunden werden, auf den der Zorn der Massen abgelenkt werden konnte [Tacitus, ann. 15, 44, 2]. Die eindrucksvolle Aufzählung von Geld- und Getreidespenden an die Bevölkerung von Rom, mit der Augustus in seinem Tatenbericht die Rechenschaft über seine finanziellen Aufwendungen einleitet, ebenso wie die Getreidesilos in Ostia zeugen eindrucksvoll davon, mit welcher Sorgfalt auch hier die soziale Klientel umhegt wurde.

Da waren die Bürger in den italienischen Landstädten. Von wenigen Ausnahmen abgesehen waren sie unpolitisch, da das Fehlen einer Repräsentativverfassung ihnen bei der Verleihung des Bürgerrechtes keine wirklichen politischen Rechte geben konnte. Trotzdem gab ihre Macht zusammen mit der des Heeres den Ausschlag. Ihre Zahl überstieg die der hauptstädtischen Bevölkerung mindestens um das vierfache, von ihrem sozialen und wirtschaftlichen Wohlstand hing die Aufrechterhaltung des Weltherrschaftsanspruchs ab, ihre Offiziere und Mannschaften machten die Legionen unbesiegbar, und ihre städtische Lebensordnung wurde Vorbild und Maßstab für das Leben in den Provinzen. Eine Schlüsselrolle kam dabei naturgemäß den 28 Kolonien zu, in denen vor und nach Aktium die Veteranen der Bürgerkriegsarmeen, aber auch Teile des verarmten italischen Bauernstandes angesiedelt wurden; derartige Gründungen setzten sich bis Vespasian fort und wurden durch kontinuierliche Nachdeduktionen noch verstärkt. Die Treue dieser Soldaten und Bauern dauerte durch die Generationen und sicherte den Kaisern eine völlig verlässliche und dazu noch militärisch brauchbare Klientel vor den Toren Roms. Es ist daher insgesamt von besonderer Symbolkraft für die Gestalt des Prinzipats geworden, dass Octavian 32 v. Chr. den letzten Kampf um die alleinige Herrschaft im Staat mit einem Schwurakt (*coniuratio*) ganz Italiens auf seine Person einleitete [Tatenbericht 25: *Iuravit in mea verba tota Italia sponte sua et me ... ducem depoposcit*: „Mir hat aus freiem Entschluss ganz Italien den Gefolgschaftseid geleistet und mich als Führer für den Krieg erwählt"]. Die damals begründete Klientel aller Bürger Italiens ist niemals abgerissen und hat den Kaisern die Tatkraft der Italiker zur Verfügung gestellt und ihnen den Weg in die Provinzen geebnet.

Da waren die in den Provinzen und in Italien gegründeten Kolonien. Der Gründer dieser Städte war immer zugleich ihr Patron gewesen – Grund genug für die republikanische Aristokratie, sich immer gegen Koloniegründungen in den Provinzen zu wehren. Denn jeder, dem es gelang, sich außerhalb Italiens eine Klientel aus Kolonisten und Bürgern der Munizipien zu schaffen, entzog sich der Kontrolle seines Standes und veränderte die Machtlagerung im Herrschaftsraum.

Zum einen wurde die Amtsausübung der offiziellen Herrschaftsträger in den Provinzen stör- oder lenkbar, wenn eine militarisierte Klientel geschlossen angesiedelter Kolonisten auf den Ruf ihres Patrons hörte, dem Zugriff der Statthalter entzogen und einem anderen als dem staatlich legitimierten politischen Willen unterstellt werden konnte. Die meisten der 27 v. Chr. dem Senat wieder unterstellten Provinzen waren auf diese Weise fest in der Hand des Kaisers, da die militärisch kaum zählbaren Machtmittel des Statthalters die Macht der Kolonisten nicht aufwogen.

Zum anderen verfügte der rechtmäßige Herr der Provinz selbst in den von ihm gegründeten Kolonien über eine zahlreiche Klientel, die die Bindung seiner exekutiven Funktion an die Entscheidungen des Senats noch leichter lösen ließ, als dies ohnehin die keiner Kontrolle unterworfene Amtsgewalt der Imperiumträger gestattete. Als Caesar den Widerstand des Senates brach und Kolonisten in die Provinzen schickte und Augustus diesem Beispiel mit zahlreichen Ansiedlungen in den Westprovinzen folgte [Tatenbericht 28], hatten beide gewiss die Sicherheit des Reiches im Auge. Die Privilegierung vieler dieser Kolonien zeigt mit nicht misszuverstehender Deutlichkeit, worum es darüber hinausging: Sie erhielten das *ius Italicum*, d. h. es wurde ihnen die Immunität und das quiritische Bodenrecht in ihren Kolonien gewährt, was sie den in Italien Angesiedelten gleichstellte. Der Prinzeps als Patron seiner privaten Klientel bewies damit, wie genau er es mit seinen Verpflichtungen nahm; er konnte denn auch gewiss sein, dafür die Loyalität seiner Klienten eingehandelt zu haben.

Da waren schließlich die Provinzen und ihre Städte: Munizipien als römische Bürgerstädte und die *civitates* oder Poleis der Untertanen. Aus der Sicht der Provinzialen erschien Augustus zunächst nur als der Führer einer weitverzweigten, vor allem militärischen Klientel, legitimiert in Rom durch die alten Herrschaftsrechte und seine *auctoritas*, die auf Leistungen ruhte, an denen die Provinzen nur als Leidende teilgenommen hatten. Sein Bündnis mit der Aristokratie, die Teilung der Provinzen mit dem Senat, die äußere Erscheinung der Herrschaft in der Form von Statthaltern, Senatsgesandtschaften, Steuereintreibern, die emsige Kolonisationspolitik – all dies sprach dafür, dass auch dieser aristokratische General wie seine Vorgänger seinen Standesgenossen und seinen römischen Klienten wie gewohnt Sicherheit, Reichtum und Einfluss auf Kosten der Unterworfenen garantieren musste. Dass es dabei nicht blieb, sondern die Herrschaftsausübung bereits von Augustus versachlicht werden konnte, musste den Provinzialen denn auch wie ein göttliches Wunder erscheinen; es band sie an den Mann, der es zuwege gebracht hatte. Die Verpflichtungen, die Augustus und seine Nachfolger übernahmen, waren neben denen, die sich aus einer objektivierten Herrschaftsausübung von selbst ergaben, denn auch unverkennbar von der Fürsorge des Patrons für seine Klientel gekennzeichnet: Streitigkeiten zwischen den Städten schlichtete der Kaiser, von ihm finanzierte Bauten verschönten die traditionsbeladenen Städte insbesondere des griechischen Ostens – die Bauten Hadrians mögen als Beispiel genügen –, die städtischen Einnahmen wurden geordnet und gelegentlich durch Steuernachlässe oder direkte Unterstützungen saniert, und insgesamt wurde das vorhandene soziale Gefüge konserviert. Die Provinzen antworteten wie die Italiker, das Heer und die hauptstädtische Bevölkerung mit dankbaren Bezeugungen der Ergebenheit, die sehr bald in die Form des Kaisereides gegossen wurden: „Wir schwören bei Zeus, dem Retter, bei dem göttlichen Caesar Augustus und bei der heiligen Jungfrau unserer Heimat (= Athene), dem C. Caesar Augustus und seinem ganzen Hause wohlgesinnt zu sein, diejenigen für unsere Freunde zu halten, denen er selbst den Vorzug gibt, die aber für unsere Feinde, die er selbst dafür hält. Halten wir unseren Schwur, so möge es uns gut gehen, sind wir aber meineidig, so soll das Gegenteil eintreffen." (Robert Helbing, Griechische Inschriften, Berlin 1915). Die Bürger der kleinasiatischen Stadt Assos, die 37 n. Chr. diesen Schwur für Caligula taten, bekundeten damit wie alle Provinzen, dass auch sie sich zur Klientel des Herrscherhauses zählten. Die soziale, konstitutionell auch gar nicht weiter normierbare Machtbasis des Prinzeps umfasste nunmehr alle Reichsbewohner und wies der römischen Monarchie die Zukunft, nachdem das Bündnis mit der Senatsaristokratie im Jahre 27 den Frieden mit der republikanischen Tradition und Vergangenheit besiegelt hatte.

Die sakrale Weihe

In Rom widersprach die Vorstellung von der Vergöttlichung des Monarchen dem Grundgedanken der römischen Staatsreligion, die keine Aussagen über das Wesen oder gar die Genealogie und Familienbeziehungen der Götter zuließ. Das Beziehungsverhältnis zwischen Göttern und Menschen regelte sich im konkreten Kultvollzug, dessen Formen in besonderer Weise dem *mos maiorum* verpflichtet und peinlich genau festgelegt waren. Nichts in dieser Vorstellung und ihrer praktischen Verwirklichung gestattete einen Brückenschlag zwischen dem göttlichen und dem menschlichen Bereich. Ebenso dezidiert widersprach die von Augustus vollzogene Eingliederung seiner persönlichen Herrschaft in die republikanische Rechtsordnung jeder sakralen Überhöhung seiner Person. Die seit dem Januar 27 übernommenen Ämter, Amtsvollmachten und Sonderrechte waren Teil des republikanischen Amtsrechts, das seinen Träger gegen alle Versuche der Vergöttlichung seiner Person immunisieren musste. Und schließlich lieferte auch die

Klientel, Grundmuster des sozialen Verhaltens in Rom und Italien, keine Anknüpfungspunkte für eine kultische Verehrung des Patrons.

Jedoch: die Provinzen sahen dies anders. Der Osten des Reiches hatte die Götter und Heilande schon lange kommen und gehen sehen und daher nur zu fragen, ob die langst gegenwärtigen Formen der kultischen Verehrung eines Monarchen auch auf den Sieger in Rom anwendbar waren. „Der leibhaftig erschienene Gott und der Retter des Menschengeschlechts" [Syll.³ 760] – so hatte der Landtag Asiens bereits Caesar genannt und die lange umlaufende Vorstellung von der göttlichen Erscheinung auf Erden und von einem universellen Wohltäter unmissverständlich an die Person eines Römers gebunden. Angesichts der glanzvollen Siege des Octavian und der nach Aktium vorgenommenen Neuordnung des gesamten Ostens war auch jetzt nicht anders zu verfahren. So boten 30/29 die Landtage von Bithynien und Asien – beides bereits in hellenistischer Zeit gegründete *Koina* – dem Sieger über Mark Anton die Einrichtung eines Kultes, die Erbauung eines Tempels und Festspiele zu seinen Ehren an [Cassius Dio 51, 20, 6–9]. Octavian hat diese ihm angetragenen kultischen Ehrungen angenommen und sich so die Tradition der hellenistischen Koina zunutze gemacht, denen als vornehmste Aufgabe die Pflege des Herrscherkults immer zugekommen war. Die getroffene Entscheidung war von höchster Bedeutung und wurde, wie Dio ausdrücklich vermerkt, das Modell für alle Provinzialkulte. Von Anfang an war damit der Kaiserkult Aufgabe einer Institution, die dies traditionsgemäß wahrgenommen hatte, jedoch auch immer für die beschränkte Wahrnehmung der politischen Interessen der vereinigten Städte gegenüber dem hellenistischen Herrscher zuständig gewesen war: Eben diese Verzahnung von politischen Aufgaben und kultischer Herrscherverehrung wurde typisch für den römischen Kaiserkult, der von den Provinziallandtagen wahrgenommen wurde. Beide Tätigkeiten bedingten sich gegenseitig. Die ebenso pünktliche wie richtige Wahrnehmung des Kaiserkultes steigerte die politische Durchsetzungsmöglichkeit von Forderungen der Provinziallandtage, da auf diese Weise ein sehr direktes und persönliches Verhältnis der Provinzen zum Kaiser begründet worden war.

Die Voraussetzungen des Kaiserkultes lagen also in den östlichen Provinzen des Reiches, dessen Bewohner es seit Jahrtausenden bzw. (sofern sie Griechen waren) seit den hellenistischen Königen gewohnt waren, die Person des Monarchen mit göttlicher Weihe zu umgeben.

Gerade der mit universalem Anspruch auftretende Herr der Welt war nur vorstellbar als Sachverwalter göttlicher Mächte, in deren Dunstkreis er eingehüllt oder denen er zugeordnet wurde. Auch die öffentliche Demonstration göttlicher Wunderkräfte gehörte zu einem Retter und Heiland, wie selbst der alte Haudegen Vespasian in Alexandria erfahren musste: Ein Blinder und ein Lahmer drängten zu ihm und baten um ein heilendes Wunder. Der zunächst schockierte Kaiser gab schließlich nach und heilte beide, wobei er Wange und Augenlider des Blinden mit seinem Speichel bestrich [Tacitus, Historien 4, 81; vgl. z. B. Markus 7, 31–37]. Unser Gewährsmann verschweigt nicht, dass Vespasian die politische Wirksamkeit des Vorganges, der bei Gelingen in den Basaren der Städte des Ostens die Erzählfantasie inspirieren musste, genau bedachte, bevor er Wunder zu wirken begann.

In den Provinzen des Westens waren die Voraussetzungen gründlich anders. Die von Rom unterworfenen Völker kannten den Gedanken nicht, dass ungewöhnliche Taten eines Menschen Ausdruck göttlichen Wirkens sein mussten. Die Zwischenwelt der Heroen, in der solche Vorstellungen am leichtesten vorab heimisch gemacht werden konnten, war dort nicht erfunden worden, und die verehrten Götter dementsprechend in der Regel noch mit den Gewalten der Natur und nicht denen des Menschen verbunden. Einig sah man sich allerdings mit den Bewohnern des Ostens in dem Bewusstsein, dass die Dauer versprechende Friedenszeit des Augustus Loyalität und Dankbarkeit fordere und diese auch bezogen auf den Mann, der dafür verantwortlich war, formuliert werden müsse. Ganz generell war dies bereits im Jahre 32 v. Chr. vollzogen worden, als sich die Westprovinzen dem Vorbild Italiens angeschlossen hatten und Octavian die Treue schworen: *iuraverunt in eadem verba provinciae Galliae, Hispaniae, Africa, Sicilia, Sardinia* [Tatenbericht 25].

Die Institutionalisierung der kultischen Verehrung verlangte jedoch darüber hinaus nach einer Form, in der weniger dramatisch, aber die Loyalität nicht minder ausdrückend, der Monarch Anerkennung finden konnte. Als Modell, nach dem zu verfahren war, bot sich der im Osten anerkannte Provinziallandtag nahezu von selbst an. Augustus hat das vor allem nach der Reorganisation der spanischen und gallischen Provinzen zu sammelnde Potenzial an Zustimmung denn auch in die kultische Fassung gebracht – sicherlich nicht zuletzt deshalb, weil er selbst in Italien mit kultischen Ehrenbeschlüssen der Munizipien überhäuft, in den Kolonien und Munizipien der Provinzen dasselbe Phänomen erleben durfte und die stabilisierende Wirkung kultischer Loyalitätsakte im Osten erkannt hatte. Im Jahre 12 v. Chr. wurde die in Kleinasien zuerst gegründete Institution des Landtages auf Gallien übertragen, als es anlässlich der Durchführung des gallischen Provinzialzensus zu erheblichen Unruhen kam und Drusus im Auftrage des Augustus das Nötige zur Beruhigung der Provinzen tun musste. Aus dieser Begründung wird sehr deutlich, dass die Einrichtung eines Kaiserkultes, der von einem dafür gegründeten Provinziallandtag wahrgenommen werden sollte, als Mittel der Befriedung und der Gewinnung von Zustimmung zum Imperium und zum Kaiser gehandhabt wurde.

Dieser Zusammenhang wird noch klarer, wenn man erkennt, dass an die Einführung von Provinzialkulten zunächst nur in frisch unterworfenen Gebieten gedacht wurde. Erst Vespasian begründete eine neue Ära des Provinzialkultes, als er ihn auch auf die seit langem befriedeten senatorischen Provinzen (die Narbonensis, die Baetica und die Africa Proconsularis) übertrug. Der Herrscherkult wurde damit in seiner ursprünglichen Funktion, gerade befriedete und noch unruhige Gebiete an Rom zu binden, erweitert und diente nunmehr als Rahmen von Loyalitätsbekundungen für Kaiser und Reich. Die Provinzen übernahmen bereitwillig diese Aufgabe, da sie auf diesem Wege ihr Nahverhältnis zum Prinzeps deutlich steigern konnten; war es ihnen nunmehr doch wesentlich leichter geworden, die Misswirtschaft römischer Statthalter direkt beim Kaiser anzuprangern und von ihm Schutz und Hilfe zu erhalten. Die z. B. bei Plinius berichteten Prozesse gegen die Prokonsuln der Provinz Baetica der Jahre 93 und 98 zeugen beredt davon, welches Prestige die den Kaiserkult verwaltenden Landtage gewonnen hatten und wie unmittelbar sich ihr direkter Zugang zum Prinzeps über den Kaiserkult auszahlte.

Die behutsame Einführung der Landtage in den westlichen Provinzen bis in die Regierungszeit des Vespasian beweist, dass das Instrument des Kaiserkultes und seine Wahrnehmung durch die Landtage verschiedene Etappen der Erprobung durchlief, in denen der nächste Schritt erst nach der Bewährung des vorangegangenen getan wurde. Grob lassen sich drei Epochen dieser Entwicklung charakterisieren:

1. Die Einordnung in die Tradition des hellenistischen Herrscherkultes, der in Asien durch das asiatische Koinon wahrgenommen worden war.
2. Die Übertragung des Kultes und der Trägerorganisation auf die noch nicht befriedeten Provinzen des Westreiches mit dem erklärten Ziel, ihre Führungsschichten durch diese besondere Aufgabe sehr eng an das Imperium und möglichst nahe an das Kaiserhaus zu binden.
3. Die Ausweitung des Herrscherkultes und seiner Institution unter Vespasian auf alle großen Provinzen des Westreiches. Der Kaiser trug so der gewachsenen Bedeutung der Provinzen gegenüber Italien

Rechnung, gewährte ihnen einen gewissen politischen Spielraum, den sie bei krassen Missständen des provinzialen Statthalterregiments nutzen konnten, und gab den kontinuierlich erwarteten Loyalitätsbekundungen eine klare Form.

Neben den Provinziallandtagen haben alle Städte des Reiches entsprechend der ihnen eigenen Autonomie Kulte gestiftet und dem Kaiser kultische Ehren in den verschiedensten Formen zugedacht. Hinzu kam eine ganze Palette von privaten Ehrungen, die Einzelpersonen oder Vereine betrieben. Die kaiserliche Zentrale hat in diese Vorgänge nie eingegriffen, sodass Tempel, Säulenhallen, Altäre und Spiele unübersehbar vom guten Willen der Städte Italiens und der Provinzen zeugten, die göttlichen Kräfte des Kaiserhauses auf die eigene Stadt und das eigene Haus in besonderem Maß zu konzentrieren. Bereits die letzten Regierungsjahre des Augustus sahen den Kaiserkult als eine das ganze Reich umfassende Größe [Sueton, Aug. 59], deren politischer Kerngedanke die kontinuierliche Bekundung der Loyalität gegenüber Kaiser und Imperium wurde.

Inhaltlich bedingte die Notwendigkeit, den mit dem Kaiserkult gegebenen Bruch mit der römischen Tradition nicht zu offenkundig werden zu lassen, eine Form der Verehrung, die über die Heiligkeit des Monarchen keine Aussage machte. Der politische Zweck forderte dies ebenso wenig wie die religiöse Tradition, die im formalen Kultvollzug immer die entscheidende Kommunikation mit den Göttern gesehen und daraus die erfolgreiche Unterwerfung unter den göttlichen Willen abgeleitet hatte.

Anders: Weder band der Kaiserkult die persönlichen religiösen Gefühle der Menschen noch war eine bestimmte Gottheit in besonderer Weise dem Kaiser und seiner Verehrung verbunden; erst im christlichen Rom wurde die Dreieinigkeit die offizielle und allgemein verbindliche Gottheit des Imperiums. Der Spaten der Archäologen hat kein Zeugnis zutage gefördert, das in den privaten Räumen der Untertanen – sei es durch eine Statue, sei es durch Mosaik-Darstellungen – die Verehrung der Kaiser beweisen könnte. Die Religion der Loyalität verlangte schließlich keine persönliche Frömmigkeit, und niemand hat je daran gedacht, diese zu fordern. So konnte es auch dem Monarchen selbst überlassen bleiben, seine sakrale Überhöhung an den im einzelnen neu zusammenzusetzenden Götterhimmel anzubinden und daraus nach Bedarf die benötigten konkreten Inhalte zu schöpfen.

Dort lag denn auch der Anknüpfungspunkt für die Adaption der Religiosität der Erlösungsreligionen, die besonders eindrucksvoll in der Gestalt des *Sol Invictus* auftritt. Selbst ein Gott, der viele Gottheiten in sich aufgenommen hatte, gab er Raum für ein neues religiöses Weltbild, in das der universelle Machtanspruch des Herrn des *orbis terrarum* eingebettet werden konnte. Zugleich war er aber auch ein Gott, der eine strenge Vorstellung von seiner Macht hatte und die universelle Gültigkeit seiner Entscheidungen beanspruchte; eben dies gab den Kaisern seit Aurelian eine gewichtige Waffe gegen die Armeen des Reiches in die Hand. Eine Anekdote berichtet, Aurelian, bedroht von einem Aufstand, habe den Soldaten erklärt, es sei ein Irrtum zu glauben, das Schicksal der Könige ruhe in ihren Händen: denn Gott, der den Purpur verliehen habe, bestimme auch ganz allein über die Dauer der Herrschaft [Petr. Par. frg. 10, 16; FGrHist. IV 197]. Der Vorgriff auf den Gott der Christen ist unüberhörbar. Auch er beanspruchte die ausschließliche Zuwendung seiner Gläubigen und verdammte den Aufruhr gegen seine Kaiserwahl als Sünde.

Die Repräsentation der kaiserlichen Macht

Die Fähigkeit der Kunst, politische Vorstellungen einprägsam der Öffentlichkeit vor Augen zu führen, ist in Rom seit der mittleren Republik erkannt und geübt worden. Große architektonische Anlagen (Stadtanlagen, Straßenbau, Aquädukte und überhaupt der gesamte Bereich der Ingenieursarchitektur), Porträts und Ehrenstatuen und schließlich historische Reliefs spiegelten den Machtanspruch Roms ebenso wie den Wert- und Tugendkatalog seiner politischen Eliten. In der frühen Kaiserzeit erschien der gesamte Raum des öffentlichen Lebens in den Städten bereits mit Denkmälern durchsetzt, deren vornehmlicher Sinn darin bestand, politische Werte und Ansprüche der eigenen Zeit und den nachfolgenden Generationen verständlich zu machen.

Der Bezugspunkt der Kunst ist in jedem Fall die Macht und das Heil des römischen Staates, in dessen Diensten der Anspruch auf das Errichten repräsentativer Bauten oder Statuen erst gewonnen werden muss. Auch als seit der späten Republik die individuelle Leistung eine neue Bedeutung und dementsprechend die Bildkunst ein neues Verständnis für individuelle Physiognomien gewann, blieb dies eingebettet in die Forderungen des Staates und der Verpflichtung gegenüber der Tradition, die in der Gestalt ihrer legendären Heroen die Vorbilder für das richtige ruhmreiche Verhalten gestellt hatte. Der einmalige historische Vorgang, der in großen Historien-Gemälden oder in Ehrenstatuen zu Wort kommen sollte, diente immer zugleich dazu, die exemplarischen Tugenden der Römer vor Augen zu führen, die die römische Politik nach der Auffassung jeder Generation geprägt hatten und von deren Beibehaltung die Macht und die Herrlichkeit des Imperiums auch in Zukunft abhing. Das römische Verständnis von der eigenen Vergangenheit legte rigoros die Ausdrucksformen fest, in denen Architektur und Kunst die Gestaltung politischer Werte und Machtansprüche zuließen.

Vor diesem Hintergrund musste die Bau- und Denkmälerpolitik bereits in der Republik eine wichtige Rolle im Kräftespiel der verschiedenen politischen Gruppierungen und im schließlichen Gegeneinander von Senat und großem Einzelnen spielen. Die neue Ordnung, die Augustus der Republik versprochen und deren Dauer er an die Erhaltung seiner persönlichen Herrschaft gebunden hatte, forderte auch neue künstlerische Formen, die politische Themen und Zielvorstellungen des Prinzeps darstellen sollten. Die Tradition ließ keinen Zweifel an der vorrangigen Verpflichtung aufkommen, vor allem die militärischen Erfolge für das Imperium und die Ausweitung seiner Grenzen in den gebührenden Formen feiern zu müssen. Der neue Maßstab des politischen Handelns konnte jedoch darüber hinaus den Machtanspruch des die Rolle des Monarchen usurpierenden politischen Individuums auch in neuen Formen zum Ausdruck bringen. Die offizielle Erscheinung des gesamten Staates wurde im Grunde zugeschnitten auf die Erkenntnis, dass der in den Bürgerkriegen siegreich gebliebene Augustus die Tradition der republikanischen Vergangenheit und die Herrschaft über das Imperium in sich aufgenommen hatte. Die zentralen Plätze des öffentlichen Lebens füllten sich daher mit politischen Monumenten, die die große politische Leistung und die Vorstellungswelt des republikanisch umhüllten Monarchen der Öffentlichkeit wirksam vor Augen führten.

Es begann dies 30/29 v. Chr. mit dem Bau des Mausoleums auf dem Marsfeld, ein Denkmal der gezielt propagierten Bindung des Herrschers an Rom, wo er begraben werden wollte, und zugleich das Monument der Dynastie, die den Anspruch, auf Generationen hinaus die Herren in Rom bleiben zu wollen, nie kampflos aufgeben würde. Es folgten die 29 v. Chr. begonnenen Bauten auf dem Forum: die *Curia Julia*, der Tempel des *Divus Julius* und der Triumphbogen mit der entsprechenden Wendung: *de re publica conservata*. In der Kurie wurde an exponierter Stelle, jedem Senator ständig vor Augen, die Göttin Victoria, die über der Weltkugel schwebte, aufgestellt. Der Sinn war jedem klar: Die persönliche Siegesgöttin Octavians wird in den Rang der Siegesgöttin Roms erhoben und verkörpert die Weltherrschaft Roms und Octavians. Der zehn Jahre später hinzugefügte dreitorige Partherbogen vertiefte dieses Thema und stellte den Bezug zur römischen Tradition durch die Anbringung der Konsular- und Triumphalfasten (beginnend mit dem Triumph des Romulus über die Leute von Caenina) in der Weise her, dass Augustus als der größte in der langen Reihe der republikanischen Triumphatoren erschien [sämtliche hier besprochenen Zeugnisse bei Zanker, Augustus und die Macht der Bilder].

Wenig später wuchsen die Bauten des *Forum Augustum*, insbesondere der Marstempel, in dem der Senat über Krieg und Frieden verhandeln sollte, auswärtige Herrscher empfangen wurden und die siegreichen Feldherren ihre Triumphalinsignien niederlegten. Mit dieser Anlage wurde jedem Bewohner und Besucher Roms deutlich, dass neben dem republikanischen Forum ein neues Zentrum das vom Prinzeps regierte Imperium repräsentierte und zugleich der Monarch seiner Macht eigene Ausdrucksformen zu geben begann. Die kaiserliche Majestät, kultisch den Göttern bereits verwandt, gewinnt eigene Konturen, die aus dem Raum des traditionellen Staatsverständnisses hinausragen. Die Mitte des *Forum Augustum* nahm denn auch die Statue des Augustus als *pater patriae* auf der Triumphalquadriga ein: Der Monarch erschien in der Funktion, in der er den Römern ebenso wie den Reichsbewohnern seine besondere Fürsorge für alle dartun konnte. Nero ging einen entscheidenden Schritt weiter: Er wird der erste Herrscher, der sich einen eigenen Palast baut (*domus aurea*, das „Goldene Haus"), dessen Dimensionen schon die Umschreibung der kaiserlichen Macht mit dem senatorischen Begriff „*primus inter pares*" Lügen straften [Sueton, Nero, 31]. Der Kaiser, der nach seiner Rückkehr aus Griechenland in Rom eingezogen war, eingehüllt in einen mit goldenen Sternen bestickten griechischen Mantel, erhob Anspruch auf die Rolle des Kosmokrators, an die auch Domitian dachte, als er sich *dominus et deus* nennen ließ. Die Kuppel des Hauptsaales der *domus aurea* „drehte sich Tag und Nacht, wie das Weltall" (Sueton) und hob die kaiserliche Majestät in die gewünschte himmlische Dimension.

Eine besondere Bedeutung kam der Gestaltung des Kaiserbildnisses zu. In der Vorstellung des einfachen Volkes verkörperte die Statue des Kaisers keine geringere Macht als die Person des Kaisers selbst [vgl. Tacitus, Historien 1, 36], sodass sie dort die Präsenz des Kaisers gewährleisten konnte, wo dieser persönlich nicht anwesend war. Dem entsprach, dass der jeweils neu amtierende Kaiser in den ersten Monaten seiner Regierung in allen Teilen des Reiches sein Porträt aufstellen ließ und vorher festlegte, in welcher Form dies zu geschehen habe. Abweichungen von den Stilformen der Vorgänger signalisierten den

Untertanen unmittelbar anschaulich, wie weitgehend der neue Herrscher seinen Regierungsstil neu definierte oder wie eng er sich an die Politik seines Vorgängers anzulehnen gedachte. Die wirklichkeitsnahe Darstellung des vierschrötigen glatzköpfigen Vespasian zum Beispiel, die seine Verbundenheit mit seinen Legionen unterstrich, kontrastierte bewusst mit den Bildnissen der julisch-claudischen Familie, die in altersloser apollinischer Schönheit und Würde dargestellt worden waren. Jedermann im Reich konnte mit Händen greifen, dass bewusst und radikal eine neue Dynastie ihren eigenen Vorstellungen zu folgen gedachte. Eben dies hatte Augustus selbst getan, als er auf Polyklet und die griechische Klassik zurückgriff, um den Prinzeps als vollkommene Verkörperung eines zeitlosen Ideals vorstellen zu können. Seine Zeit verstand ihn richtig: Das Programm eines friedlichen und glücklichen Zeitalters bedurfte des Ausdrucks überzeitlicher Gültigkeit, die in den Darstellungen der *ara pacis* (s. o.) ihren religiösen Bezugspunkt erhielt und ihre adäquate Ausdrucksform hier wie dort in der rezipierten griechischen Klassik gefunden hatte.

Die einmal erkannte politische Wirksamkeit der Kunst führte dazu, dass seit Tiberius alle Kaiser bemüht waren, auch die ihnen gemachten Dedikationen von Privatpersonen im Sinne ihrer politischen Programmatik zu beeinflussen. Plinius [Briefe 10, 8] belegt ebenso wie die in den privaten Villen gefundenen Kaiserbildnisse, die durchweg den offiziellen Bildtypen entsprachen, dass man sich den Wünschen der Kaiser gerne zu beugen pflegte. Eigenmächtigkeiten waren zudem gefährlich: Unter Tiberius stellte ein Prätor in Bithynien sein eigenes Standbild auf einen höheren Platz als die Statue des Kaisers und wurde in Rom wegen Majestätsbeleidigung angeklagt [Tacitus, ann. 1, 74]: angesichts der Stellvertreterfunktion der Kaiserstatuen zu Recht.

Inbegriff aller Kaiserstatuen wurde die in der Villa der Livia bei Primaporta gefundene Panzerstatue des Augustus, die nach dem Sieg über die Parther in Auftrag gegeben worden war und auf dem Brustpanzer die Rückgabe der von den Parthern 53 v.Chr. bei Carrhae eroberten römischen Feldzeichen bildlich darstellte. Dieses Ereignis, von den Zeitgenossen als großer außenpolitischer Erfolg gefeiert, erscheint auf dem Panzer symbolisch im Rahmen der kosmischen Ordnung: Der Sonnenwagen unter dem Himmelszelt, die Provinzen des Ostens und des Westens, die der Übergabe der Feldzeichen zustimmen, die Schutzgötter des Augustus, Apollo und Diana, und schließlich die Gestalt der Erdgöttin Tellus (oder Ceres), die aus ihrem Füllhorn die Segnungen des neuen Zeitalters ausgießt, sie alle verliehen dem Sieger über die Parther das Charisma des Weltherrschers, der unüberwindlicher Kriegsherr und Segen stiftender Monarch zugleich sein wollte.

Die verstreut über das ganze Reich anzutreffende Vielfalt der äußeren Zurschaustellung der Majestät des Monarchen lässt vier Funktionen erkennen, die zwar unter den einzelnen Herrschern unterschiedliches Gewicht hatten, jedoch durchgängig die ganze Epoche bis Konstantin charakterisieren:

- Seit Augustus erscheinen innerer Frieden und Wohlstand – die wichtigste Legitimation des Prinzipats – immer als Leistungen des Kaisers, der ihnen dank seiner herrscherlichen Tugenden (*virtutes*) auch allein Dauer verleihen konnte. Eingeschlossen wird dieser Gedanke von dem Bild des Weltherrschers, der – wie schon von der Republik gefordert – die Grenzen der Erde erreicht hat. Beide in der Panzerstatue von Primaporta bildlich verschmolzenen Gedanken repräsentieren den Glauben der augusteischen Zeit und wurden kanonischer Bestandteil des Verständnisses von den wichtigsten Aufgaben der Monarchie: „Auf den Knien nahm Phraates Caesars Gebot und Befehl entgegen. Goldene Fülle hat aus üppigem Horn ihre Früchte ausgeschüttet über Italiens Fluren" (Horaz, Briefe 1, 12, 27–29).
- Der Prinzeps erhält immer deutlichere Züge göttlicher Herkunft und göttlichen Einvernehmens. Auch dieser Gedanke bleibt immer gebunden an den Herrn der Welt, der als Kosmokrator seinen Herrschaftsanspruch durch Wohltaten beweist. Die in vielen offiziellen Darstellungen (vgl. die Büste des Commodus, heute im Konservatorenpalast in Rom) greifbare Verbindung von Kaiser, Weltkugel, kriegerischen Taten und Füllhörnern sind in ihrer Aussage unmissverständlich: Das Regiment des Herrschers besiegt alle Feinde des Reiches, bringt Reichtum und Segen und reicht bis zu den Sternen.
- Mit der sakralen Weihe seiner Person entfernt sich der Kaiser mehr und mehr von den Menschen. Insignien, Tracht und höfisches Zeremoniell, zielstrebig unter Heranziehung der orientalischen und hellenistischen Vorbilder entwickelt, bauten unüberwindliche Schranken, vor denen jedermann zum Untertan wurde. Dessen Treue erprobten Opfer und Proskynese vor dem Kaiser oder vor seinem Bild – Zeremonien, die wie Horaz berichtet, ursprünglich nur unterworfenen Reichsfeinden auferlegt wurden. Die in der christlichen Legende früh ausgebildete Geschichte von den drei Magiern, die dem neugeborenen König Geschenke brachten und vor ihm das Knie beugten „*quasi deum et regem*" [Tertullian, adv. Marcion 3, 13] spiegelte die

reale Wirklichkeit eines seinen Bürgern weit entrückten kaiserlichen Universalgottes.
- Als wichtigste Herrschertugend erscheint die *pietas*, die Frömmigkeit des Kaisers, die das gute Einvernehmen mit den Göttern, die über das Imperium wachen, herstellt. Auf zahlreichen Bildern bewiesen die Kaiser in der Form des Opfers ihre *pietas*: Augustus tat dies auf der *ara pacis*, Tiberius vollzog auf dem Silberbecher von Boscoreale das traditionelle Opfer des ausziehenden Feldherrn. Die Gewissheit von drei Jahrhunderten drückte sich in diesen Akten und ihrer Darstellung aus: Solange die kaiserliche *pietas* die Funktion der *di immortales* als *conservatores Augusti et praesides custodesque imperii* wahren kann – so die Sprache Diokletians – wird das Reich und mit ihm Frieden und Wohlstand bestehen bleiben.

Die politischen Eliten

Die Zusammensetzung: Reichsadel und kommunale Eliten

Der Sturz der Republik hatte die soziale Ordnung Italiens und der Provinzen nicht verändert: Die Konstanz der Sozialstruktur, die die Welt des Mittelmeers seit etwa 500 v. Chr. auszeichnete, blieb und übertrug sich auf die Gebiete des römischen Herrschaftsraumes, in denen die bestehenden stammesstaatlichen Lebensformen durch städtische ersetzt oder wenigstens in ihrer hierarchischen Erscheinungsform stabilisiert wurden. Die soziale Stellung insbesondere des Adels in den Städten des Reiches und im Senat war intakt wie eh und je. Die senatorische Elite hatte ihre Güter behalten und ihr soziales Prestige in der engeren Heimat ungebrochen gewahrt. Als sie sich dem Herrschaftsanspruch des Augustus unterwarf und die über Jahrhunderte gehütete Souveränität der politischen Entscheidung dem siegreichen General auslieferte, war dieser Akt im Resultat denn auch mehr ein Ausgleich der Interessen als eine Kapitulation: sie glich – ungeachtet ihres gewaltsamen Charakters – einer Wahl des obersten Kriegsherrn zum Führer und Exekutivorgan der Aristokratie. Ihr ökonomisches Gewicht, ihre politische Erfahrung und ihre ausschließlich auf den Staat bezogene Standesmoral machten die adligen Herren von Rom bis in die kleinste Landstadt am Rande des Imperiums unentbehrlich. Ein Prinzeps, der auf die Idee verfallen wäre, die Eliten zu entmachten, hätte bei einem solchen Versuch leidvoll erfahren, dass es alternative Funktionsträger nicht gab und dass bereits der Rückzug der Aristokraten auf ihre angestammten Güter seiner Macht ein schnelles Ende bereitet hätte.

Vor dem dritten Jahrhundert hat niemand die Probe aufs Exempel ernsthaft versucht. Die Aristokratie hatte daran am allerwenigsten Interesse, da der Monarch im Grunde tat, was auch sie wollte und immer gewollt hatte: Er sicherte die bestehende soziale Ordnung und teilte die Herrschaft über das Reich so mit ihr, dass dem aristokratischen Betätigungsdrang und seinem Hunger nach Macht und Ehre Genüge getan war. Verändert hatten sich der Ausgangs- und der Bezugspunkt der Machtausübung. Ihr Mittelpunkt war nicht mehr der Senat, sondern der Kaiser. Nur dieser verlieh noch Ämter, Kommanden, Pensionen, nur dieser verteilte die Einkünfte des Reiches, und nur in seinen Diensten waren ein standesgemäßes Auftreten und die Erfüllung der alten Ideale möglich. Die äußerlich immer wieder demonstrierte Unterwürfigkeit unter den Willen des Kaisers ist die Konsequenz des aristokratischen Ethos, sich im und für den Staat ein ganzes Leben lang zu betätigen. Sie spiegelt jedoch nicht die reale Macht des Adels, die durch seine Unentbehrlichkeit in der Politik, durch seine soziale Stellung und durch seine im Lichte der Erfolge der Republik zusätzlich gefestigte Ideologie der Bewährung im staatlichen Raum ganz anders definiert war. Gerade die Einfachheit und Geschlossenheit dieser ideellen Position dehnte die aristokratische Macht weit über ihre realen Basen aus, da sie die Fähigkeit verlieh, neue soziale Aufsteiger zu assimilieren und andere sich dienstbar zu machen: Allein das Prestige, das aus dieser Haltung floss, verschaffte eine soziale Macht, ohne die die Stabilität der gesellschaftlichen Ordnung nicht zu denken war.

Die Aufgaben der politischen Eliten wurden von drei Faktoren bestimmt:
– Die objektiven Bedürfnisse eines Weltreiches. Dies war militärisch zu kontrollieren und so zu verwalten, dass der verwaltungstechnische Aufwand die Möglichkeiten einer Führungsschicht von wenigen hundert Männern nicht sprengte. In genauer Befolgung der Lehren der Republik forderte dies zum einen die Ausbildung eines dem Kaiser verantwortlichen Reichsadels und zum anderen die Stärkung der politischen und sozialen Stellung der traditionellen Eliten, die in den Städten des Reiches wie bisher alle politischen und sozialen Funktionen ausübten.
– Die fest etablierte monarchische Herrschaftsform und ihre Absicherung. Der daran geknüpften Notwendigkeit eines eigenen Verwaltungsapparates des Kaisers hatte die Einteilung des Reiches in kaiserliche und senatorische Provinzen im Jahre 27 v. Chr. bereits Rechnung getragen.
– Die Anerkennung des Herrschaftsanspruches der Senatsaristokratie auch unter dem monarchischen Regiment. Daraus ergaben sich die personale Kontinuität der Herrschaftsträger und die ungebrochene Widerspiegelung der sozialen Hierarchie in den Formen der Herrschaftsorganisation.

Eine Bestandsaufnahme der Führungsschichten unterscheidet demnach zweckmäßig zwischen den kommunalen Eliten in den Städten des Reiches und der Reichsaristokratie, die unmittelbar dem Kaiser unterstand und das Imperium verwaltete. Die kommunale Elite umfasste die Dekurionen und Magistrate, die die Städte regierten und zu denen auch der Teil der römischen Ritter gehörte, der sich mit der Macht und dem Einfluss zufrieden gab, der innerhalb der städtischen Grenzen zu erreichen war. Hinzu kamen die reichen Freigelassenen und vermögende Mittelständler, die in den Kollegien der Augustalen, die den Kaiserkult betreuten, ihren Einfluss geltend machten. Den Reichsadel bildeten die Senatoren und Ritter, die im Staatsdienst tätig waren. Diese Gruppe stellte denn auch die eigentlichen Führungskader: Die Konsuln und Prätoren, die Statthalter der Provinzen, die Legionskommandeure, die Prokuratoren und Präfekten, die Angehörigen des kaiserlichen *consilium* und schließlich den Kaiser selbst.

Der Reichsadel und seine Aufgaben

Die Mitte des Staates war seit 27 v. Chr. der Monarch. In dem Maße, in dem sich seine Kompetenzbereiche ausweiteten, schwanden die des Senats. Was blieb, war die Wahl der Beamten und die Verwaltung der senatorischen Provinzen (im Jahre 27 von 22 die 10 befriedeten). Was hinzukam, war die Funktion des Pairsgerichtes in Strafprozessen, die gegen die Mitglieder des eigenen Standes anhängig wurden. Darüber hinaus war der Senat nach wie vor das zentrale Forum, auf dem alle wesentlichen Probleme der Provinzen und des staatlichen Regiments erörtert und in *consulta* behandelt wurden; politisch entschieden wurde jedoch in der kaiserlichen Zentrale, der der Senat mehr und mehr nur noch als Bestätigungsgremium gegenübertrat.

Die eigentliche Bedeutung der Senatsaristokratie und der führenden Familien des Ritterstandes lag denn auch nicht mehr in ihrer Fähigkeit, politische Entscheidungen zu fällen, sondern sie gründete auf ihrer Tätigkeit als Staatsbeamte, die alle wesentlichen militärischen, zivilen und richterlichen Funktionen umfasste. In dieser Eigenschaft waren sie unentbehrlich und zugleich dem Monarchen gefährlich. Dies insbesondere dann, wenn sie fern von Rom und damit jenseits der direkten kaiserlichen Kontrolle über Jahre hinweg Provinzen und Legionen führten. Aus diesem Spannungsfeld gab es keinen Ausweg: Angesichts der politischen Intelligenz und Erfahrung der Aristokratie hätte das von Augustus mit ihr geschlossene Bündnis nur um den Preis der Aufgabe des Reiches gelöst werden können. Es gab für den Kaiser nur die Möglichkeit, im Rahmen neu zu schaffender Institutionen Kontrollmechanismen aufzubauen, und es gab die politische Leitlinie, die Loyalität der Eliten durch ständige Erfolge zu sichern, die zugleich die Effektivität des kaiserlichen Regiments immer wieder neu vor Augen führten.

All dies hätte kaum verfangen können, wäre die Aristokratie des frühen Prinzipats mit der aus der Zeit Sullas noch identisch gewesen. Dass dem nicht so war, ist die Konsequenz der durch den Bundesgenossenkrieg 90/89 erzwungenen Ausweitung des Bürgergebietes auf ganz Italien und der Entscheidung Octavians, in den Jahren der Konfrontation die Grundlagen seiner Macht in Italien und nicht – wie Pompeius, Caesar und Mark Anton – in den Provinzen zu suchen. Das römisch gewordene Italien füllte jetzt die in den Bürgerkriegen geleerten Bänke des Senats, und der Adel seiner Landstädte erhielt die Offizierspatente der Legionen und wichtige Verwaltungsstellen des Reiches. Es bedeutet dies nicht nur den Aufstieg einer neuen sozialen Schicht in die Elite des Reiches, die damit ihre nötige Kapazität erreichte; es bedeutete zugleich die Anerkennung und Weiterentwicklung moralischer und politischer Denkweisen, die die Sicherung des Erworbenen, das Festhalten an den tradierten religiösen und sittlichen Normen, soziale Stabilität und wirtschaftliche Prosperität allen anderen Zielen überordneten. Mit einem Wort: Dieser Teil der politischen Führungsschichten dachte und handelte weitgehend unpolitisch und sah seine Ideale unter dem Regiment eines Kaisers weit besser gewahrt als in der Herrschaft der römischen Stadtaristokratie. Deren staatliches Ethos kopierte man, mit deren politischen Ansprüchen wollte man jedoch nichts zu tun haben, zumal dort nur wenige einen Platz für die eigene politische Zukunft reserviert fanden. Diesen bot nur der Monarch. Er stellte die italische Elite der römischen gleich und belohnte eine Moral, deren kleinbürgerlicher Zuschnitt dem römischen Adel nichts sagen konnte.

Der römische Stadtstaat hatte ein Weltreich erobern und beherrschen, jedoch nicht regieren können. Hier lag die entscheidende Funktion der Monarchie, die die anstehenden Probleme nicht im Rahmen der bestehenden Magistraturen, sondern nur durch die Festlegung neuer Aufgabenbereiche und durch die Schaffung eines zentral geführten Beamtentums meistern konnte. Da der Bestand der Monarchie davon abhing, hat bereits Augustus planmäßig den Aufbau einer eigenen kaiserlichen Verwaltung ins Werk gesetzt, ohne dabei unterscheiden zu müssen zwischen Maßnahmen, die der Stärkung des eigenen Herrschaftsanspruches dienten oder die Territorien des eroberten Landes regierbar machten: Das eine ergab sich notwendig aus dem anderen, da die Erfüllung der objektiven Bedürfnisse des Reiches die Funktion des Monarchen notwendig ausweiteten und seine Position damit festigten. Im Einzelnen übernahmen kaiserliche Beamte folgende Aufgabenbereiche:

(1) Die Verwaltung der 27 v. Chr. dem Kaiser unterstellten Provinzen, in denen zugleich das Gros des stehenden Heeres untergebracht wurde. Geleitet wurden diese Provinzen von *legati Augusti propraetore* aus dem Senatorenstand, deren Amtsvollmachten sich von denen der Prokonsuln und Proprätoren der Republik und der weiterbestehenden senatorischen Provinzen nicht unterschieden.

Experimente waren hier auch am wenigsten sinnvoll: Die fast monarchische Stellung des Statthalters in seiner Provinz hatte sich bewährt, und die Sicherung des Reiches ebenso wie die Aufrechterhaltung von Ruhe und Ordnung verlangte die zivile und militärische Gewalt zusammengefasst in den Händen von Männern, die an den Umgang mit der Macht gewohnt waren. Aus der Sicht der Provinzialen hatte sich denn auch wenig geändert. Dieselben Männer mit denselben Vollmachten regierten wie eh und je, sodass erst die generell neue Einstellung zu den Beherrschten und die mit dem Ende der Bürgerkriege aufhörende hemmungslose Ausbeutung auch für die Provinzen einen Wandel der Zeiten ankündigten.

(2) Die Verwaltung des dem privaten Besitz des Kaisers zugeschlagenen Ägypten wurde einem ritterlichen Präfekten anvertraut; die neu eroberten Gebiete, die angesichts ihrer besonderen Rückständigkeit nicht ohne eine längere Vorbereitungsphase der herkömmlichen Provinzialverwaltung unterstellt werden sollten, erhielten eigene Beamte: Die Alpes Cottiae, maritimae, Judaea, Mauretaniae, Noricum und Raetia wurden von kaiserlichen Prokuratoren regiert und erst nach einer längeren Phase der Pazifizierung senatorischen Statthaltern übergeben.

(3) Die Verwaltung sämtlicher Staatsgelder, d. h. aller Steuern und Zölle sowie aller Einnahmen aus den kaiserlichen Besitzungen (Domänen und Bergwerken), übernahmen in Rom, in Italien und in den Provinzen Beamte aus dem Ritterstand; allein in den Senatsprovinzen wurden jetzt noch die Steuern der Gemeinden (Boden- und Kopfsteuer) von der senatorischen Verwaltung (*quaestor provinciae*) eingetrieben. Mit dieser grundlegenden Reform des gesamten Finanzwesens kam Ordnung in die Kassen, und es zeigten sich die Konturen einer Finanzverwaltung, die der Republik immer fremd geblieben war. Zugleich wurde die dem Ritterstand von jeher eigene Erfahrung im Finanz- und Geschäftswesen für den Staatsdienst nutzbar gemacht. Nicht umsonst hatten ritterliche Gesellschaften als Steuer- und Zollpächter (*publicani*) in der Republik auf ihre Weise die Provinzen ausgeplündert: Was sie

dort gelernt und was sie dabei an Reichtum angehäuft hatten, konnte dem monarchischen Staate jetzt um den Preis einer angesehenen Laufbahn im Dienste des Kaisers und um den Preis einer standesgemäßen Besoldung integriert werden.

(4) Die Sorge um die öffentliche Wohlfahrt und die öffentliche Sicherheit fiel dem Kaiser in seiner Eigenschaft als Patron und als Magistrat in Rom und in den Provinzen zu. Der Wirkungsraum der patronalen Pflichten des Herrschers weitete sich auf alle sozialen Schichten des Reiches aus, nachdem die ursprünglich auf die Erringung des Sieges im Bürgerkrieg ausgerichtete Gefolgschaft des Parteiführers mit dem gesamten Bürger- und Heeresverband identisch geworden war: Der Monarch war notwendig Monarch für alle. Entsprechend unbegrenzt waren die sozialen Pflichten, die allerdings nur dort der Normierung und somit des Aufbaus einer eigenen Verwaltung bedurften, wo nicht nur einem ad hoc aufgetretenen Notstand (Hungersnöte, Naturkatastrophen, Barbareneinfälle) abgeholfen werden musste, sondern wo ständige Pflichten warteten. Dies traf in erster Linie auf die Lebensmittelversorgung Roms zu. Dort waren seit den Gracchen Hunderttausende gewohnt, das Brot des Staates zu essen und ihr Wohlverhalten von seiner pünktlichen Lieferung abhängig zu machen. Die Bedeutung dieser Verpflichtung unterstrich Augustus bereits im Jahre 22 v. Chr., als er die *cura annonae* offiziell übernahm und durch senatorische Beamte (*praefecti frumenti dandi*) ausüben ließ; die anwachsende Verwaltung fiel schließlich einem ritterlichen *praefectus annonae* zu, der mit umfassenden Vollmachten ausgestattet den gesamten Getreidemarkt innerhalb des Imperiums kontrollieren konnte. Die Durchführung von Spielen, die Sicherung und der Aufbau der Wasserversorgung, die gesamte Bautätigkeit, der Ausbau des Straßennetzes, die Versorgung der Veteranen durch die Einrichtung einer Pensionskasse (*aerarium militare*), die Unterstützung armer Kinder (*alimentatio*), Polizei und Feuerwehr – all dies konzentrierte sich fast von selbst auf den patronalen Herrscher, der in seinem Titel *pater patriae* die Übernahme der sozialen Fürsorge offen propagierte. Der geschaffene Beamtenapparat rekrutierte sich auch hier aus dem Senatoren- und Ritterstand und konservierte den Anspruch dieser Eliten auf die Teilhabe an der Macht ebenso, wie er den Ehrgeiz dieser Männer in die Pflicht nahm und dem kaiserlichen Willen unterwarf.

(5) Der Ausgangspunkt der Monarchie, die persönliche Herrschaft des Parteiführers, bedingte eine eigene Verwaltung, die sich zunächst ausschließlich um die privaten Angelegenheiten des Prinzeps kümmer-

te, jedoch – da die Monarchie die Trennung von privat und öffentlich in der Person des Herrschers auflöste – schnell den Charakter der eigentlichen Schaltzentrale der Regierung annahm. Oder: je tief greifender sich die monarchische Gewalt in den Kernbereichen des staatlichen Lebens festsetzte, umso unverhohlener wandelte sich der ursprüngliche Hausdienst des Kaisers zum öffentlichen Dienst.

Bereits die private Haushaltung der aristokratischen Familien der Republik kannte die Einrichtung eines Büros, in dessen Kompetenz die Führung von Wirtschaftsbüchern, Rechnungslegungen und die Ausarbeitung von Briefen sowie die Beschäftigung mit den Problemen und Sorgen der Klienten fiel. Auch der Magistrat der späten Republik hatte sich längst daran gewöhnt, zusätzlich zu dem staatlich zugewiesenen Personal eigene Angestellte zu beschäftigen. Der Kaiser tat also durch den Aufbau einer eigenen Verwaltung nichts, was ihn mit der Tradition in Konflikt hätte bringen können; dies gilt auch dann noch, wenn man sich den dafür ausgesuchten Personenkreis ansieht: Wie der republikanische Magistrat so beschäftigte auch der Kaiser vor allem seine eigenen Freigelassenen. Ihre Ergebenheit und die an ihre Tätigkeit geknüpfte Vorstellung subalterner Dienstleistungen ließen denn auch für längere Zeit nicht bekannt werden, worauf ihr Aufgabenbereich tatsächlich hinauslief: auf zentral gesteuerte Ministerien, die alle anderen Zweige der Verwaltung koordinierten. Die faktische Übermacht des Kaisers über alle staatlichen Funktionen forderte gebieterisch derartige Einrichtungen. Ihr Aufbau jenseits der magistratischen Kernbereiche und unabhängig von den traditionellen senatorischen und ritterlichen Eliten verschafften den ersten Regenten eines immer um seinen Bestand fürchtenden Kaiserhauses zusätzliche Sicherheit.

Die einzelnen Ressorts dieser Verwaltung sind erst seit Claudius klar belegt, und ihre jeweilige Bezeichnung ist identisch mit der ihrer Leiter (*a rationibus, ab epistulis, a libellis*). Das wichtigste war zweifellos das Finanzressort, das die Haupteinkünfte aus den direkten und indirekten Steuern sowie aus den kaiserlichen Besitzungen verwaltete. Die Leitung der kaiserlichen Korrespondenz (*ab epistulis*) bedeutete zugleich die Lenkung des größten Teils der kaiserlichen Beamtenschaft, die zentral angewiesen und beaufsichtigt werden konnte. Dazu gehörte die Korrespondenz des Kaisers mit den Städten der Provinzen, sodass in diesem Bereich auch wesentliche Teile der Reichsverwaltung erfasst wurden. Das Ressort *a libellis* bearbeitete schließlich alle Eingaben privater Personen an den Kaiser, was – und dies machte dieses Amt so bedeutsam – die Erstellung von Rechtsentscheiden (Reskripte) einschloss (s. u.).

Das innenpolitisch wichtigste Ziel des Augustus und seiner Nachfolger, die Restauration der überkommenen ständischen Gesellschaftsordnung, konnte auf Dauer das ihr so offenkundig widersprechende Freigelassenenregiment nicht dulden. Dessen Notwendigkeit verfiel ohnehin in dem Maße, in dem die monarchische Gewalt das gesamte staatliche Leben dominierte und die Verteilung der politischen Macht frei von Existenzsorgen souverän handhabte. So wurde fast zwangsläufig die Allmacht der Freigelassenen im kaiserlichen Kabinett gebrochen, als mit Vespasian und vor allem Domitian der Ausbau der kaiserlichen Macht eine neue Stufe erreichte und das Anstößige an diesem Regime ehemaliger Sklaven von häufig noch griechischer Herkunft offener zutage trat. Mit Hadrian wird deren Einfluss endgültig beseitigt, und die Schlüsselstellungen der kaiserlichen Verwaltung unterhalb der senatorischen Ämter werden ritterlichen Prokuratoren zugeordnet. Politisch entledigte sich damit der Hof des Vorwurfes, mit Männern in den Schlüsselstellungen Entscheidungen durchzuführen, von denen niemand aus den beiden führenden Ständen informiert wurde und deren Urheber aufgrund ihres niederen Standes nicht zur Verantwortung bei Fehlentscheidungen gezogen werden konnten. Die kaiserliche Verwaltung versachlichte sich jetzt auch in ihren Trägern und regelte Kompetenzen und Verantwortlichkeiten durchschaubar und effektiv. Trotzdem ist der private Charakter, den diese Nervenzentrale der Verwaltung bei ihrer Gründung hatte, nie ganz geschwunden. Das Maß an persönlicher Verantwortung der ritterlichen Ressortchefs gegenüber dem Herrscher war so groß, dass auch sie wie ehedem die Freigelassenen vom Kaiser ihrer Posten enthoben werden konnten; die Rechtsnatur der geschlossenen Anstellungsverträge blieb privatrechtlich, sodass Bestellung und Entlassung allein vom Willen des Monarchen abhingen. Aus der Sicht des Reichsadels war die Entwicklung der kaiserlichen Personalpolitik in der Verwaltungszentrale ein Sieg und die Berufung von ritterlichen Prokuratoren das äußere Zeichen für die Solidarität des Monarchen mit den traditionellen Eliten. Ihr defacto-Monopol auf alle hohen Staatsämter war nachdrücklich bestätigt worden, und die aristokratische Gesellschaftsordnung auf der Grundlage der Tradition setzte unvermindert die Normen der Machtausübung im Raum der Politik.

(6) Die Pflege des Rechtswesens wuchs der Monarchie durch ihre magistralen Amtsvollmachten, später durch ihre faktisch umfassende Amtsgewalt zu. Die Autorität und die Macht des Prinzeps verschafften den Anordnungen (*constitutiones*) des Kaisers seit der Mitte des zweiten Jahrhunderts eine gesetzesgleiche Kraft, obwohl das forma-

le Recht der Gesetzgebung nicht dem Kaiser, sondern nach wie vor dem Volk und (seit den Adoptivkaisern) dem Senat zukam. Ihrem Inhalt nach betrafen die kaiserlichen Entscheidungen entsprechend der umfassenden kaiserlichen Funktionen alle Gebiete des staatlichen Lebens. Ihre Form entsprach der der magistralen Anordnungen: Edikte setzten Recht; insbesondere in den Provinzen [so z. B. die Kyrene-Edikte des Augustus: Bringmann/Schäfer, Augustus, S. 309ff.], Mandate normierten die Amtstätigkeit der Beamten (vgl. z. B. die Dienstanweisungen für einen ägyptischen Finanzbeamten, den sogenannten Gnomon des Idios Logos), Dekrete erfassten die Urteile des Kaisers in Zivil- und Strafsachen und die kaiserlichen Aussagen zu einzelnen Rechtsfällen, Reskripte enthielten kaiserliche Gutachten, die sich auf Anfrage zu anstehenden Rechtsfragen äußerten, ohne sie verbindlich zu entscheiden [vgl. z. B. die in den Pliniusbriefen aufgenommenen Reskripte Trajans]. Im Unterschied zu den Edikten und Mandaten, die unmittelbar und allgemein Recht setzten, bezogen sich die Dekrete und Edikte auf Einzelfälle; die Autorität des Monarchen verlieh den in ihnen ausgedrückten Rechtsgedanken jedoch schnell allgemeine Geltung.

Die neue Dimension, die diese Formen rechtlicher Betätigung der Jurisprudenz wiesen, wird bestimmt durch den Willen, das Weltreich rechtsstaatlich zu disziplinieren. Auf dem mit dieser Entscheidung weit gesteckten Feld der Gesetzgebung und der unmittelbaren Rechtspflege ragt das (der Republik noch unbekannte) Appellationswesen hervor, das den Kaiser zur Berufungsinstanz auf dem gesamten Gebiet der Rechtspraxis machte und ihm in allen Prozessen die letzte Entscheidung zuwies. Ihren Ausgangspunkt hatte diese umfassende Tätigkeit in den jurisdiktionellen Befugnissen gehabt, die im Rahmen des *imperium proconsulare* zunächst allein die kaiserlichen Provinzen erfasst hatten und hier regelmäßig von den Legaten des Kaisers wahrgenommen wurden. Trotzdem war der oberste Gerichtsherr natürlich der Kaiser, sodass die Provinzen und vor allem die dort lebenden römischen Bürger schnell die Chance erkannten, gegen Entscheidungen der Statthalter den Kaiser als den eigentlichen Träger der für sie zuständigen Jurisdiktion anrufen zu können. Seit Claudius entwickelte sich daraus die Institution des Kaisergerichts, die aufgrund von Appellationen gegen die Entscheidungen anderer Gerichte, kraft eigener Entscheidung oder auf Bitte der streitenden Parteien hin tätig wird. Praktisch verband sich damit die Kontrolle über den Beamtenapparat, der Fehlentscheidungen nunmehr gerichtlich verantworten musste, und rechtspolitisch setzte sich als Norm die vom Kaiser entwickelte Vorstellung von Recht und

Gerechtigkeit durch. Nirgends sonst konnte der Wille des Prinzeps zu einer gerechten Regierung des Reiches so klar und unmittelbar wirksam formuliert werden, sodass gerade für die Provinzialen die Appellation zum wichtigsten Zeichen kaiserlicher Fürsorge wurde [Aelius Aristides, Romrede 26; 37f.].

Dieser gesamte Aufgabenbereich forderte das Bündnis von Kaiser und Juristen. Die Jurisprudenz war in Rom immer nur von einem kleinen Kreis ausgebildeter Lehrer und Ratgeber gepflegt worden; die Rechtsprechung – die Prozessleitung des Prätors und die Urteilsfindung durch eingesetzte Richter – lag in den Händen von Laien, die auf das *consilium* der juristischen Fachleute angewiesen waren. Bereits Augustus hat viele von ihnen an seinen Hof gezogen und die bedeutendsten mit dem *ius respondendi ex auctoritate principis* ausgezeichnet [Digesten 1, 1, 2, 49; Pomponius], d. h. ihnen allein blieb die öffentliche Gutachtertätigkeit vorbehalten, die unmittelbaren und richtungsweisenden Einfluss auf die Rechtspflege nehmen konnte. Verliehen wurde dieses Recht des *publice respondere* nur Juristen aus dem Senatorenstand, wie überhaupt bis in die Zeit Hadrians die überwiegende Zahl der bekannten Juristen diesem Stande angehören sollte. Die Gründe dafür sind sozialer und politischer Natur: Zum einen beruhte seit den frühen Jahren, in denen das Pontifikalkollegium Fragen des sakralen und rechtlichen Bereiches gutachterlich zu beantworten pflegte, die Verbindlichkeit des *consilium* auf der sozialen Autorität der führenden *nobiles*. Zum anderen war die Konzentration der Jurisprudenz auf den Senatsadel Teil einer kaiserlichen Politik, die die sozialen Emporkömmlinge, die besonders in der Rechtspraxis seit den Wirren der späten Republik aufgestiegen waren, zugunsten der alten Eliten in die Schranken wies; deren Ansehen, deren fachliche Autorität und deren jahrhundertealte Verpflichtung zur Wahrnehmung der öffentlichen Interessen boten die bessere Gewähr für die rechtliche Disziplinierung des Weltreiches als der Ehrgeiz sozialer Aufsteiger. Die wenig später erfolgte Einbeziehung des Ritterstandes auch in diesen Teil der staatlichen Verantwortung entsprach der politischen Grundlinie, die die Reichsaristokratie aus den beiden führenden Ständen bilden wollte.

Der Einfluss, den die Juristen mit diesen Aufgaben gewannen, bemaß sich an ihrer persönlichen Nähe zum Kaiser und an ihrer Teilhabe am Reichsregiment, wo sie seit dem Ende des ersten Jahrhunderts immer zahlreicher in leitenden Positionen auftauchen. Die Regierung Hadrians leitete schließlich eine Epoche ein, in der bis zum Ausgang der severischen Dynastie (235 n. Chr.) die kaiserliche Zentralgewalt weitgehend dem Sachverstand von Juristen folgte. Sie prägten den von Hadrian als Institution geschaffenen Staatsrat (*consilium principis*), sie besetzten das Ressort *a libellis*, das die kaiserlichen Reskripte in allen Rechtsangelegenheiten des Reiches ausarbeitete, sie stellten einen der beiden Prätorianerpräfekten (*praefectus praetorio*) – innerhalb der Amtshierarchie das höchste mit umfassenden Aufgaben der Justiz und der Verwaltung ausgestattete Amt –, und sie bekleideten in der Hauptstadt (und damit in der unmittelbaren Umgebung des Kaisers) weitere hohe Ämter. Unter ihrer Federführung wurde das Straf-, Verwaltungs- und Finanzrecht weitgehend normiert und die Geltung des römischen Rechts universal.

Doch erschöpft sich die Bedeutung der Juristen darin noch nicht. Seit dem Ende des ersten Jahrhunderts versiegten die Rechtsquellen der Republik. Das Volksgesetz (*lex publica*) wurde ebenso abgeschafft wie das Edikt des Prätors, der seit der Mitte des zweiten vorchristlichen Jahrhunderts in seinen Instruktionen an die Richter das überlieferte Gesetzes- und Juristenrecht ergänzen und korrigieren konnte und damit kontinuierlich neues Recht geschaffen hatte. Unter Hadrian wurde das Edikt des Prätors als endgültige Norm verbindlich festgelegt (*edictum perpetuum*) und jede weitere Fortbildung damit unterbunden. Die Neuschöpfung von Recht konzentrierte sich jetzt auf den Kaiser, da der Senat, der anstelle der Volksversammlung Recht setzte, dies nur noch auf der Basis eines kaiserlichen Antrages tat.

Eine unumschränkte Rechtsmacht des Monarchen [*quod principi placuit, legis habet vigorem*: Digesten 1, 4, 1 pr.; Ulpian] – dies forderte notwendig eine Besinnung auf die Aufgaben der Monarchie und besonders eine neue Bestimmung des Verhältnisses von Kaiser und bestehender Rechtsordnung. Die Antworten auf diese Probleme fanden sich nicht im Raum der Ideologie, sondern sie wurden in der täglichen Regierungspraxis gefunden: Die Kaiser unterwarfen sich den tradierten Normen des Rechts (*auctoritas iuris*) und sie entfalteten ihre rechtsschöpfende Tätigkeit unter der Maxime, der Idee der Gerechtigkeit zum Siege zu verhelfen. Was genau darunter zu verstehen war, hatte allgemein das dem Staatswohl verpflichtete politische Ethos der Aristokratie seit langem definiert. Die Juristen des zweiten Jahrhunderts formten daraus die in jedem Einzelfall anzuwendenden juristischen Figuren. Noch einmal beugte sich die monarchische Gewalt unter die sozialen und moralischen Kategorien ihrer Eliten, die die faktisch totale Verfügungsgewalt des Kaisers über das Recht in ihr Verständnis von staatsbezogenem Handeln einbinden konnte. So ist es denn auch Ausdruck dieser jenseits der tatsächlichen Machtlagerung hergestellten

Harmonie von Kaiser und aristokratischem Regierungsverständnis, dass von Nerva bis Mark Aurel die Auseinandersetzungen zwischen Senat und Kaiser ruhen. Erst die Verschiebungen, die sich aus der veränderten außenpolitischen Konstellation am Ende des Jahrhunderts ergaben, rissen neue Fronten auf, die im dritten Jahrhundert die traditionellen Eliten gründlich verändern sollten.

Die soziale und politische Abgrenzung des Senatoren- und Ritterstandes

Ziehen wir eine erste Bilanz der Funktionsfähigkeit und des Zusammenspiels des Reichsadels mit dem kaiserlichen Hofe: Seit Augustus tritt ein Verwaltungssystem in Kraft, dass allen hohen Beamten aus dem Senatorenstand und der Spitze des Ritterstandes ritterliche Helfer zuordnet, die für die Steigerung der Effektivität der Verwaltung ebenso tauglich sind wie für die Wahrung aller kaiserlichen Interessen. Beide, Senatoren und ritterliche Führungskader, dienten der Beherrschung des Imperiums, beide konnten in den gleichen Bereichen tätig sein, aber nur der Senatsadel war angesichts seiner Geschichte und seiner ökonomischen und politischen Macht unentbehrlich und damit zugleich gefährlich. Was den Rittern fehlte, machte sie dem Kaiser nützlich und ergeben. Ihre soziale Herkunft war unterschiedlich: Großkaufleute, Bankiers, Pächter der Staatseinnahmen gehörten in den Zeiten der Republik ebenso dazu wie Großgrundbesitzer der italischen Landstädte und Advokaten. Sie besaßen keine politische Tradition außer ihrer Tätigkeit als Richter in den Repetundenverfahren, in die sie Gaius Gracchus hineingeführt hatte; daraus allein entstand jedoch kein Kristallisationskern politischen Ehrgeizes. Ehren und Ämter empfingen sie seit Augustus allein als kaiserliche Gunstbeweise. Ihr Rechtsstatus war nicht erblich, und sie besaßen keine originären Denk- und Verhaltensweisen. Anders: Ihre politische Existenz verdankten sie der Einsicht des ersten Prinzeps, dass mit ca. 600 Senatoren ein Weltreich nicht zu regieren war, und die Definition ihrer Aufgaben entsprang den Bedürfnissen des Reichsregiments und der Notwendigkeit, die Macht der senatorischen Herren in jedem wichtigen Bereich der Verwaltung und des Heeres überwachen zu müssen.

Augustus konstituierte diesen Stand der *equites Romani* durch die individuelle Ernennung geeigneter Personen kraft seiner zensorischen

Gewalt. Die Verleihung der ritterlichen Standesabzeichen – das Staatspferd (*equus publicus*) und der Goldring (*anulus aureus*) – erforderte formal den Nachweis eines Vermögens von mindestens 400 000 Sesterzen, einen unbescholtenen Lebenswandel und frei geborene römische Eltern und Großeltern. Die Fähigkeit für höhere Ämter war allerdings erst noch zu beweisen: Ein jahrelanger Dienst als Offizier in den kaiserlichen Legionen stand am Anfang einer ritterlichen Karriere, in der Disziplin und Loyalität gegenüber dem Kaiser den unverrückbaren Mittelpunkt des Denkens und Handelns bilden sollten. Eine Vererbung des einmal erreichten Status gab es nicht; jede Generation hatte die Befähigung zum staatlichen Dienst als Ritter neu zu erwerben. So war denn auch der Zusammenhalt dieses erst von Augustus begründeten Standes allein durch seine Aufgaben im Dienste des Prinzeps gegeben: Nur hier gewann der Ritter Selbstbewusstsein, Profil und Zugang zu sich ständig ausweitenden Aufgaben, deren loyale Erfüllung bis hin zur glanzvollen Stellung des Prätorianerpräfekten oder des Vizekönigs von Ägypten führen konnte.

Der Entscheidungsfreiheit der senatorischen Amtsträger zogen derart aufgestiegene Ritter immer deutlichere Grenzen. Bereits als diesen beigegebene Prokuratoren häuften sie dank ihrer kontinuierlichen Aufgabenstellung soviel an Fachkenntnissen, dass selbstständige Entscheidungen der Führungsspitzen nur noch in politischen oder militärischen Grundsatzbeschlüssen fielen. Trotz alledem ist in dieser neuen Elite von Senatoren und Rittern keine Rivalität spürbar. Zu groß war das Betätigungsfeld für beide, und zu deutlich setzte das Maß des rechten Denkens und Handelns die Senatsaristokratie, deren Lebensformen und deren Ethik die Ritter nur nachahmen konnten. Das wichtigste Ziel, das der Ritter und seine Familie zu erreichen hoffte, war nach entsagungsvollen Jahren im staatlichen Dienst denn auch die Aufnahme in den *ordo senatorius*. Es blieb dies immer die höchste Auszeichnung, die der Kaiser an seine ritterlichen Beamten vergeben konnte, die ihre Fähigkeiten zum Reichsregiment mit der unerschütterlichen Bereitschaft zur Loyalität verbunden hatten. War er Senator, stand schließlich das Konsulat dem Ehrgeizigen offen: Für die einen bedeutete dieses Amt den ehrenvollen Abschluss ihrer Laufbahn, für die anderen war mit dem ersten Konsulat die Basis für eine auch in den Kreisen des Senatsadels bewunderte Laufbahn zu den höchsten Kommandostellen des Reiches geschaffen, durch die die Zugehörigkeit zum engsten Führungsstab des Kaisers erreicht werden konnte.

Eines der bedeutendsten *arcana imperii* gewinnt damit Konturen: Das Senatoren und Rittern Gemeinsame und sie Verbindende blieb immer stärker als das Trennende. Das gemeinsame Regiment über das unermessliche Reich trug dazu ebenso bei wie die Trennung der sozialen Stände, die durch Besitz und gesellschaftlichen Rang sowie durch politische und rechtliche Privilegien voneinander geschieden waren. Der politischen entsprach die soziale Disziplin. Der politische und soziale Aufstieg war in einer Welt immer möglich, in der das allgemein gültige timokratische Prinzip die Sozialordnung normierte und die gesellschaftlichen Strukturen dadurch auf Anpassung angelegt waren. Orientierungspunkt war jedoch immer der Höherstehende, an den es sich anzupassen galt, indem man sich seinen Verhaltungsmustern vorab unterwarf. Ansonsten herrschte die Distanz, herrschte die bewusste Absonderung. Die Hierarchie der Gesellschaft war keine politische Frage, deren Beantwortung dem unberechenbaren Gutdünken der sozialen Schichten anheimgestellt worden wäre; sie gründete in der Tradition und in dem Willen der Götter. Im kaiserlichen Rom trat diese hierarchische Gliederung in der Form exklusiver Statussymbole nach außen, die der strengen staatlichen Kontrolle unterlagen und sich vor allem auf die Kleidung, die militärische Ausrüstung, die Transportmittel (Wagen, Sänfte) und magisch-sakrale Gegenstände (Ringe und Amulette) konzentrierten. Augustus und seine Nachfolger haben diese äußerliche Trennung der Stände bewusst verstärkt und dabei den gesellschaftlichen Status des Ritters besonders aufmerksam beachtet, da die Aufnahme in den Ritterstand rechtlich allein an die Verleihung der ritterlichen Statussymbole gebunden war.

All dem wohnte ein eminent politischer Sinn inne: Das äußere Auftreten von Senatoren und Rittern machte für jeden sofort die Nähe zum Staat und seinem Zentrum, dem Kaiser, erkennbar und forderte Respekt und Unterwerfung. Gespiegelt war in der äußeren Erscheinung eines Senators und eines Ritters sein Verhältnis zu seiner Umwelt, jedoch war die Funktion vor allem auch die, die jeweilige Nähe zur politischen, militärischen und sakralen Gewalt erkennbar zu machen. Der gesellschaftliche Glanz der Macht entschädigte zudem für vieles, was vor allem dem Senator an tatsächlicher politischer Machtfülle verloren gegangen war. Wesentlicher noch war, dass die Ausrichtung aller sozialen Schichten auf das staatliche Zentrum und seine Aufgaben dem Grundgedanken der augusteischen Zeit entsprach, deren Interpretation der eigenen Vergangenheit, in der die Rettung der Zukunft eingeschlossen war, die Trennung der sozialen Schichten rechtfertigte.

Dem politischen Nutzen, den die ersten Kaiser aus der systematisch ausgebauten äußerlichen Differenzierung der Stände gewannen, entsprach der gesellschaftspolitische Grundzug der ausgehenden Republik, die den Rückzug auf die Regeln der Altvorderen als Voraussetzung für das eigene politische und soziale Überleben formuliert hatte.

Dazu gehörte durchaus, dass die äußerliche Zurschaustellung der Standesunterschiede den unteren Schichten ständig vor Augen führte, wo ihr Platz innerhalb der Gesellschaft war und welches Verhältnis zueinander erwartet wurde. Das ständig wachgehaltene Bewusstsein von dem jeweiligen Wert der sozialen Stellung, die der Einzelne einnahm, war zugleich Ausdruck der Entschlossenheit, die soziale und politische Differenzierung der Bevölkerung als gesellschaftspolitische Maxime festzuschreiben. Der Ritterstand war von Anfang an Teil der Elite. Augustus hob dies sehr pointiert hervor, als er in seinem Tatenbericht statt der üblichen Formel *senatus populusque Romanus* die Wendung *senatus et equester ordo populusque Romanus* einführte [Kapitel 35].

Die Loyalität des Reichsadels

Die Neuverteilung der politischen Macht auf der Grundlage der bestehenden gesellschaftlichen Ordnung hat für zwei Jahrhunderte eine nahezu krisenfreie Beherrschung des Imperiums gesichert. Dafür waren die Einbindung der Entscheidungsträger in ein fest gefügtes Handlungssystem und die Konzentration der wichtigen Entscheidungen in der monarchischen Spitze in erster Linie verantwortlich. Bezogen auf den Entstehungsprozess dieser Souveränität des monarchischen Handelns heißt dies: Bereits durch und seit Augustus besaß der Prinzeps die Einsicht und die Macht, die Führungsschichten der Republik, auf deren politische Intelligenz und Erfahrung er nicht verzichten konnte, so auszuweiten, dass sie ausreichten, ein Weltreich zu regieren. Zwei Entscheidungen des Augustus wiesen den Weg zur Regierbarkeit des mit dem Schwert gewonnenen Herrschaftsraumes, an dem die Republik zerbrochen war: Die Einbindung der Aristokraten der italischen Landstädte und des bis dahin im Raum der Politik nahezu ungebundenen Ritterstandes. Die erste Entscheidung nahm Italien in die Pflicht und formte das Modell, nach dem mit den romanisierten Eliten der Provinzen zu verfahren war und auch diesen eine neue Zukunft gewiesen werden konnte, die sie den Rückblick in die eigene Vergangenheit vergessen ließ. Die zweite Entscheidung stellte die Ritter dort in den Dienst des Staates, wo die Monarchie den eigenen und den objektiven Interessen des Reiches folgend eigene Verwaltungsbereiche geschaffen hatte und wo an die politische Macht der Senatsaristokratie Gegengewichte gehängt werden konnten. Der Ritter diente als weitgehend unpolitischer, aber von der Hoffnung auf eine glanzvolle Zukunft beseelter Beamter, der dem Vorbild des senatorischen Staatsethos nacheiferte, ohne mehr Lohn zu fordern als Ehre, Reichtum und soziale Stabilität. Rom hatte damit unter dem monarchischen Dach die Erwiderung auf die Herausforderung gefunden, dem Imperium einen Herrschaftsorganismus geben zu müssen, ohne die bestehende soziale Verfassung umzuwälzen. Der Außenseiter hatte auch am Hofe des Monarchen keine Chance.

Gleichwohl: Die kontinuierliche Wirksamkeit der Herrschaftsausübung forderte Sicherheiten für die Loyalität des Reichsadels. Diese gewann die Monarchie durch die praktische und ideologische Verbindung des staatlichen Heils mit der Person des Kaisers, durch die konsequente Einschränkung der Möglichkeiten des Provinzialstatthalters, die Ressourcen seiner Provinz gegen Rom zu mobilisieren, und durch die ökonomische und politische Bindung des Reichsadels an Rom.

Bereits die späte Republik hatte die Notwendigkeit gesetzlich fixiert, die Hoheit (*maiestas*) des Staates und seiner Magistrate schützen zu müssen. Die *lex Cornelia de maiestate* Sullas 81 v. Chr. stellte jede Handlung unter Strafe, die die *maiestas* des römischen Volkes herabsetzte: Landes- und Hochverrat waren darin ebenso eingeschlossen wie jede Verletzung der Bürger- und Beamtenpflichten [Cicero, in Pisonem 50]. Augustus folgte diesen Gedankengängen, als er mit der *lex Iulia maiestatis* das eigentliche Majestätsgesetz der Kaiserzeit verabschieden ließ [Digesten 48, 4; Tacitus, ann. 1, 72]. Wie das sullanische Vorgängergesetz nennt die *lex Iulia* zahlreiche Einzeltatbestände des Landes- und Hochverrates, des Ungehorsams gegenüber vorgesetzten Staatsorganen sowie schwere Amts- und Dienstverletzungen. Ob der Prinzeps als solcher unter den Staatsorganen genannt wurde, ist nicht sicher; entscheidend ist, dass seit Tiberius der Angriff auf den Kaiser mehr und mehr als der eigentliche Gegenstand des Majestätsverbrechens verstanden und konsequent geahndet wurde. Der Staat verschmilzt mit der Person des Kaisers – ein Gedanke, der seit Domitian und Trajan durch die Vorstellung verfestigt wurde, dass es das Heil des populus Romanus und schließlich des ganzen Menschengeschlechts (*salus generis humani*) außerhalb der Person des Kaisers nicht geben könne. Jeder

Aufruhr gegen den Kaiser und seine Anordnungen war damit in der Tat zum Staatsverbrechen geworden, da er den Bestand des Reiches und des Herrschaftsanspruchs des römischen Volkes in Frage stellte.

Aufruhr drohte nicht in dem seit Sulla entmilitarisierten Italien, sondern er drohte in den mit starken Truppenverbänden belegten Provinzen. Die Bürgerkriege der späten Republik hatten gelehrt, dass bereits mehrjährige Statthalterschaften eine enge Verbindung zwischen Provinz und Gouverneur schaffen konnten, die plötzlich in Rebellion umschlug und die Ressourcen der Provinz gegen Rom mobilisieren ließ. Die Kaiser suchten diese Gefahr mit allen Mitteln zu bannen und die Verbindungen zwischen der Provinz und den großen Herren der Aristokratie zu stören. An den entscheidenden Punkt kamen sie nicht heran: Das allen anderen Problemen übergeordnete Interesse der Sicherung der Herrschaft über das Reich verbot die Trennung von ziviler und militärischer Gewalt. Spätestens der Ruf „le roi est mort" bewies daher immer neu, wo die Grenzen der Monarchie gegenüber dem Reichsadel immer noch gezogen waren und wo dessen Karrieredenken auch vor dem Griff nach dem Diadem nicht haltzumachen brauchte, wenn es gelang, die Machtmittel einer oder mehrerer wichtiger Provinzen an sich zu binden.

Dennoch verurteilte dies den Kaiser nicht zur Untätigkeit, zumal schon Caesar einen wichtigen Weg gewiesen hatte. Die vor allem mit Veteranen besiedelten Bürgerkolonien in den Provinzen des Westens konnten dem kaiserlichen Herrschaftsanspruch (oder dem seines potenziellen Konkurrenten) den nötigen Rückhalt im Reich schaffen, sodass die Kolonisationstätigkeit des Monarchen, der als Gründer der Kolonie zugleich ihr Patron wurde, die Macht der senatorischen Familien an diesem Punkt deutlich minderte. Caesar hatte weiterhin die Übernahme des Patronats durch einen Senator, der ein Amt ausübte, unterbunden und die Wahl eines senatorischen Privatmannes zum Patron einer Bürgergemeinde durch die Bedingung erschwert, dass der Kandidat drei Viertel der Stimmen aller Dekurionen in geheimer Abstimmung auf sich vereinen musste [*lex coloniae Genitivae Iuliae*: CIL II Suppl. 5439]. Seit Augustus weiteten die Kaiser diese Politik aus und versicherten sich der Loyalität auch der peregrinen Städte, denen sie als nobler Patron gegenübertraten und die sie nicht zuletzt auf diese Weise aus dem Status des geschlagenen und gedemütigten Besiegten herausführten. Sinnfälligster Ausdruck dieser ausschließlich dem Kaiser geschuldeten Loyalität wurden die Eide, mit denen Provinziale und Römer schworen, den zum Feind zu haben, der auch des Kaisers Feind ist.

Viele der alten Nobilitätsgeschlechter besaßen natürlich nach wie vor ihre überkommenen Klientelen, die sie als Feldherren, Statthalter und Stadtgründer gewonnen hatten und die im Streitfall weiterhin bereit waren, sich für ihre Patrone zu schlagen. Nun bedurfte ein Patronatsverhältnis über den begründeten Akt hinaus der ständigen Aktualisierung und der persönlichen Kommunikation, um Bestand zu haben. Just hier griff denn auch ein weiterer kaiserlicher Hemmschuh gegen politisch unerwünschte Aktivitäten in den Provinzen: Allen Senatoren wurden außerdienstliche Reisen in die Provinzen ohne vorher eingeholte Genehmigung des Senates – was in der Sache auf eine kaiserliche Entscheidung hinauslief – untersagt. Dies galt besonders nachdrücklich für Reisen nach Ägypten, dessen Getreidevorräte und Reichtümer bereits der Kenntnisnahme der Senatsaristokratie verschlossen werden sollten.

Schließlich blieben noch die Aktivitäten zu drosseln, die die Provinzen anstrengten, um sich das Wohlwollen ihrer aristokratischen Patrone zu erhalten. Die provinzialen Landtage und die Städte der Provinzen verloren das Recht, Beschlüsse zu Ehren amtierender Statthalter zu fassen [Cassius Dio 56, 25, 6; Tacitus, ann. 15, 22 ff.]. Der Prinzeps allein war noch als Bezugspunkt für Ehrungen und Gesandtschaften im amtlichen Bereich zugelassen: Nur bei ihm sollte die Verantwortung für die gute Regierung des Reiches zu finden sein, und nur an ihn waren Loyalitätsakte zu adressieren.

Jeder Senator war aufgrund seiner Aufgaben und seiner Rechtsstellung an die Hauptstadt Rom gebunden. Seine Funktionen, soweit sie nicht die amtliche Tätigkeit in den Provinzen betrafen, waren nur dort selbst zu erbringen. Besondere Rücksichten auf die wirtschaftlichen Interessen in den Provinzen, in denen der senatorische Landbesitz kontinuierlich zunahm, wurden nicht genommen und nicht erbeten. Dies betraf den Privatbereich, in dem jeder selbst zu sehen hatte, wie er zurechtkam. Die Anwesenheit der senatorischen Familien in Rom (oder wenigstens in Italien) war zunächst auch mehr oder weniger selbstverständlich: der Senat rekrutierte sich ohnehin aus römischen und italischen Familien. Erst als die provinzialen Eliten Einzug in den Senat hielten und ihre familiären, ökonomischen und politischen Verbindungen zu ihren Heimatorten nicht abrupt abbrechen konnten und wollten, ergaben sich Schwierigkeiten. Trajan reagierte als erster entschlossen auf die verständlichen Wünsche der provinzialen Senatoren, mehr an ihrem ursprünglichen Herkunftsort als in Italien zu sein, und verpflichtete alle Anwärter auf einen Senatssitz, ein Drittel ihres Vermögens in italischem Grundbesitz anzulegen [Plinius, Briefe

6, 19]. Mit dieser Regelung hatte Trajan erkannt, dass die rechtliche und faktische Bindung des Senatorenstandes an Rom aufgrund seiner Aufgaben mit den ökonomischen Interessen der Senatoren verknüpft werden musste: Nunmehr war der aus der Provinz kommende Senator auch wirtschaftlich an das Kernland des Reiches gebunden und seine Neigung abgeschwächt, in seinem ursprünglichen Herkunftsort nach wie vor die eigentliche Mitte seiner Existenz zu sehen. Mark Aurel hat die Verpflichtung auf ein Viertel des gesamten Vermögens vermindert, damit jedoch das Grundprinzip der Regelung Trajans noch einmal eingeschärft.

Die sozialen Pflichten des Reichsadels

Die intendierte Herauslösung der aufgestiegenen provinzialen Eliten aus den Bindungen der Heimat forderte die Freistellung von den den Städten geschuldeten Lasten (*munera*). Es schien dies umso nötiger, als die finanziellen Aufwendungen der Senatoren, die sich aus ihrer Tätigkeit in Rom ergaben, nicht gering waren: Vor allem die Ausrichtung von Spielen schlug hier besonders nachhaltig zu Buche; hinzu kamen die Klientelverpflichtungen gegenüber Privatpersonen, Gemeinden und gegenüber ganzen Provinzen, die vor Gericht und vor dem Senat vertreten werden mussten. Damit sind aber zugleich neue Grenzen beschrieben, die einer kaiserlichen Politik gesetzt waren, die die Verbindungslinien zwischen Provinzen und Reichsadel im Interesse der Sicherheit von Krone und Reich kappen wollte. Das Funktionieren des sozialen und politischen Lebens innerhalb der provinzialen Städte hing wesentlich davon ab, dass auch die in den unmittelbaren Dienst des Kaisers getretenen ehemals städtischen Aristokraten ihre schützende Hand über ihre Heimatstädte hielten und zugleich mit der inneren Stabilität der sozialen Verhältnisse die Ruhe in den Provinzen sicherten.

Nach dem Absinken der Komitien in die politische Bedeutungslosigkeit war für die italischen Senatoren die Notwendigkeit zwar nicht mehr gegeben, auf die Wählermassen mit Hilfe von Sozialprogrammen und sozialen Leistungen Einfluss zu nehmen. Ebenso wenig waren die aus den Provinzen kommenden Senatoren, die rechtlich aus dem Bürgerverband ihrer Heimatstadt herausgelöst wurden, zur Übernahme irgendwelcher Leistungen für ihre Heimatstädte verpflichtet. Trotzdem galt für beide, dass sie sich den sozialen Erwartungen der unteren Schichten und den Bitten ihrer Städte um Hilfen der unterschiedlichsten Art nicht entziehen konnten: Zu fest gefügt waren die Grundbedingungen des gesellschaftlichen Zusammenlebens der antiken Welt, in der die Erfüllung von Leistungen für die Heimatorte oder die neuen Wohnsitze in Italien moralisch unüberhörbar gefordert wurden. Das soziale Prestige und damit auch das schlichte Selbstverständnis eines Senators hingen von der Übernahme solcher Verpflichtungen ab; dass sie als *beneficium* geleistet und gewertet wurden, erhöhte nur den Anspruch auf eine besondere öffentliche Anerkennung.

Ein Blick in die Korrespondenz des Plinius belehrt anschaulich über das Ausmaß und das Ziel derartiger Pflichten: In einem Brief an seinen Schwiegervater Fabatus [Briefe 4, 1] berichtet der Senator ohne Begeisterung, in der Nähe seiner etrurischen Güter läge die Stadt Tifernum Tiberinum, deren Patron er schon in jungen Jahren geworden sei. In dieser Stadt habe er, um sich dankbar zu erweisen, auf eigene Kosten einen Tempel errichten lassen; dies sei schon deswegen nötig gewesen, da es immer beschämend sei, sich in der Freundschaft geschlagen zu sehen: *In hoc ego, ut referrem gratiam (nam vinci in amore turpissimum est), templum pecunia mea exstruxi.* Der Grundgedanke ist klar: Der Tempelbau und alle sonstigen noblen Gesten des Patrons Plinius sind freiwillig geleistete *beneficia*; jedoch kann sich der Patron diesen Leistungen nicht entziehen, zu denen er von den Bewohnern der Städte moralisch beständig aufgefordert wird.

In ihrer Struktur identisch waren die Pflichten einzelner Senatoren gegenüber ganzen Provinzen. Die Begründungsakte aller Klientelverhältnisse (*de patrono cooptando*) waren denn auch ihrem sozial verbindlichen Charakter entsprechend streng formalisiert: „*C. Silius... civitatem Themetrensem liberos posterosque eorum sibi liberis posterisque suis infidem clientelamque suam recepit*" [Dessau, ILS 6100]. Eine derart zugleich ausgezeichnete wie mit ihrem Vermögen und ihrem politischen Einfluss eingebundene aristokratische Familie tat für ihre Klienten, was möglich war – häufig genug auch mehr als dies.

Auch dazu sagt Plinius alles Nötige [Briefe 3, 4]: Im Senat von den Abgesandten der Provinz Baetica, die einen Prozess gegen den Statthalter Caecilius Classicus anstrengen wollen, um Rechtsbeistand gebeten, versucht der überlastete Patron, sich dieser Aufgabe zunächst zu entziehen. Es gelingt ihm dies trotz zähen Taktierens nicht mehr, als die Gesandten der Provinz ihn an vergangene Dienste erinnern und auf das zwischen ihnen bestehende Patronatsverhältnis nachdrücklich hinweisen: *adlegantes patrocinii foedus.* Als der Senat und die römische Öffentlichkeit seine schließliche Zusage einhellig begrüßen, ist für Plinius vollends klar, dass er sich erst jetzt wieder mit den gesellschaftlichen Notwendigkeiten seiner Stellung als Senator im Einklang befindet. Er fügt seinem Bericht den Stoßseufzer hinzu: „Mag man sich den Leuten noch sooft verpflichtet haben – versagt man sich nur ein einziges Mal, bleibt allein diese Absage in ihrem Gedächtnis haften." In der Tat: Das soziale Prestige, das Ansehen des Einzelnen und des ganzen Standes und der Bestand der gesellschaftlichen Grundordnung hingen von der Übernahme solcher Leistungen ab. Die Festlegung im *SC Calvisianum* [FIRA I^2, Nr. 68, Z. 103f.], wonach keinem Senator das Patronat über eine Provinz gegen seinen Willen aufgezwungen werden könne, demonstriert nachdrücklich, wie selbstverständlich im Senat die Übernahme solcher patronaler Aufgaben erschien. Das SC steuert dem Missbrauch einer allein im gesellschaftlichen Kontext wurzelnden Pflicht, der nicht nachzukommen die soziale Ächtung zur Folge gehabt hätte. Der Aufhänger, an dem die aristokratische Übermacht in den antiken Städten und die auf ihr ruhende und Staunen erweckende soziale Konstanz der Gesellschaftsordnung hing, tritt damit deutlich hervor: Das Funktionieren des antiken städtischen Lebens ist ohne die Aufwendungen (*munera*) der aristokratischen Familien für die Ausstattung der Städte, für die sozialen Bedürfnisse ihrer Bevölkerung und für die Vertretung ihrer Interessen vor dem Kaiser kaum denkbar. Diese Leistungen, die rechtlich gesehen Geschenke waren, sind nur theoretisch freiwillig gegeben worden. Tatsächlich waren sie gar nicht zu vermeiden: Die erwarteten Gegenleistungen (Untertänigkeit und Loyalität) gehörten zur Existenz der Städte ebenso wie die fürstlichen Geschenke der hohen Herren. Der Charakter dieser Gaben ist also freiwillig und zwanghaft zugleich, da nur sie die obligatorische Erwiderung erzwangen.

Diese Form der gesellschaftlichen Arbeitsteilung entsprach dem Maß, in dem im städtischen Raum die Gesellschaft Regelungen außerhalb der nur rudimentär vorhandenen Verwaltung benötigte. Aber noch etwas anderes ist wesentlich. Alle diese Aufwendungen haben einen stark agonalen Zug, d. h. sie sind immer auch Ausdruck des Kampfes zwischen den aristokratischen Familien, die ihren Platz innerhalb der adligen Hierarchien auf diesem Wege oder durch den Krieg bestimmten. Anders und genereller: Der Umfang und die Art und Weise, in der der vorhandene Reichtum und die sonstige Leistungsfähigkeit der Aristokratie für den nichtaristokratischen Teil der Bevölkerung und das öffentliche Wohl eingesetzt wurde, entschied letztlich über das Prestige und über die Rangfolge innerhalb der adligen Gesellschaft. Die *munera* erhalten die gleiche Bedeutung und den gleichen Stellenwert wie erfolgreiche Kriegszüge, große Erbschaften, glänzende Heiraten und kaiserliche Auszeichnungen.

Dies trifft nicht nur für die Auseinandersetzungen innerhalb der städtischen Aristokratien zu. Es gilt nicht minder für den Wetteifer der Städte untereinander um die prächtigste Ausstattung, die schönsten Spiele und Feste, die aufwendigsten Tempel und Theater und die sonstigen Dinge, in denen sich der feste aristokratische Wille manifestierte, in jedem Fall immer der Erste und Angesehenste zu sein.

Mit den Krisen der Spätzeit löste sich denn auch die wichtigste Klammer der antiken städtischen Gesellschaft, als die Eliten unter dem wachsenden Druck der staatlichen Forderungen ihre Städte zunehmend im Stich ließen und die Entfaltung adligen Lebensstils nunmehr auch auf ihren Landsitzen für möglich hielten. Die Städte hatten den Charakter der einzig ehrenwerten Turnierfelder im Kampf um Macht, Ansehen und Reichtum verloren und waren zu Molochen geworden, die den Reichtum der Mächtigen zu verschlingen drohten und die daher aufgegeben wurden.

Die lokalen Eliten der Städte

Das stabilste Element im Gesellschaftsgefüge der Provinzen bildeten zweifellos die lokalen Eliten (Dekurionen), die das soziale Leben des Alltags in den Städten des Reiches beherrschten. Zahlenmäßig machten sie den größten Teil der Aristokratie aus: mehrere hunderttausend Personen. Sie lebten von ihren Gütern, die sie in der Nähe ihrer Städte besaßen, und hie und da vom lokalen Handel, der die Märkte der Umgebung bediente. Ansässig in den Städten, die sie verwalteten, ging diese soziale Schicht sparsam mit ihren landwirtschaftlichen Einkünften um. Sie hatten im wesentlichen nur diese, und die althergebrachte Bewirtschaftung (Verpachtung, Anbau im Kleinbetrieb, Zweifelderwirtschaft) ließ eine Steigerung der Erträge und damit eine Erhöhung der Einkünfte nicht zu, sodass man sich als Grundherr durchaus plagen musste, um nicht „herunterzukommen". Die öffentlichen Kassen der Stadt hatten noch nie ausgereicht, den gesamten materiellen und personellen Bedarf der städtischen Aufwendungen zu decken. Ständig war man auf unentgeltliche Sach- und Dienstleistungen der Bürger entsprechend ihren Fähigkeiten und ihren Finanzen angewiesen, was denn in der Regel hieß, dass die einzig kapitalkräftige Oberschicht dazu herangezogen wurde. Von ihr erwarteten die übrigen sozialen Schichten die Sicherung der Lebensmittel- und Wasserversorgung, die Finanzierung aufwendiger Bauten und Spiele, die Repräsentation der Stadt nach außen. Die römischen Herren hatten die Pflicht dazu getan, die Steuern, die dem Sieger geschuldet wurden, einzutreiben und für ihren pünktlichen Eingang mit dem eigenen Vermögen zu haften. In guten Zeiten war der Versuchung da nicht zu widerstehen, die eigene Steuerlast auf die Masse der städtischen Bevölkerung abzuwälzen oder gar Steuerbefreiung (*immunitas*) für das eigene Haus beim allmächtigen Statthalter zu erwirken. In schlechten Zeiten zahlte man drauf und häufig genug so kräftig, dass von der eigenen Grundrente nur noch wenig übrig blieb. Dies waren denn auch die Jahre, in denen ein (etwa beim Antritt eines Amtes) der Stadt gegebenes nobles Versprechen (*pollicitatio ob honorem*) nicht mehr gehalten werden konnte und seine Einlösung auf demütigende Weise durch kaiserliches Gebot erzwungen werden musste [Digesten 50, 12, 14; Pomponius]. Der Sturz war in solchen Fällen tief: Der finanzielle Ruin verband sich für jedermann sichtbar mit dem sozialen Gesichtsverlust.

Das fürstliche Leben, das der Reichsadel in Rom und in den Hauptstädten des Reiches führte, war in den provinzialen Landstädten unbekannt. Hier galt es zusammenzuhalten, was man hatte. Hier war man auch zufrieden mit dem gesellschaftlichen Prestige, das mit der Übernahme der Verwaltungsfunktion in den Städten traditionell verknüpft war. Den lokalen Eliten lieferte ihre Heimat das ökonomische und geistige Lebenselixier, und der Horizont des politischen Lebens und des politischen Ehrgeizes stimmte in aller Regel mit den städtischen Grenzen überein. Dementsprechend war es genug, über die wesentlichen Ereignisse der Reichspolitik und des kaiserlichen Hofes durch diejenigen des eigenen Standes unterrichtet zu werden, die die Grenzen der Stadt überschritten und in Heer und Verwaltung des Reiches Karriere gemacht hatten. Das römische Bürgerrecht, mit dem im Laufe der Jahrhunderte die meisten ausgezeichnet wurden, änderte nichts an ihrer traditionellen Bindung an die eigene Kultur. Es wurde zu Recht als die Anerkennung der geleisteten Aufgaben in der städtischen Autonomie verstanden und nicht als Anregung, neue Ufer einer einheitlichen Reichsgesellschaft anzustreben.

Der persönliche Umgang und die Bindungen der Nachbarschaft, die den familiären Zusammenhalt ergänzten, waren es denn auch, die unzerstörbar und für immer gültig erschienen. Dazu gehörte ganz unproblematisch die Gewissheit, die Autorität und die auszuübende Gewalt gemeinsam bestimmen und abgrenzen zu können. In dieser seit Generationen geübten Modalität sah man sich zudem von der römischen Ordnungsmacht bestärkt, die eben dieses Verfahren als ein wesentlich stabilisierendes Element des eigenen Herrschaftsanspruches längst erkannt hatte. Gerade diese Gewissheit trug dazu bei, zunächst die in Stadt und Land langsam eintretenden sozialen Veränderungen ohne Beunruhigung zur Kenntnis zu nehmen, da das gewohnte Verhältnis zu den politisch und ökonomisch Führenden nicht veränderbar schien.

Alle Städte des Reiches wurden von derart strukturierten lokalen Eliten geführt. Dort, wo sie nicht vorhanden waren, richtete Rom sie ein – notfalls mit Gewalt. Nur auf diese Weise war die für die römische Herrschaftspraxis unerlässliche organisatorische Unterwerfung des flachen Landes unter die Stadt überhaupt zu bewerkstelligen. Im sozialen Raum bedeutete dies die Stabilisierung oder den Aufstieg einer zumeist grundbesitzenden Aristokratie, die allein als städtische ihrer dreifachen Funktion gerecht werden konnte: Offen der direkten Kontrolle und Ausbeutung Roms verwaltete sie das flache Land, beherrschte die unteren städtischen Schichten und sorgte sich um das soziale Wohl und das Prestige ihrer Städte. Die politischen Organe, die zur Erledigung aller Aufgaben zur Verfügung standen, waren nur ihr zugänglich: Der Rat (*ordo*, *senatus*) und die Magistratur (zwischen 4–6 Beamte, geführt von den *duoviri*). Der Rat, zumeist rund 100 auf Lebenszeit bestellte Mitglieder (*decuriones*), rekrutierte sich aus den gewesenen Beamten der Stadt und kooptierten Mitgliedern, figurierte als beratende Versammlung vergleichbar dem Senat in Rom und entschied insbesondere über die aufzubringenden *munera*. Die Magistrate, jährlich neu gewählt, betreuten das Recht, verwalteten die Kassen, übten polizeiliche Funktionen aus und sorgten für die ordnungsgemäße Durchführung der Kulte.

Außerhalb der Ämterhierarchie stand der *curator*, um dessen Einsetzung durch den Kaiser seit dem Ende des ersten Jahrhunderts vor allem italische Städte immer dann baten, wenn sie ihre Haushalte mit eigenen Kräften nicht mehr sanieren konnten. Mit derart heiklen Ordnungsaufgaben betraute der Kaiser Senatoren oder führende Ritter, die die besondere Situation der hilfebedürftigen Stadt kannten – entweder waren sie bereits ihr Patron oder sie besaßen Grund und Boden in der Gegend – und die nötige Autorität mitbrachten, um mit allen Vollmachten ausgestattet, ohne zeitliche Beschränkung zu arbeiten und notfalls mit Feuer und Schwert die Finanzen zu ordnen.

Die Existenz derartiger (bis Diokletian noch außerordentlicher) Beamter enthüllt den prekären Punkt der städtischen Selbstverwaltung: Das Finanzgebaren und die finanzielle Kapazität der Städte und ihrer kapitalkräftigen Oberschicht waren insbesondere durch die Pflicht der *munera*, von denen Ansehen und Ehre der Eliten abhingen, einer ständigen Zerreißprobe ausgesetzt und ohne regulierende Eingriffe der übergeordneten kaiserlichen Verwaltung nicht zu steuern. Da von dem Funktionieren des städtischen Selbstregiments die Regierbarkeit des Imperiums insgesamt abhing, wurde die städtische Aristokratie ungeliebter Gegenstand monarchischer Fürsorge und – in den Krisenzeiten des dritten Jahrhunderts mehr und mehr – monarchischer Kontrolle und schließlich gesetzlich normierter Zwänge. Die der städtischen Sozialstruktur tief verwurzelte Spannung konnte damit nicht aufgegeben werden. Auf der einen Seite standen die nicht endenden Bedürfnisse der Stadt, die ohne die den großen Vermögen innewohnende soziale Verpflichtung nicht hätte wirtschaften können, und auf der anderen Seite hing die sehnlich begehrte soziale Geltung von der Großzügigkeit ab, mit der der Reiche seinen Besitz zur Schau stellte und sich seiner gegebenenfalls mit nobler Geste entledigte. Als der Tag kam, an dem der adlige Herr für seine sozialen Pflichten ein anderes Betätigungsfeld als die Stadt fand, waren zugleich die Tage des Imperiums gezählt, das ohne die städtische Selbstverwaltung nicht regierbar war.

Die Aufgaben sowie die soziale und die rechtliche Stellung machten die lokalen Eliten des Reiches zu einer weitgehend homogenen Gruppe. Ihre soziale Herkunft konnte jedoch entsprechend den jeweiligen Gegebenheiten in den Provinzen und entsprechend der Bedeutung und der wirtschaftlichen Funktion der einzelnen Städte ganz verschieden sein. Herausragten zunächst in allen Gemeinden die Ritter, die – und das taten die meisten von ihnen – im kommunalen Dienst den größten Teil ihres Lebens verbrachten, nachdem sie als Offiziere in den Legionen oder als Kommandeure von Auxiliareinheiten nach längerer Bewährung Rang und Vermögen oder sonstige Verdienste um das Reich erworben hatten, die die Aufmerksamkeit der Kaiser erregten. Ansonsten regelte wie überall in der alten Welt das Vermögen und die Art seines Zustandekommens den Zugang zu dem Stand der Honoratioren. Das timokratische Auswahlverfahren bot für die römische Ordnungsmacht zudem das überall probate Mittel, den wirtschaftlichen und gesellschaftlichen Status quo im ganzen Reich stabil zu halten. Allerdings war der Minimalzensus, der die Tür der städtischen Amtsstuben öffnete und die soziale Erscheinung und den Lebensstil bestimmte, stark unterschiedlich: In Como z. B. musste der künftige Decurio ein Vermögen von 100 000 Sesterzen, ein Viertel des ritterlichen Vermögens, nachweisen; in den nordafrikanischen Grenzstädten unweit der Wüste genügten 20 000 Sesterzen, um sich dem Kreis der Honoratioren dazurechnen zu können. In Niedergermanien bestanden die städtischen Eliten vornehmlich aus entlassenen Militärs, deren Nachkommen oder aus römischen Kolonisten. In den *Tres Galliae* hingegen, wo der alte Stammesadel auch in den neu gegründeten Verwaltungszentralen der *civitates* nach wie vor den Ton angab und zumeist das Bürgerrecht erreicht hatte, saßen die Nachfahren eines Dumnorix oder Orgetorix im Dekurionenrat. In der Narbonensis, schon zu Beginn des ersten Jahrhunderts v. Chr. als Teil Italiens gefeiert [Cicero, Font. 11], sorgten sich viele Senatoren und Ritter, obwohl selbst längst im Dienst von Kaiser und Reich, um ihre Heimatstädte und übernahmen häufig einen Sitz im Rat der Dekurionen. Ihnen allen gemeinsam war nur der Status des Grundherrn. Ihre Liegenschaften allein boten ausreichende Sicherheit für die wahrzunehmenden amtlichen Aufgaben. Dort zeigte sich vor allem: Allein Reichtum an Grund und Boden war standesgemäß.

Erst als das Übermaß der Lasten viele Grundherren kapitulieren ließ, fielen die Schranken, die bis an das Ende des zweiten Jahrhunderts die Angehörigen anderer sozialer Schichten von den städtischen Ämtern ferngehalten hatten. Dies gilt vor allem für die Schicht der reich gewordenen Händler und Handwerker, die die Art, in der sie zu ihren Reichtümern gekommen waren, wie in Odysseus' Zeiten moralisch diskreditierte. Jedoch lehrte auch hier die Not einer auf das Festhalten am Überkommenen ausgerichteten Gesellschaft, dass die Leistung des sozialen Aufsteigers dem aristokratischen Leistungsprinzip verwandt sein konnte und dieser wiederum bereit war, Vermögen und Arbeit für die Ehre amtlicher Funktionen und Titel einzutauschen. Einsichten dieser Art setzten sich nur langsam durch, wie der Jurist Callistratus beweist, der zu Beginn des dritten Jahrhunderts über Händler und Handwerker schreibt: „Natürlich ist es solchen Männern nicht untersagt, für den Dekurionat oder irgendein Amt in ihrer Heimatstadt zu kandidieren … Trotzdem aber halte ich es für würdelos, dass Personen, die noch der Prügelstrafe unterliegen, in die Ratsversammlungen aufgenommen werden sollten, besonders dann, wenn es sich um Städte handelt, die genügend amtsfähige Bürger haben. Lediglich der Mangel an Männern zur Erfüllung der öffentlichen Funktionen zwingt dazu, auch diese Leute – vorausgesetzt sie haben Besitz – aufzufordern, munizipale Würden zu übernehmen." [Digesten 50, 2, 12].

Im Konflikt zwischen dem Bedarf der Städte nach kapitalkräftigen Eliten und der niederen Herkunft sozialer Aufsteiger, die in die Ämter drängten oder gedrängt wurden, musste die Not der Städte siegen – daran zweifelte auch Callistratus nicht. Allein das Geld machte jetzt den Mann: Der reich gewordene Gladiator und der Bordellbesitzer wurden ebenso ratsfähig wie der geschäftstüchtige Christ, der bis 311 noch als Verbrecher galt. Die Zugehörigkeit zum *ordo* der Dekurionen wurde nun auch erblich und unabänderlich. Nur so erschien es möglich, die kollektive Haftung des Standes – seit Septimius Severus gesetzlich verbindlich – für die der Stadt auferlegten Leistungen (Steuern und Dienstleistungen) und die der Stadt selbst geschuldeten Leistungen (*munera*) so effektiv und überschaubar wie nötig und möglich zu halten. Der Rat ergänzte sich nunmehr ausnahmslos durch Kooptation: Die Geschundenen wussten selbst am besten, wer ihnen ihr Los – und sei es nur vorübergehend – erleichtern konnte. Versuchte ein Verzweifelter, die Reste seines Vermögens durch die heimliche Auswanderung in andere Gegenden des Reiches zu retten, so jagten ihn die Büttel des Statthalters, denen häufig die verbliebenen Dekurionen, die die Last des Geflohenen mittragen mussten, die richtige Spur wiesen. Die gesetzliche Regelung derartiger Suchen datiert bereits aus dem ersten Drittel des dritten Jahrhunderts: „Der Provinzialstatthalter soll dafür sorgen, dass die Dekurionen, die nachweislich den Sitz ihrer Stadt, der sie angehören, verlassen haben und in andere Gegenden übersiedelt sind, auf den Boden ihrer Vaterstadt zurückgerufen werden und die ihnen zukommenden Verpflichtungen [*muneribus congruentibus*] übernehmen" [Digesten 50, 2, 1; Ulpian]. Der Kaiser bürdete sich damit letztlich die Pflicht auf, gegebenenfalls selbst dafür zu sorgen, dass ruinierte Stadträte wenigstens für eine gewisse Zeit von ihren Pflichten gegenüber ihren Gemeinden freigestellt wurden [*vacatio civilium munerum*: Codex Theodosianus 12, 1, 1].

Einen genauen Einblick in die ansonsten in den Quellen schwer zu greifenden Anfänge dieser Entwicklung und in die Versuche, sie zu steuern, bietet eine Momentaufnahme aus der Geschichte Triests. Unter Antoninus Pius versuchte das Munizipium erfolgreich, dem Kaiser die Erlaubnis abzuringen, die der Stadt attribuierten Carner und Cataler – in den umliegenden Bergen wohnende, personenrechtlich peregrine Stämme – zu den Magistraturen und zum *ordo decurionum* zulassen zu dürfen [Dessau, ILS 6680]. Die Stadt ließ ihren Patron L. Fabius dem Kaiser ungeschminkt darlegen, dass die städtische Aristokratie die *munera* nicht mehr leisten könne und daher auf die Inpflichtnahme der finanzkräftigen Grundbesitzer und Schafzüchter der attribuierten Stämme angewiesen sei. Die Hoffnungen der geplagten Triester Notabeln richteten sich dabei auch auf die „Eintrittsgelder", die bei einer Wahl in den Rat fällig wurden. Antoninus Pius – von derartigen Sorgen offenbar nicht überrascht – ließ denn auch die neuen Kandidaten zu den städtischen Ämtern und dem *ordo* zu, obwohl er dabei eine Reihe rechtlicher Hindernisse beiseite räumen musste: Die Sorgen der Stadt wogen schwerer als bestehende Rechtsregeln, die man umgehen konnte.

Die Entwicklungsgeschichte der lokalen Eliten kann nunmehr zusammenfassend skizziert werden: Am Beginn steht das vitale Herrschaftsinteresse Roms, das das Reich nur über die Städte und mit Hilfe der kommunalen Führungsschichten regieren konnte. Das imperiale Herrschaftsprinzip fußt geradezu auf der weitgehenden Selbstregierung der Beherrschten, deren ausgebaute oder neu eingerichtete Städte das flache Land kontrollieren und selbst dem römischen Zugriff offen sind. Das Funktionieren dieses Systems setzte die Loyalität der lokalen Eliten voraus, sodass Rom ihren sozialen Status festigte und ihr Monopol auf die politische Führung garantierte oder – wie etwa in den griechischen Städten mit radikal-demokratischen Verfassungen – begründete. Der Aufgabenkatalog dieser Eliten, die sich nach dem überall geltenden timokratischen Prinzip zunächst vornehmlich aus stadtsässigen Grundherren rekrutierte, musste den Herrschaftsinteressen Roms, den Bedürfnissen der Städte und dem eigenen Ehrgeiz dienen können. Im Zentrum dieser Aufgaben stand die in den mediterranen Städten traditionelle gesellschaftliche Verpflichtung zu den *munera* (Leitourgien). Die Städte honorierten die noble Handhabung dieser Pflicht mit der nie in Frage gestellten Anerkennung der politischen und sozialen Führungsrolle der Eliten. Kaiser und Reich lohnten ökonomisch mit der Möglichkeit zur freien Entfaltung des Grundbesitzes, sozial durch die Sicherheit vor sozialem Umsturz und Aufruhr und politisch durch die Gewährung des Bürgerrechts, das dem Ehrgeizigen den Weg in den Ritterstand oder gar in die Senatsaristokratie nach besonderen, dem Kaiser geleisteten Diensten öffnete.

Zum neuralgischen Punkt dieser politisch und sozial gleichermaßen stabilen Ordnung wurde seit dem zweiten Jahrhundert immer offenkundiger die finanzielle Kapazität der Führungsschichten, die die steigenden Lasten für Rom und den wachsenden Hunger ihrer Städte nach den *munera* immer mühseliger ertrugen. Die Folge war zum einen die Aufnahme sozialer Aufsteiger (und bald auch von Hasardeuren) der verschiedensten Herkunft in den *ordo*, in dem der Grundherr seine alten Freunde gehen sah und in dem er selbst nicht mehr bereit war, neue zu erwerben. Zum anderen nahmen die Eingriffe der kaiserlichen Verwaltung zu, die durch praktische Hilfe (finanzielle Entlastung, Entsendung eines Kurators) aber auch (und dies zunehmend) mit strengen Reglementierungsmaßnahmen bis hin zur erblichen Bindung an den Stand versuchte, die für den Bestand des Reiches lebenswichtige Funktion der lokalen Eliten aufrechtzuerhalten. Jedoch lösten gerade diese ständigen Eingriffe in die Selbstverwaltung der Städte den ihren Eliten immer eigen gewesenen politischen Willen zur Behauptung der städtischen Autonomie auf. Der tradierte Ehrenkodex, der stark genug war, auch einen reich gewordenen Gladiator einzubinden, verlor sein Ziel. Denn als auch die härtesten Mühen für die Heimatstadt von dieser nicht mehr mit dem so sehnlich gewünschten sozialen Prestige und der ständig erneuerten öffentlichen Anerkennung belohnt werden konnten, versiegten die sozialen und moralischen Kraftquellen eines auf das Wohl der autonomen Stadt ausgerichteten aristokratischen Ethos.

Der Bürger der Stadt und der Bauer

Die wirtschaftlichen Bedingungen des städtischen Lebens

Blickt man aus der Perspektive des von Krisen geschüttelten dritten Jahrhunderts auf die Städte des Reiches zurück, so fällt sofort auf, dass das Unglück der Zeit nicht am Ende eines armen Jahrhunderts steht, sondern im Gegenteil nach einer reichen Epoche über ein reiches Land hereinbrach. Reich gewiss nur relativ, d. h. verglichen mit dem, was zurückliegende Zeitläufe gekannt hatten und die Länder jenseits der Grenzen besaßen. Aber doch ausgezeichnet mit einem singulären – auch in späteren Jahrhunderten nicht erreichten – Wohlstand, einer wirtschaftlichen Sorglosigkeit und einem wirtschaftlichen Laisser-faire, über das schützend das den Frieden stiftende Regiment Roms wachte, das all dies erst möglich gemacht hatte. Die Stadtmauern als ein Symbol der Furcht und des Sichabschließens passten nicht mehr in diese Zeit der allgemeinen Sicherheit und der propagierten Gewissheit der ewigen Gültigkeit der mit Augustus gefundenen Weltordnung; sie mehrten allenfalls die Möglichkeiten, die Bedeutung der Stadt architektonisch ins rechte Licht zu rücken. Die Städte der ersten beiden Jahrhunderte kaiserlicher Herrschaft wuchsen denn auch über ihre alten Mauern hinaus: Die Hoffnung auf ein besseres Leben führte viele Bauern in die Stadt, und ein guter Teil der Einkünfte des Reichsadels und der lokalen Eliten wurde investiert in prächtige Nutz- und Prachtbauten, die von der Kanalisation bis zum Theater, alle Möglichkeiten der damaligen Architektur paradieren ließen. Dies begünstigte die bürgerliche Erwerbstätigkeit in allen ihren Formen: Das Bürgertum profitierte von dem bescheidenen technischen Fortschritt, dem gestiegenen Zahlungsmittelumlauf, dem anschwellenden Strom der produzierten und gehandelten Güter.

Natürlich tat es dies nicht überall gleich: Spendable Gesten hoher Herren aus dem im Adriabogen gelegenen Aquileia fielen anders aus als im phokischen Panopeus, das zu seiner Armut noch den Spott seiner wenigen Besucher zu tragen hatte [Pausanias 10, 4, 1]; die Zuwendungen des Kaisers suchten und fanden ohnehin nur die Städte, die sein und des Reiches Ansehen mehren konnten. Darüber hinaus waren die wirtschaftlichen Möglichkeiten von Stadt zu Stadt verschieden. In den großen Produktionszentren, in denen kaiserliche Manufakturen wie die Webereien und die staatliche Münze von Kyzikos oder Waffenschmieden wie im kappadokischen Caesarea den Wohlstand von Arbeitern und Gewerbetreibenden steigerten, sahen die Grundbedingungen anders aus als in den großen Handelsstädten, die Fluss- oder Seehäfen besaßen. Lugdunum (Lyon) z. B., Schnittpunkt im Straßensystem Galliens, gelegen am Zusammenfluss von Rhône und Saône, wurde die natürliche Handelszentrale Galliens, war zugleich das wichtigste Verwaltungszentrum aller gallischen Provinzen, beherbergte die bedeutendste Münze im Westen und wurde Versammlungsort der 60 civitates der Gallia Comata. In dieser Stadt tauchen Beamte, Händler, Kaufleute und Schiffer als sozial bunte Gruppe auf, in der orientalische Zuwanderer, viele Freigelassene, die schnell nach oben wollten, Italiker und Einheimische zusammengewürfelt waren. Ein ähnliches Bild bot Arelate, der wichtigste Hafen im gallischen Süden, in dem die Güter aus den Binnenschiffen in die Seeschiffe umgeladen wurden, Ostia, Importhafen zur Versorgung der Hauptstadt, Alexandria, Umschlagplatz für die Erzeugnisse Ägyptens (Getreide, Leinen, Papyrus) und Schnittpunkt des Seeverkehrs im Mittelmeer, Palmyra, Oase inmitten weiter Wüstengebiete, über die der Karawanenhandel mit den Luxusgütern aus dem Osten führte, Rhodos und Chios, die den Ägäishandel lenkten – sie alle führten ein anderes Leben als die reinen Agrarstädte wie z. B. Pompeji oder Theben.

Deren Bürger waren Bauern, für die das Land die einzige Quelle ihres Reichtums war, und die alles, was sie an Metallen, Sklaven und Luxusgütern brauchten, mit den Erträgen ihrer Felder bezahlen mussten. Was dies für ihr Wirtschaftsgebaren bedeutete, sagt das Preisedikt Diokletians: Eine Wagenladung Weizen (rd. 550 kg), über Land transponiert, verdoppelte ihren Preis bei einer Strecke von etwa 500 km und war damit dreimal so teuer wie bei einem Schifftransport quer über das Mittelmeer. Das zu militärischen Zwecken ausgebaute Straßennetz änderte daran wenig, da die Fortbewegungsmittel (vor allem Karren, Ochsen und Maultiere) die gleichen blieben. Der Fluch des samnitischen Fuhrmanns beim Anblick der Rechnung seines Gastwirts: „Das verdammte Maultier wird mich noch ruinieren", zeigt die Grenzen jedes Unternehmergeistes [Dessau, ILS 7478]. So blieben die bäuerlichen Bewohner dieser Agrostädte Gefangene ihres geografischen Horizonts und ihrer Weltabgeschiedenheit, die die vielen nebeneinander bestehenden örtlichen Märkte nicht aufbrechen konnten. Im ewig gleichen Wechsel der Jahreszeiten zogen sie täglich bei Morgengrauen aus der Stadt auf ihre Felder und bauten an, was schon ihre Eltern und Großeltern angebaut hatten: Kornfrüchte für das Brot, Wein, der ungeachtet der außerordentlichen jährlichen Schwankungen nahezu überall produziert wurde, und Oliven; die Zucht von Schafen, Rindern und Schweinen ergänzte die schwache Produktivität der landwirtschaftlichen Arbeit. Zusätzliche Einkünfte sicherte diesen Städten das nur vom Senat oder dem Kaiser zu gewährende Recht, regelmäßige Markttage abzuhalten (*ius nundinarum*): Die bei diesen Anlässen aus der Umgebung zusammenströmenden Käufer und Verkäufer, die bei einem nur rudimentär ausgeprägten Zwischenhandel meist zugleich die Produzenten der angebotenen Waren waren, zahlten Marktgebühren, die zusammen mit Pachten und Zöllen den schmalen Säckel der Stadt füllten. Natürlich kamen auch die Wirte, die Schausteller, die Devotionalienhändler, die Huren, die Viehdoktoren und die Transportunternehmer an diesen Tagen nicht zu kurz, an denen religiöse Feiern und Spiele für festtägliche Stimmung sorgten. Insgesamt umschlossen diese Städte eine Welt, in der man von guter zu schlechter Ernte fast ganz als Selbstversorger lebte und froh war, wenn man über die eigenen Bedürfnisse hinaus die Rom zu leistenden Tribute aufbringen konnte.

Wieder anders lagen die Dinge in den Städten, die – wie etwa Athen – bei unzureichender landwirtschaftlicher Eigenproduktion Handel trieben und handwerkliche Produkte fertigten, die in der näheren und weiteren Umgebung ihren Käufer finden sollten. Die Hauptstadt schließlich, Rom selbst, führte ein nahezu rein parasitäres Dasein, das von den Geschenken des Kaisers und seiner Paladine, von Steuern, Pachten und Tributen bestritten wurde.

Jenseits dieser von der geografischen Lage und der politischen Bedeutung gesetzten Unterschiede ist der in den ersten beiden Jahrhunderten des monarchischen Regiments wachsende Reichtum der Städte unverkennbar; „in den Ackerstädten Afrikas, in den Winzerheimstätten an der Mosel, in den blühenden Ortschaften der lykischen Gebirge und des syrischen Wüstenrandes ist die Arbeit der Kaiserzeit zu suchen und auch zu finden." (Theodor Mommsen). Für den Rückblickenden fallen über dieses blühende Zeitalter jedoch schon tiefe Schatten: Der Erwerb und der Verzehr des Reichtums sicherten ihm keine Dauer, da er die Wirtschaft der Städte nicht förderte und langfristig abhängig von den kontinuierlichen Zuwendungen der Grundherren und des Reichsadels machte. Für die gesamte städtische Welt galt, dass sie mehr verbrauchte, als sie an Gegenwert produzierte, galt, dass ihr Reichtum auf Kosten des Landes erworben und verbraucht wurde.

Die Voraussetzungen für dieses Wirtschaftsgebaren und seine Dauer waren rechtlicher, ökonomischer und politischer Natur: Der größte Teil des flachen Landes im gesamten Reich unterstand den Städten, deren Behörden Macht darüber ausübten. Die römische Herrschaft perpetuierte diese Rechtsform der Stadt, die das sie umgebende Territorium verwaltete, und konstituierte sie dort, wo sie – wie z. B. in den *Tres Galliae* – in der Geschichte des unterworfenen Landes unbekannt gewesen war. Ökonomisch und politisch bedingte dieses System, dass die Grundherrn stadtsässig blieben (oder wurden), die politische Macht der Behörden in Händen hielten und ihr auf dem Lande erwirtschaftetes Einkommen überwiegend in der Stadt für einen standesgemäß prunkvollen Lebensstil, für die Aufgaben der Stadt und für die sozial Schwachen ausgaben. Den Profit hatten vom Baumeister bis zum Zuckerbäcker, der den Kuchen für die Festlichkeiten in den Häusern der hohen Herren lieferte, alle Bürger, die mehr taten, als nur ihr Land zu bestellen. Kaiser und Reichsadel taten nichts anderes, wenn sie ihre auf den Domänen und Latifundien erwirtschafteten Gewinne umsetzten: Bauten, Spiele, Spenden der verschiedensten Art wurden aus einem unerschöpflich scheinenden Füllhorn über die Städte ausgeschüttet. Diese lebten davon, solange es gut ging, und ließen dafür die noblen Großen so hochleben, wie es deren Wunsch nach Ansehen, Ehre und Unsterblichkeit forderte. Die auf einem Fußbodenmosaik einer afrikanischen Villa gefundenen Zurufe des von einer spendierten Tierhetze begeisterten Volkes halten stolz fest, was dem Gebenden und dem Empfangenden wichtig war: „Magerius donat. hoc est habere, hoc est posse; Magerius zahlt für alles – das bedeutet es, reich und mächtig zu sein." [AE 1967, 549]. Der Reichtum zeigt seine wichtigste Funktion: Er verschafft in der Verschwendung die als höchstes Glück begehrte soziale Anerkennung und Bewunderung. Der Bauer auf dem Lande hatte von alledem nur die Last, und es blieb ihm die staunende Bewunderung bei seinen seltenen Besuchen in der Stadt.

Schließlich: Das Geld, das auf diese Weise in die Taschen der Städter geflossen war, bewirkte wenig Dauerhaftes. Die reich gewordenen Handwerker und Händler steckten ihr Kapital nicht in ihre Betriebe, sondern sie kauften Land, da ihnen das Leben eines kleinen Grundherrn begehrenswerter als die Existenz eines noch so gewichtigen Bauunternehmers schien. Denn nur der Eigentümer von Land galt etwas, und nur er konnte hoffen, eines Tages selbst zur Elite der Stadt gezählt zu werden. Die soziale Geltung wurde nur nach Grundstücken bemessen: Wer sein Geld nicht in dieser Form vorwies, den traf die gesellschaftliche Missachtung – wie zu Odysseus' Zeiten. Cicero hatte die herrschende

Grundregel richtig formuliert: „Der Kleinhandel aber ist zu den unsauberen Geschäften zu rechnen, während der kapitalkräftige Großhandel, der die Verbrauchsgüter aus aller Welt heranschafft und sie ehrlich den Massen zugute kommen lässt, nicht ganz zu tadeln ist. Man wird ihn mit vollem Recht sogar loben können, wenn er sich, wie oft von hoher See in den Hafen, so von da unmittelbar auf seine ländlichen Besitzungen zurückzieht. Von allen Erwerbsarten ist die Landwirtschaft die beste, die ergiebigste und angenehmste, die des freien Mannes würdigste." [de officiis 1, 151]. Die Folge dieser somit auch von der Sozialethik geforderten Flucht des Kapitals in Landbesitz war unausweichlich. Das Sozialprodukt der Stadt reichte auf Dauer nicht aus, um auf die Ausbeutung des Landes verzichten zu können; die wirtschaftlichen Energien und der Erfindergeist bündelten sich nur sporadisch und eher zufällig in der Güterproduktion, und der politische Herrschaftsanspruch der Grundherren über die Stadt fand nie einen Konkurrenten aus den Handel und Gewerbe treibenden Schichten. Damit war zugleich ebenso unausweichlich festgeschrieben, dass auch das wirtschaftliche Überleben der Stadt von der anhaltenden Prosperität ihrer stadtsässigen Grundherren abhing. Die Finanzkrise des dritten Jahrhunderts wurde so zur Krise der gesamten Gesellschaftsordnung.

Opposition oder gar Aufstände gegen diese ebenso tradierte wie von Rom gewünschte Ordnung gab es nicht. Die städtischen Unterschichten bildeten kein Proletariat im modernen Sinne; die Produktionsformen sind noch zu individuell und häufig genug familiär, sodass ihre Vielfalt so etwas wie Klassenbewusstsein nie hätte aufkommen lassen. Innerstädtische Revolten – spärlich bezeugt – waren denn auch keine Produzentenkämpfe, sondern Konsumentenreaktionen: Der Hungeraufruhr nach Missernten, bei ausbleibenden Getreidetransporten oder nach einer Verteuerung des Brotpreises sowie spontane (und in der Sache meist ziellose) Erhebungen einzelner momentan geschädigter Handwerker sind symptomatisch, nicht jedoch der Kampf um Löhne oder bessere Lebensbedingungen. Ohnehin wachte der römische Statthalter sorgsam auch über das soziale Treiben. Als der Christ Paulus mit seinen Predigten in Ephesos einen Aufstand der um ihren Devotionalienabsatz besorgten Silberschmiede auslöste, genügte der warnende Hinweis eines städtischen Beamten auf die drohende Vergeltung Roms, um alle Hitzköpfe friedlich den Weg nach Hause finden zu lassen [Apostelgeschichte 19, 23–40].

Das wirtschaftliche Potenzial des Kaisers hat wesentlich dazu beigetragen, die Prosperität der Städte stabil zu halten; die politische Sorge um die Ruhe in den Provinzen verlangte dies ebenso wie die übernommenen patronalen Verpflichtungen gegenüber allen Bewohnern des Reiches. Trotzdem: Das, was wir heute unter dem Begriff „Wirtschaftspolitik" fassen, hat es in der Zeit des frühen Prinzipats ebenso wenig wie in der ganzen antiken Welt gegeben. Es ist dies bereits daran ablesbar, dass Augustus nach Beendigung der Bürgerkriege keine gezielte Förderung oder irgendwelche Maßnahmen zugunsten der Landwirtschaft getroffen hat. Der Kernbereich des Wirtschaftslebens bleibt außerhalb des ökonomischen Denkens, das nach dem Ausweis der Agrarschriftsteller ohnehin nicht sonderlich ausgeprägt war. Das gleiche gilt für den Handel: Staatliche Förderung erfuhr nur der Indienhandel. Dessen Leitmotiv war jedoch nicht der ökonomische Nutzen, sondern der feste Wille, die *maiestas imperii* bis an die Grenzen der bekannten Welt zu tragen.

Ein Beispiel mag die Bedeutung der kaiserlichen Politik für das Wirtschaftsleben verdeutlichen. Nach dem Sieg von Aktium setzte in Italien und in den Provinzen ein erstaunlicher wirtschaftlicher Aufschwung ein. Die Gründe sind verschiedener Natur, gehen aber alle auf monarchische Entscheidungen zurück. Vorab schuf ein 30 v. Chr. verfügter Schuldenerlass für die östlichen Reichsteile die unerlässliche Voraussetzung für ein neu aufkeimendes Wirtschaftsleben in den ausgeplünderten Provinzen. Die Eroberung des Ptolemäerreiches, das in den Privatbesitz des Augustus überging, erlaubte den ungehinderten Zugriff auf die Schätze des Landes, mit deren Hilfe das Geldausgeben im großen Stile möglich wurde. Die Stadtgründungen vor allem in den westlichen Provinzen waren damit leicht zu finanzieren. Sie führten zu einer soliden Belebung des Wirtschaftslebens, zu dem die mit großzügigen Geldgeschenken entlassenen Veteranen das ihrige beisteuerten. Die Bauwirtschaft profitierte insbesondere von der Munizipalgesetzgebung, die die Bürgerstädte in Italien und in den Provinzen zur besonderen Fürsorge bei der Anlage von Kloaken, Straßen und Wasserleitungen anhielt. Die Geldquellen flossen zudem reichlich: die Goldminen in Spanien, das Gold der geschlagenen und in die Sklaverei verkauften keltischen Salasser Oberitaliens sowie der Schatz der Ptolemäer ergaben zusammen mit einer unter der Leitung der kaiserlichen Zentrale intensivierten Ausbeutung der Bodenschätze und der reformierten Steuereintreibung eine so ansehnliche Summe, dass großzügig aus dem Vollen gewirtschaftet werden konnte.

Jedoch: Das Motiv für diese Maßnahmen war nicht wirtschaftlicher, sondern politischer Natur, sodass die goldenen Jahre seit etwa 10–7 v. Chr. vorbei waren – der Stillstand der Arbeiten auf den Fora in

Rom seit dieser Zeit mag als Indiz genügen. In den Jahren nach Aktium hingegen musste Augustus aller Welt verständlich machen, dass der siegreiche Parteiführer das Format hatte, das man von einem zweiten Stadtgründer erwarten konnte. Dem Glanz der *maiestas imperii* und der Leistungsfähigkeit des Patrons entsprachen die großzügigen Geschenke an Bürger und Soldat ebenso wie die umfassende Bautätigkeit, die den Machtanspruch des neuen Herren sinnfällig und für jedermann begreifbar machen sollte. Die Städte profitierten davon – und sie hatten die mageren Jahre zu ertragen, als die Kriege in Germanien und Pannonien Verluste brachten und der Kaiser die schwindenden Geldreserven durch neue Steuern aufstockte, um der drängenden Aufgaben Herr zu werden.

Das gesellschaftliche Leben in den Städten

Seit es Städte im Mittelmeerraum gab, bezog der Bürger der Polis, des Munizipiums oder der Kolonie sein Selbstbewusstsein aus der Teilnahme an der Kultgemeinschaft und aus seinen Leistungen für die Heimat als Soldat und als Mitglied der Volksversammlung, die über Krieg und Frieden, die Gesetze und die Wahl der Beamten Beschlüsse fasste. Diese Tätigkeiten entschieden neben seinem materiellen Besitz über seinen sozialen Rang und setzten den Rahmen seines gesellschaftlichen Lebens. Das monarchisch regierte Großreich Roms ließ für all dies nur noch wenig Raum. Die Kult- und Opfergemeinschaft – bei Griechen und Italikern gleich strukturiert – verlor in den Großstädten angesichts von Riesenaltären und herrschaftlichen Spektakeln, die um ihre Reputation besorgte Kaiser und Statthalter inszenierten, ihre soziale Funktion. Das Zeremoniell des Opfers, das zum gemeinsamen Mahl vor dem Tempel die freien Bürger und ihre aristokratischen Führer zusammengeführt hatte, stellte keine Solidarität in der Armut oder (und vor allem) in der Abwehr Fremder her. Es wurde entweder Teil des privaten Lebens oder ging unter in staatlichen Aktionen großen Ausmaßes, deren vorrangiges Ziel die Sicherung der Loyalität der Untertanen gegenüber Kaiser und Reich wurde.

Die Verteidigung der Heimat übernahmen Berufssoldaten, angeworbene Hilfsvölker und (im steigenden Umfang) die Bewohner der Grenzprovinzen.

Die innere Organisation und die Verwaltung besorgten die lokalen Eliten, die getragen von dem Wohlwollen der römischen Administration auf die Legitimation ihrer behördlichen Funktion durch die Wahl der Bürger verzichten konnten. Die innere Festigkeit der sozialen und politischen Ordnung war aus römischer Sicht durch demokratische Spielregeln in der Politik nur zu gefährden; das erste Gebot der Herrschaftsmacht, Ruhe und Ordnung in den Provinzen zu wahren und die Zahlung von Tributen, Steuern und Abgaben zu sichern, forderte daher die soziale Ungleichheit und ihre Fortschreibung in den Raum der Politik. Nur auf diesem Wege schien die Kontinuität der Verantwortung, die ihren festen Anker im Reichtum und in der Tradition hatte, dauerhaft gesichert. Die Statthalter überwachten denn auch peinlich genau, dass die Unterschiede der Stände (*ordines*) nicht in Frage gestellt wurden; „sind diese verwischt, durcheinander und in Unordnung geraten, dann ist nichts ungleicher als gerade diese Gleichheit" [Plinius, Briefe 9, 5, 3]. Die Folgen dieser römischen Politik waren gewollt, hinsichtlich ihrer langfristigen Implikationen jedoch nicht vorhersehbar: Die Volksversammlungen tagten nicht mehr, viele städtische Institutionen droschen nur noch leeres Stroh, und die städtischen Gerichte verloren ihre wichtigen Fälle an die Statthalter. Hinzu kam die Entfremdung der städtischen Elite von ihren Bürgern, die den Bürgerverband weiter lockerte: Mit dem römischen Bürgerrecht für treue Dienste von Rom belohnt, strebte ein Teil des städtischen Adels in die glanzvolle Karriere des Offiziers oder des kaiserlichen Beamten, während die in der Heimat Gebliebenen den Mittel- und Unterschichten nicht mehr nur als sozial überlegene gegenübertraten, sondern auch als Teil der römischen Siegermacht, deren Interessen verpflichtender wurden als die der Heimatstadt.

Die größte Sprengkraft entfaltete jedoch der römische Friede, der Wohlstand und Rechtssicherheit erst begründet hatte, und den zu preisen gerade die Provinzialen nicht müde wurden. Römische Stimmen warnten bereits früh vor den neuen Möglichkeiten des Lebensgenusses, und sie verwiesen auf die geistige Erschlaffung, die ein Werk des Friedens sei [Juvenal, sat. 6, 292 f.]. Tacitus wurde deutlicher, als er seinen Schwiegervater Agricola in Britannien städtische Kultur pflegen ließ, um die besiegten Völker die alte Wildheit und den Geist des Widerstandes vergessen zu lassen: „Bei den Ahnungslosen hieß dies Lebenskultur (*humanitas*), während es doch nur ein Bestandteil der Knechtschaft (*servitus*) war" (Tacitus, Agricola 21, 2). Solche Empfindungen stumpfte der dauernde Friede im Reiche ab; angesichts der Allgegenwärtigkeit des Krieges im dritten Jahrhundert mochte sich auch niemand daran erinnern. Sie trafen dessen ungeachtet einen Kernpunkt antiker städtischer Existenz.

In Griechenland und in Italien war das Gemeinschafts- und Zusammengehörigkeitsgefühl der Städte wesentlich aus den Erfordernissen der Kriege erwachsen. Diese hatten im Grunde erst die unüberbrückbar scheinenden sozialen Schranken innerhalb der städtischen Bevölkerung dort niedergelegt, wo es um die Existenz von jedermann ging – ob arm oder reich. Sie hatten die Vorstellung von Gemeinschaft jenseits der sozialen Egoismen erst begründet. Und sie hatten die sozialen Fronten, die immer wieder über die Forderung nach Neuverteilung des Bodens und nach Schuldenfreiheit aufbrachen, dem nur gemeinsam zu erreichenden Ziel der Erhaltung der Stadt unterworfen.

In Italien zuerst nahm seit den Siegen über Makedonien und die Seleukiden der Krieg ein anderes Gesicht an: Er hatte mit der unmittelbaren Sicherung der Existenz der Bürger nur noch wenig zu tun. Im Reich des Augustus und des von ihm gegründeten inneren Friedens schließlich verlagerte sich der Krieg in geografische Breiten, die der mediterranen Bevölkerung nur ungefähr bekannt waren. Der Krieg war damit aus dem Streit der Städte ausgegliedert und hatte sein soziales Gesicht völlig verändert: Unterworfen dem abstrakten Ziel, die Herrschaft Roms über den *orbis terrarum* zu begründen und zu erhalten, und geführt in Gebieten jenseits des Vorstellungshorizontes der Städte, nahm er diesen die Möglichkeit, ihre Bürger kontinuierlich in die Pflicht zu nehmen, die über Jahrhunderte hinweg alle Rechte des einzelnen Bürgers und das ganze politische Profil der Stadt begründet hatte.

Vor allem die verbliebenen militärischen Leistungen der städtischen Eliten siedelten sich jenseits der Stadtmauern an, in denen es vergleichbare Aufgaben nicht mehr gab und in denen auch keine daran geknüpften Möglichkeiten mehr bestanden, Macht und Ansehen zu gewinnen. Die früher im Krieg immer neu genährte Verständigung über das allen Gemeinsame entfiel ebenso wie die traditionelle und einzige Legitimation des einfachen Bürgers für seine politischen Rechte. Zugleich wurde damit die Bindung der aristokratischen Geschlechter an ihre Stadt gelockert, die in den Kriegen die eigene Existenz mit der der Heimatstadt selbstverständlich verbunden gesehen hatten. Der Wettstreit der kaiserlichen Städte um die prächtigsten Bauten, die aufwendigsten Spiele, die Zurschaustellung der Ruhmestaten der Vergangenheit enthielt zwar Elemente der alten Fehden, er bot jedoch nur geringen Anlass, sich mit der Stadt zu identifizieren. Die Aristokraten der griechischen Städte verständigten sich über das Problem noch an der Schwelle des zweiten Jahrhunderts unmissverständlich: „Den Vorfahren" – so schrieb Dion Chrysostomos, weithin bekannter Redner seiner Zeit – „war es noch möglich, ihre Tüchtigkeit auf vielen anderen Gebieten zu beweisen: Sie konnten eine führende Stellung unter den anderen einnehmen, den Bedrängten helfen, Bundesgenossen erwerben, Städte gründen, Kriege gewinnen. Ihr aber könnt nichts mehr von alldem tun. Nach meiner Meinung bleibt euch nur übrig, euch selbst zu leiten, eure Stadt zu verwalten, diesen oder jenen zu ehren und ihm Beifall zu klatschen ... im Rat zu sitzen, das Recht zu pflegen, den Göttern zu opfern und Feste zu feiern. In dem allen könnt ihr euch den anderen überlegen zeigen" (Reden 31, 161 f.). Der Streit der Städte, in dem es früher um die Macht in Griechenland ging, geriet zur Farce: „Wer heutzutage die Zänkereien und Anlässe zur Feindschaft sieht, wird sich ... schämen, denn es sind die Streitereien von Sklaven, die sich mit ihresgleichen um Ansehen und erste Plätze zanken." [Dion. a.a.O. 34, 51]. Diese Gedankengänge sind die einer aristokratischen Gesellschaft, in der die städtische Gemeinschaft nach wie vor ihren „Besten" Aufgaben stellen muss, die der Entfaltung aristokratischer Tugenden den nötigen Raum geben. Der Krieg hatte dies in idealer Weise getan; ihn führte jetzt das Reich, und dieses gewährte, was den militärischen Helden in den Augen seiner Landsleute groß und Ehrfurcht gebietend erscheinen ließ.

Das Schwinden der bürgerlichen Betätigung im Raum der Politik und der Religion verlieh den privaten Formen des gesellschaftlichen Lebens eine neue Bedeutung: Das Vereinsleben gibt dem Einzelnen die Möglichkeit, jenseits seiner Arbeitswelt gesellig und wichtig zu sein.

Die Republik hatte die Freiheit der Vereinsbildung bereits im fünften Jahrhundert prinzipiell anerkannt; die in den Zwölf-Tafeln niedergelegte Verpflichtung der Vereine, in ihre Satzungen keine Bestimmungen aufzunehmen, die den Gesetzen zuwiderliefen, gewährleistete hinreichend den Schutz der staatlichen Ordnung. Erst die Politisierung des Vereinswesens in den Machtkämpfen der Späten Republik führten seit der Catilinarischen Verschwörung zu wiederholten Versuchen, die Zulassung oder das Verbot von Vereinen nach dem Kriterium des staatlichen Nutzens zu ermöglichen. Die Straßen- und Bandenkämpfe eines Clodius und Milo in Rom während der 50er Jahre zwangen die Senatoren zum Konsens über eine Politik, die die politischen Vereine generell verbieten sollte. Augustus schließlich, von der nüchternen Einsicht geleitet, dass sich alleiniger Führungsanspruch und politischer Verein entgegenstehen, beendete die republikanische Freizügigkeit der Vereinsbildung [*lex Iulia de collegiis*; Sueton, Aug. 32]. Die bestehenden Vereine wurden bis auf wenige Ausnahmen aufgelöst und die Neugründung erforderte nunmehr die Genehmigung des Senates oder des Prinzeps selbst. Alle nicht autorisierten Korporationen galten damit als *contra leges instituta* [Tacitus, ann. 14, 17], und ihre Mitglieder machten sich des Majestätsverbrechens schuldig. Die Zulassung gestattete Augustus nur dort, wo die Ziele des Vereins staatlichen Bedürfnissen entgegenkamen oder die Mitglieder zu Aufgaben verpflichteten, die der Staat selbst nicht leisten konnte.

Der etablierten Monarchie erschienen die Gefahren in einem milderen Licht, und der um das Wohl seiner Untertanen besorgte Herrscher registrierte, was für den um die Sicherheit seines Führungsanspruches besorgten ersten Prinzeps bedeutungslos sein musste: Der rigide Zuschnitt des Vereinswesens auf die *utilitas civitatis* beschnitt die einzige Möglichkeit der unteren Gesellschaftsschichten, ihre sozialen und religiösen Bedürfnisse ausreichend zu befriedigen. Ein Beschluss des Senates (*SC de tenuioribus*), gefasst in den Jahren zwischen 41 und 55, ermöglichte ihnen denn auch eine Vereinsgründung ohne staatliche Erlaubnis, wenn sich das Ziel der Vereinigung auf die Sicherung eines angemessenen Begräbnisses konzentrierte [Dig. 47, 22, 1 pr. 1; Dessau, ILS 7212]. Die Folge war ein rapider Aufschwung des Vereinswesens. Nunmehr traten Vereine mit privater Zielsetzung neben die von der *lex Iulia* allein zugelassenen Vereine, die dem Nutzen des Staates zu dienen hatten.

Der Rahmen, in dem die kaiserliche Politik Vereine gestattete, war damit bis in das fünfte Jahrhundert festgelegt. Verboten blieben grundsätzlich alle, deren Zielsetzungen unkontrollierbar blieben und die sehr schnell mit antirömischen Vorstellungen aufgeladen werden konnten. Das Verbot Trajans, ein *collegium fabrorum* im bithynischen Nicomedia einzurichten, obwohl dessen Mitglieder die Aufgaben einer städtischen Feuerwehr mitübernehmen sollten, zeigt die Richtung einer restriktiv orientierten Politik an, für die die Ruhe in den Provinzen die höchste Norm der Verwaltungspraxis bleiben sollte [Plinius, Briefe 10, 33 f.]. Diesem Grundgedanken entsprach denn auch die römische Toleranz gegenüber den Vereinen der kleinen Leute (*collegia tenuiorum*), denen es unter dem Gesichtspunkt der Unschädlichkeit gestattet wurde, ihren bescheidenen Bedürfnissen gemeinsam nachzugehen. Sie liefen allenfalls Gefahr, mit den Normen der inneren Sicherheit in Konflikt zu geraten. In aller Regel war dies bereits dadurch ausgeschlossen, dass alle diese Vereinigungen sich als Begräbnisvereine (*collegia funeraticia*) konstituierten und damit eine Aufgabe wahrnahmen, von der sich die vorhandenen Religionsgemeinschaften abwandten. Die Bestattung der Toten und die Sorge um das Andenken an sie blieben immer der privaten Initiative überlassen, die in diesen Kollegien am effektivsten wirksam sein konnte.

Des staatlichen Wohlwollens gewiss konnten allein die Vereinigungen sein, die staatlichen Bedürfnissen entgegenkamen und Aufgaben erfüllten, die der kaiserliche Verwaltungsapparat nicht leisten konnte. Dazu zählten in erster Linie die Handels- und Transportkorporationen. Sie sicherten die Versorgung der Hauptstadt und der Großstädte und hatten damit wesentlichen Anteil an der Befriedung der latent unruhigen städtischen Bevölkerungen, was wiederum zur Ruhe in den Provinzen und zur Sicherheit der kaiserlichen Familie wesentlich beitrug. Hinzu kamen die für sakrale Veranstaltungen und für die Brandbekämpfung wichtigen Kollegien, die der öffentlichen Ordnung dort dienten, wo die kaiserliche und städtische Bürokratie nicht hinreichte.

Alle wesentlichen Erscheinungsformen des römischen Vereinswesens sind also auf das Staatswohl bezogen. Sie wurden dort geduldet oder gefördert, wo sie für den effektiven und reibungslosen Ablauf des Wirtschaftslebens sorgten, bei der Erfüllung der munizipalen Aufgaben halfen, und die Ausübung des Kultes und die Begräbnisvorsorge förderten. Entsprechend der ganz unausgeprägten Fähigkeit der antiken Staaten, Erscheinungsformen des gesellschaftlichen Lebens zu normieren, blieben die Vereine traditionell freiwillige und private Organisationen, die sich ihre Satzungen auch dann selbst gaben, wenn ihre Gründung auf die Initiative des Senates oder des Kaisers zurückging. Sie besaßen als solche Rechtsfähigkeit, d. h. sie konnten wie die Gemeinden Vermögen erwerben und besitzen, Verträge abschließen, klagen und verklagt werden.

Die Motive der Vereinsbildungen während der Kaiserzeit sind vielschichtig; sie werden durch die Stichworte religiöse Fürsorge, materielle Vorteile und gesteigertes Sozialprestige der einzelnen Mitglieder am besten erfasst. Eine effektive Verwaltung ihrer Beiträge und der privaten Spenden reicher Bürger ermöglichte den Vereinen eine sichere Ernährung ihrer Mitglieder und vor allem eine ordentliche Bestattung, zu der der Vollzug der mit dem Begräbnis verbundenen Opfer, Riten und Totenmahlzeiten gehörte. Öffentliche Zuwendungen anlässlich einer Stiftung, eines offiziellen Festtages oder als Dank für erwiesene Ehrungen sicherten die materielle Existenz der Vereinsmitglieder ebenso weiter ab wie die Zuweisung von Legaten und die Einräumung von staatlichen Privilegien, für die allerdings nur die Vereine in Frage kamen, deren Nutzen für den Staat offenkundig zutage lag. Die wichtigste Triebfeder der Zusammenschlüsse war jedoch die Hoffnung, durch aktive Teilnahme am Vereinsleben das Sozialprestige der einzelnen Mitglieder zu heben. In den Vereinen bildete sich ein gewisses korporatives Selbstbewusstsein aus, und die Betätigung für den Verein näherte sich in seinen äußeren Erscheinungsformen der Tätigkeit städtischer Würdenträger an.

Hinter derartigen auf die gesellschaftliche Anerkennung zielenden Formen des Vereinslebens tritt sehr deutlich ihre Funktion als Ersatz für den verloren gegangenen politischen Handlungsraum zutage. Das politische Leben, das vor allem den Griechen Lebenselixier war, entfaltete neue Triebe im privaten Bereich des antiken Menschen. Wer unterhalb des Dekurionenstandes durch Betriebsamkeit und Initiative sein Sozialprestige mehren wollte, sah sich auf den genuin gesellschaftlichen Raum zurückgedrängt, innerhalb dessen die religiösen Gemeinschaften und die Vereine das einzig gewichtige Betätigungsfeld öffneten. So nahmen in der Rangordnung der städtischen Bevölkerung nach den Dekurionen und den Priestern des Kaiserkultes die Vereine den dritten Platz ein. Damit wurde auch in der allgemeinen sozialen Wertschätzung anerkannt, dass nur der sich aus der amorphen Masse der urbanen Plebs herausheben konnte, der sein soziales Prestige in einem Verein mehrte. Die rapide Ausweitung des Vereinslebens ist also zugleich der deutlichste Ausweis für die Suche nach Ersatzformen des politischen Lebens, das für den antiken Menschen immer den geeigneten Raum für die Zurschaustellung des erreichten Status abgegeben hatte.

Die Sehnsucht nach neuen sozialen Bindungen, die in den politisch entmachteten und vielfach zu Großstädten angewachsenen Gemeinden zu schwinden begannen, war allerdings auf Dauer im Vereinsleben nicht zu erfüllen. Dazu erfassten sie zu wenige Bereiche menschlicher Ausdrucksformen, die in der klassischen Polis im religiösen, politischen und sozialen Leben gegeben waren. So schlug die welthistorische Stunde der christlichen Kirche, als sie den Widerwillen ihrer ersten Generationen gegen die *res publica* überwand, den Tertullian auf die knappe Formel gebracht hatte: „*nec ulla magis res aliena quam publica*: – keine Angelegenheit ist uns fremder als eine öffentliche." Dieser neue Weg führte die Kirche über die „Mühseligen und Beladenen" hinaus und öffnete auch dem Ehrgeiz der Reichen und politisch Tätigen die Tore zu einer Zukunft, in der die alte Welt der Agora, des Forums und der Kurie gleichwertig ersetzt wurden durch die Gemeinde und den Thron des Bischofs. Die Welt der Polis mit ihren Ruhm und Ehre gewährenden politischen Aufgaben trat gegenüber dem Dienst an einem Gott zurück, der eine eigene Form des Ruhms und der Unsterblichkeit verhieß.

Grundherr und Bauer

Der antike Bauer bewirtschaftete seinen Hof im Familienbetrieb. Er tat dies entweder als freier Bauer oder – und dies prägte seine Existenz vor allem in der Kaiserzeit – als Pächter (*colonus*), der den Boden für einen festen Betrag oder die Ablieferung eines Teils seiner Ernte gepachtet hatte. In jedem Fall blieb es sein wichtigstes Ziel, von guter zu schlechter Ernte so weit wie irgend möglich als Selbstversorger zu leben. Ökonomische Rationalität stand bei diesem Wunsch nur eingeschränkt Pate. Es verbanden sich darin das der Frühzeit des mediterranen Bauerntums entlehnte Ideal der hauswirtschaftlichen Autarkie und die ganz elementare Sorge, auch in Zeiten der Missernten überleben zu müssen. Denn neben den eigenen Bedürfnissen, neben den kläglichen Investitionen und – soweit sie Pächter waren – neben dem Zins und den Ablieferungen von Teilen der Ernte drückten die jährlichen Tribute für Rom, Sondersteuern in Krisenzeiten und die städtischen Abgaben. Reichten die Mittel dazu nur gerade eben oder gar nicht aus, so suchte die bäuerliche Familie nach zusätzlichen Einnahmequellen, sei es in der Heimarbeit, sei es durch die Urbarmachung von neuem (und dazu freigegebenen) Land, sei es durch den Abschluss neuer Pachtverträge.

Der Boden, auf dem der Bauer lebte und arbeitete, war in der Regel städtisches Territorium; in den Agrostädten des Mittelmeerraumes lebte der Bauer zumeist auch in der Stadt. Wo immer er dem Staat begegnete, stieß er auf städtische Behörden: Seine Erzeugnisse kamen auf den städtischen Markt, den der Ädil überwachte. Das für ihn zuständige Gericht und die Tempel seiner Götter standen in der Stadt, und natürlich fand auch der Steuereintreiber aus der Stadt den Weg auf seinen Hof. Die römische Ordnungsmacht kam in seinem täglichen Leben nicht vor; in entlegenen ländlichen Gebieten mag manch einer nicht einmal gewusst haben, was sich hinter dem Wort „Rom" überhaupt verbarg. So saß der für den Bauern wichtigste Mann ebenfalls in der Stadt und in ihren politischen Leitzentralen: der großgrundbesitzende Nachbar, an den man sich als Klient wenden konnte, wenn die Not zu drücken wurde oder Rechtsstreitigkeiten drohten; immer häufiger stand man ohnehin als Pächter bereits in seinen Diensten. Seine Gunst entschied über das Wohl und Wehe der bäuerlichen Familien und allein seine Macht war groß genug, um Schutz notfalls auch gegen den Staat und seine Organe zu gewähren. Für den Zusammenhalt von Stadt und Land bedeutete dies, dass der Bauer widerspruchslos alle ihm von der Stadt auferlegten

Lasten trug, solange der große Nachbar in den städtischen Behörden blieb und dies von ihm verlangte.

In Italien war eine der auffallendsten Folgen der Weltreichspolitik seit dem zweiten Jahrhundert v. Chr. die Ausdehnung des Großgrundbesitzes gewesen; die verfallenen Höfe der Kleinbauern waren Menetekel einer Agrarkrise, aus der Rom erst mit Caesar und durch die von ihm durchgesetzte Kolonisation auch außerhalb Italiens den Ausweg fand. In den Provinzen des westlichen Mittelmeeres, unter denen Nordafrika dank seiner großgrundbesitzenden karthagischen Herren von vornherein eine besondere Rolle spielen musste, setzte sich die Ausdehnung des Großgrundbesitzes fort. Caesar und Augustus hatten diese Entwicklung durch die Ansiedlung von Hunderttausenden römischer Bürger, darunter vor allem Veteranen, zwar verzögert; die Grundvoraussetzungen der Ausdehnung der Großgüter blieben von dieser Kolonisationswelle jedoch unberührt: Der Senator, ohnehin durch Gesetz verpflichtet, der reich gewordene Ritter und der fleißige Freigelassene mit Fortune – man denke an den von Petronius in den *Saturae* karikierten Trimalchio –, sie alle steckten ihr Geld in Grundbesitz. Dasselbe tat der Prinzeps, dem darüber hinaus in reichem Maße der von seinen senatorischen Gegnern konfiszierte Grundbesitz und große Ländereien durch Testament zufielen. Die so kontinuierlich wachsenden Güter des Kaisers, die zusammengenommen den Umfang ganzer Provinzen einnahmen und sich insbesondere über weite Teile Italiens und Nordafrikas erstreckten, wurden seit den Flaviern zu einzelnen Einheiten zusammengefasst und durch Prokuratoren verwaltet. Der Kaiser selbst forcierte im Bereich der Landwirtschaft die fortschreitende Konzentration des Grundbesitzes in den Händen der Eliten, deren Staatstreue es mehr als dem staatlichen Machtapparat zu danken war, dass die gebündelte ökonomische Macht im Staatsschiff für lange Zeit fest vertäut blieb.

Die römischen Zeitgenossen von Tiberius Gracchus bis Plinius haben den Prozess der Latifundisierung auf Kosten der kleinen und mittelgroßen Güter immer wieder als Unglück beklagt und darin die Ursache staatlicher Krisen gesehen. „*Latifundia Italiam perdidere* (Die Latifundien richteten Italien zugrunde)", schrieb der ältere Plinius [Naturgeschichte 18, 35]. Dieser Satz war nicht die Quintessenz ökonomischer Analysen, sondern Ausdruck des jedem antiken Menschen selbstverständlichen Gefühls, dass die politische und moralische Kraft des Staates von einem funktionierenden Bauernstand abhing. Er ließ außer Acht, dass sich zwar die Besitzverhältnisse tief greifend und politisch folgenreich verändert hatten, die Bewirtschaftungsformen jedoch weitgehend dieselben geblieben waren: Der von einer bäuerlichen Familie (Pächter oder Sklave als Quasi-Pächter) bewirtschaftete Hof blieb das wirtschaftliche Leitbild. Dementsprechend zerfielen die Großgüter in eine Vielzahl kleiner Wirtschaftseinheiten, auf denen der Bauer – in welcher Rechtsstellung auch immer – wie eh und je seinen Pflug führte.

Damit ist zugleich gesagt, dass der plantagenartig wirtschaftende Großbetrieb der späten Republik und der ersten Jahrzehnte des Prinzipats Episode geblieben war. Er hatte für einen größeren Markt als den heimischen produziert, war auf bestimmte Anbauarten oder auf Viehwirtschaft spezialisiert und beschäftigte Sklaven und Saisonarbeiter. Seine Rentabilität stand und fiel mit der billigen Arbeitskraft. Als der Friede des Reiches keine Kriegsgefangenen mehr auf den Markt brachte und in seinem Inneren die vom Kaiser verbürgte Sicherheit der Straßen und der Meere keine Sklavenjagden mehr gestattete, war diese Wirtschaftsform nicht mehr rentabel. Bereits Columella (um 50 n. Chr.) dachte darüber nach, dass es am effektivsten sei, größere Sklavenmassen in Zehnergruppen arbeiten zu lassen; auf weit entfernten und nicht ständig zu überwachenden Gütern sei das Wirtschaften mit Sklaven ohnehin unergiebig [1, 7ff.]. Die Theorie über die rentabelste Form des Wirtschaftens war also wieder beim Familienbetrieb angelangt. In der Praxis verpachtete der um seine Rendite besorgte Grundherr sein Land nunmehr fast ausschließlich an Kleinbauern oder er beließ es bei der Neuerwerbung eines Landgutes den dort Ansässigen und schloss mit ihnen einen Pachtvertrag für fünf Jahre – später auch für längere Zeiträume – ab. Die kleine aber sichere Rendite des Pachtzins oder der Naturallieferungen [Plinius, Briefe 9, 37] war sicherer als kostspielige Experimente mit teuren Sklaven, Saisonarbeitern und neuen Anbauprodukten, mit denen der Markt möglicherweise bereits gesättigt war.

Dieses Wirtschaftsgebaren war zweifellos vernünftig, zumal es den Nöten des Pächters gegenüber flexibel war und die bäuerliche Arbeit nach wie vor als die ehrenvollste anerkannte. Es scheiterte denn auch nicht an sich selbst, sondern an den Folgen der seit Mark Aurel einsetzenden außenpolitischen Krisen. Der Verlust wichtiger Provinzen, abnehmende Bevölkerungszahlen und vor allem der wachsende Steuerdruck, der die Verteidigungsfähigkeit des Reiches steigern und die wachsenden Ansprüche der Armeen befriedigen sollte, überforderten das System und seine Leistungsfähigkeit. Der Bauer – Pächter oder Besitzer – geriet unter Druck: Seine Leistungen waren zu wichtig geworden, um sie im Belieben des Einzelnen zu lassen. Grundherr und Staat drängten daher den Kolonen in die dauernde Abhängigkeit; die Freizügigkeit verschwand aus den Pachtverträgen, die Abgaben in Naturalien wurden zur Regel, und das vorläufige Ende dieser Entwicklung sah den Bauern per Gesetz an seine Scholle gebunden, mit der er schließlich auch verkauft werden konnte [Codex Theodosianus 5, 17, 1; 13, 10, 3 zu den Gesetzen der Jahre 332 und 357].

In den Jahrzehnten der Krise wurden noch tiefer liegende Kräfte freigesetzt, von deren Existenz die Zeit nichts wissen konnte. Sie werden erst dem Rückblickenden verständlich. Die kaiserlichen Domänen (*saltus*), auf denen das Pachtsystem besonders ausgeprägt war, hatten von Anfang an eine eigene Organisationseinheit gebildet: Verwaltung und Gericht unterstanden dem direkten kaiserlichen Zugriff und existierten damit außerhalb der ansonsten überall präsenten Herrschaft der städtischen Behörden, was zugleich auch bedeutete, dass Verwaltungs- und Bewirtschaftungsinstanz identisch war. An Konkurrenz zur Stadt hatte dabei niemand gedacht, im Gegenteil: Häufig genug ließ der Kaiser Städtebildungen auf seinem Domanialland zu oder förderte deren Ansiedlung. Trotzdem wiesen die Konsequenzen in die entgegengesetzte Richtung. Auf den großen Gütern der Kaiser wurde die Praktizierbarkeit von ländlicher Herrschaftsordnung ständig bewiesen, sodass es nur eine Frage der Zeit und der Veränderung der bestehenden Machtverhältnisse sein konnte, bis die senatorischen und ritterlichen Besitzer der Latifundien dieses Muster nachzuahmen begannen.

Der Zeitpunkt kam, als im dritten Jahrhundert einerseits die kaiserliche Zentralgewalt an die Grenzen des bürokratisch überhaupt Machbaren stieß, andererseits Teile des Reichsadels – darunter insbesondere die seit Gallienus ihre militärischen Führungspositionen verlierenden Senatoren – und Teile der städtischen Eliten begannen, die Ausdehnung und den Schutz ihres privaten Besitzes und des eigenen Einflussbereiches wichtiger zu nehmen als die Interessen des Staates und seiner Städte. Der Bauer, soweit er nicht schon Pächter geworden war, erfuhr als Erster, was dies bedeutete. Das Bauernlegen mit allen Mitteln bis hin zur nackten Gewalt nahm zu und beschleunigte die Ausdehnung des Großgrundbesitzes, auf dem der mit einem langfristigen Pachtvertrag gebundene Kolone seine Hoffnungen auf ein erträgliches Dasein allein auf den übermächtig gewordenen Patron richtete. Der karthagische Bischof Cyprian führte in der Mitte des Jahrhunderts bittere Klage über einige seiner Amtskollegen, die als Prokuratoren privater Mächtiger „durch verschlagene Betrugshandlungen Landgüter räuberisch in ihren Besitz bringen: *fundos insidiosis fraudibus rapere*" [de lapsis 6]. Was hier die Sünder in der Kirche der Heiligen trieben, charakterisiert das gesamte dritte und vierte Jahrhundert und enthüllt zugleich den Zusammenhang zwischen der fortschreitenden Schwäche der politischen Macht und der gewaltsamen Ausdehnung des Grundbesitzes. Das Problem selbst, obwohl erst jetzt offen zutage tretend, war so alt wie Rom. Das Gleichgewicht zwischen dem ökonomischen und politischen Eigennutz der Großen und der Macht des Staates, in dessen Diensten Ehre, Einfluss und Vermögen gewonnen wurden, war immer prekär gewesen, und bereits die Republik hatte damit leben müssen. Zu allen Zeiten und in allen Provinzen hatten sich die Mittel der Erpressung, des gerichtlichen Drucks und der offenen Gewaltanwendung bewährt, um den Besitz der Mächtigen zu mehren [vgl. z. B. Cicero, pro Milone 74]. Als Seneca die drei Arten von Übeln aufzählte, die das soziale Leben belasten, nannte er die Furcht vor dem Mächtigen das schlimmste [*quae per vim potioris eveniunt*: Briefe II (14), 3, 4]. Dieses unbeugsamste aller Gesetze des sozialen Lebens konnte die kaiserliche Fürsorge – erkennbar etwa an der Fülle gesetzlich verankerter sozialer Schutzmaßnahmen – lange Zeit eindämmen. Im dritten Jahrhundert ließ ihre Kraft nach: Zu groß war der Privatbesitz an Grund und Boden geworden, zu mächtig seine Eigentümer, zu schwach das auf das Wohl des Staates bezogene Ethos der politischen Eliten, sodass im Konfliktfall die staatliche Autorität des Kaisers und der Gesetze nicht mehr von vornherein als Sieger feststanden.

Mit dieser Entwicklung war bereits die weitgehend selbstständige Grundherrschaft der Spätantike antizipiert. Die Mächtigen des Reiches weiteten die auf den kaiserlichen Domänen erprobte ländliche Herrschaft jenseits der Städte aus. Dies schloss die Übernahme der Verpflichtung ein, die gewonnene Macht auch dazu zu benutzen, die Pächter ihrer Güter und den kleinen Bauern vor dem Schritt ins offene Elend zu bewahren, sie vor den Steuereintreibern aus den Städten, vor der Armee, vor den kaiserlichen Sondersteuern und gegebenenfalls auch vor den über die Grenzen flutenden Feinden des Reiches zu schützen. Die dem Bauer tief eingewurzelte Furcht vor der sozialen Allmächtigkeit der Großen (*potentiores*) korrespondierte mit seinem elementaren Schutzbedürfnis vor den drängenden Forderungen des um Geld verlegenen Kaisers und vor den Pressionen in seinem sozialen Umfeld. All dies trieb ihn, als die fürsorgende Hand des Staates schwach geworden war, endgültig in die zugleich drückenden und schützenden Arme der Latifundienbesitzer. Die ländliche Herrschaft kehrte sich damit unwiderruflich gegen die städtische und nahm der staatlichen Zentralgewalt die Bezugspunkte ihrer Machtausübung.

Das Heer

Die Unterwerfung der Armee unter die Interessen des Staates

Weder in Rom noch anderswo ist die militärische Ordnung Objekt der freien staatlichen Entscheidung oder auch nur rationaler Berechnung gewesen. Der Grund dafür ist einfach: Die Armee eines Staates muss nicht nur nach außen – gegen jeden potenziellen Feind von jenseits der eigenen Grenzen – wirksam sein, sie muss auch den Bestand der politischen Herrschaftsform sichern, und sie muss die soziale Ordnung und ihre Aufrechterhaltung begünstigen. Sklaven hat man in Rom tunlichst nicht bewaffnet in den Krieg ziehen lassen, und der Senat lernte so gut wie jeder spätere Kolonialherr, dass der Einsatz geschlossener Truppenkader unterworfener Völker nur möglich ist, wenn zuvor wirksame Kontrollen geschaffen werden. Die römische Armee nahm also wie alle Armeen die sozialen Frontstellungen innerhalb der römischen Gesellschaft und nicht minder die historischen Stationen in sich auf, die das Verhältnis zwischen Eroberer und Unterworfenen jeweils bestimmten. Die Beziehungen zwischen Staat und Gesellschaft einer- und militärischer Ordnung andererseits werden jedoch nicht allein dadurch bestimmt. Die Armee gehorcht zwar den Ordnungsvorstellungen der sozialen und politischen Welt in ihrer Zusammensetzung, sie spiegelt diese und ihre Interessen jedoch keineswegs immer: In ihr können bestimmte soziale Schichten dominieren, die im zivilen Raum der Gesellschaft nichts bedeuten, und die Festlegung ihrer Ziele hängt von den verschiedensten Faktoren ab, von denen der militärische nur ein Teil ist.

So unterlag in Rom die Entwicklung vom Miliz- zum Berufs- und schließlich zum stehenden Heer Faktoren, die durch die Zwänge der Expansion und den politischen Untergang der Republik bestimmt wurden, nachdem sich die im Vollzug der Eroberungen freigesetzten Energien in einer Serie von Bürgerkriegen entladen hatten. Seit der Konfrontation zwischen Caesar und Pompeius hing die zukünftige Gestalt des römischen Staates davon ab, ob die zerstörerische Kraft der Legionen gebändigt werden konnte, deren Zahl bereits nicht mehr von den Bedürfnissen des Reiches, sondern von den Notwendigkeiten eines reichsweit geführten Krieges um die alleinige Macht festgelegt worden war.

Im Sommer 43 v. Chr. forderte ein von den Legionen des Octavian abgesandter Centurio vor dem Senat das Konsulat für seinen Feldherrn, warf, als die Senatoren zögerten, seinen Mantel zurück, wies auf sein Schwert und rief, „dies wird uns helfen, wenn ihr nicht helft" [Sueton, Aug. 26, 1]. Der Vorgang ist in mehrfacher Hinsicht symptomatisch für das Ausmaß, mit dem das Heer politisch zu agieren begann, und für das Problem, das sich dem zuletzt siegreichen General unausweichlich stellte:

1. Der seiner Macht bewusst gewordene Soldat, der seinen Feldherrn zum ersten Mann im Staat gemacht hatte und seinen Lohn forderte, musste aus dem politischen Entscheidungsprozess wieder herausgedrängt werden. Oder anders: Politische Entscheidungen konnten nicht auf Dauer der Frage ausgesetzt werden, ob sie für die Interessen der Soldaten nützlich seien.
2. Auch der gezähmte Soldat durfte seine im Bürgerkrieg erprobte Fähigkeit nicht verlieren, die usurpierte Gewalt des Monarchen jederzeit und gegen jedermann – gegebenenfalls auch gegen alle übrigen Träger staatlicher Macht – zu verteidigen.

Diesen beiden Forderungen war nur gerecht zu werden, wenn der Lohn des Soldaten für die mit dem Schwert gewährte Herrschaft seinen Erwartungen entsprach – was nach 43 v. Chr. auf die Vertreibung von Zehntausenden italischer Bauern von ihren Höfen hinauslief –, und wenn die Bedürfnisse des weiter expandierenden Weltreiches nicht vernachlässigt wurden. Die Monarchie ihrerseits musste sicher sein, dass für alle Zukunft nur dem die Macht anvertraut wurde, der die stärksten Legionen auf seiner Seite hatte. Der Augenblick des uneingeschränkten militärischen Triumphes wurde somit für Octavian – wie wohl für alle revolutionären Führer – der Augenblick der größten Schwierigkeiten. Die Situation nach Aktium, vorab gekennzeichnet durch 230 000 auf Lohn oder Beschäftigung ungeduldig drängende Legionäre, entsprach dem, was in der Regel militärische Usurpatoren erwartet: Es erwies sich als leichter, eine Armee unter die Fahnen der republikanischen Freiheit zu versammeln, als sie wieder zu entwaffnen und aufzulösen.

Trotzdem: Bereits die ersten Maßnahmen Octavians 30–19 v. Chr. schienen das Problem rasch zu lösen. Ein Drittel der Legionen, etwa 80 000 Mann, wurde abgemustert und mit Land in Italien und in den Provinzen – dort vor allem in der Narbonensis, in der Provinz Africa, in Mauretanien und in Spanien – versorgt. Großzügige Geldgeschenke, die die eroberten Schätze Ägyptens leicht machten, halfen den Veteranen, eine bäuerliche Existenz aufzubauen und Familien zu gründen. Die Legionen hatten ihr erstes seit Marius und Caesar gefordertes Ziel erreicht: Land, Geld und das Ende der Kämpfe gegeneinander, deren Blutzoll zu hoch geworden war. Ihr zweites, die sinnvolle Beschäftigung der weiter dienenden Truppe, erfüllten zunächst die 27 v. Chr. wieder aufgenommenen Kriegszüge im Norden Spaniens und die Stationierung an den Grenzen in Bereitstellungsräumen, von denen aus weitere Offensiven folgen sollten. Die Dinge stabilisierten sich schließlich so weit, dass die in den Jahren 7–2 v. Chr. entlassenen Legionäre nur noch mit Geld und nicht mehr mit Land abgefunden zu werden brauchten: Eine Praxis, die von da an zur Regel wurde und Italien die Furcht vor Enteignungen zugunsten der Veteranen nahm.

Schwierig blieb die Behandlung der Offiziere. Hunderte von ihnen waren durch die Abmusterungen aus dem Dienst ausgeschieden und in den neuen Truppenkadern nicht unterzubringen. Die meisten von ihnen waren keine Männer von ausgeprägter Loyalität gegenüber dem Staat, sondern Haudegen und Glücksritter, die häufig die Fronten zu oft gewechselt hatten, um über den Esprit de corps hinaus noch andere Werte anzuerkennen. Sie drohten am wirkungsvollsten, den Parteiführer zu bekämpfen, wenn das verheißene Utopia nicht sofort Wirklichkeit wurde oder der Beuteanteil zu gering ausfiel. Für Männer dieses Zuschnitts werden Umsturz und Revolution leicht zur Gewohnheit. Der Rat Machiavellis, der kluge Usurpator müsse an der Macht die Ehrgeizigen unter seinen Anhängern unter Anklage stellen und sie beseitigen lassen, ist selten gegen Soldaten durchzusetzen, die ihren Wert richtig einzuschätzen gelernt haben. Was zu tun blieb, war die Versorgung dieser Offiziere mit Positionen, in denen sie neben dem Reichtum, den zu fordern am leichtesten fiel, eine ihren Fähigkeiten adäquate Aufgabe und das daraus fließende Ansehen erreichen konnten. Augustus schuf daher vor allem für die Centurionen eine zivile und militärische Karriere, die diese Offiziere das Interesse daran verlieren ließ, die Forderungen der Mannschaften zu vertreten und die Ziele einer vom staatlichen Willen losgelösten Politik des Heeres zu formulieren. Während ihrer Dienstzeit öffnete sich jetzt diesen meist aus den Mannschaften aufgestiegenen Offizieren der Zugang zu den höheren Kommandostellen, und nach ihrer Entlassung winkte die Aufnahme in die lokalen Senate (*ordo decurionum*) ihrer neuen Heimatstädte, deren Führungsschichten sie sich damit ohne weiteres Zutun zugesellten. Für die Monarchie wog dieser massive Eingriff in die Gesellschaftsordnung und in die Rechtsverhältnisse der Städte leichter als die latente Gefahr, die von den Offizieren in den Legionen ausging, die die Nahtstelle zwischen Mannschaft und Führungskader bildeten.

Die Demobilisierung, die keine Opfer scheuende Versorgung der Veteranen, die Sprengung der Einheitsfront von Mannschaft und subalternem Offizierskorps und die Beschäftigung des Heeres waren abschließend zu ergänzen durch Maßnahmen, die die Loyalität der Legionskommandeure und der Heerführer sicherten: Letztlich entschied ihr Verhalten über den Bestand des regierenden Hauses. Der Spielraum war eng, da die politischen Entscheidungen des Jahres 27 v. Chr. alle Führungspositionen des Staates im zivilen und im militärischen Bereich der Senatsaristokratie gesichert hatten. Neben den Möglichkeiten administrativer Hemmnisse – kurze Kommanden, ständiger Wechsel der Einsatzorte, Rotation von militärischen zu zivilen Aufgaben – konnte nur eine sorgfältige Personalpolitik Erfolg versprechend sein. Das anzuwendende Raster entwarf Augustus und markierte auch hier den Weg für seine Nachfolger: Die höchsten Kommandostellen wurden nur an einen kleinen Kreis von Generälen vergeben, die entweder der Familie des Prinzeps angehörten oder die dem Kaiser über Jahre hinweg ihre unbedingte Treue bewiesen hatten. Dies galt naturgemäß zunächst für die Bewerber, deren Familien der popularen Tradition verpflichtet waren; die Anwendung dieses Auswahlkriteriums hieß zugleich, dass die Führer der alten optimatischen Geschlechter von bedeutenden militärischen Aufgaben ferngehalten wurden. Vor allem kam es auf die *homines novi* an, die Senatssitz und Reichtum der Gnade des Kaisers verdankten und deren Loyalität noch unmittelbarer Ausdruck ihrer lebendig gehaltenen Klientelpflicht gegenüber dem monarchischen Patron war. Innerhalb der Legionen erwies sich schließlich die Besetzung von fünf der insgesamt sechs Militärtribunate mit Offizieren aus dem Ritterstand als bewährtes Mittel, einer senatorischen Fronde rechtzeitig Paroli bieten zu können: Wie die ritterlichen Prokuratoren die Verwaltungspraktiken ihrer Statthalter genau beobachteten, so achteten die Militärtribune, deren weitere Karriere ausschließlich vom Wohlwollen des Kaisers abhing, auf ihre senatorischen Legionskommandeure.

Die Zeitgenossen des Augustus haben nichts so bejubelt wie das Ende der Bürgerkriege. Sie meinten damit auch den Erfolg einer Militärpolitik, die die Armee den Interessen des Staates wieder unterwarf. Man übersah dabei nicht, dass die Dauerhaftigkeit dieses Zustandes für alle Zukunft von dem Bestand und der Stärke der Monarchie abhing, und man beugte sich dieser vor allem, weil der Blick in den Abgrund der Bürgerkriege und der Militärdiktatur den politischen Willen für Generationen auf die Verhinderung von neuen Bürgerkriegen konzentrierte. Demzufolge regte sich auch kein Widerstand, als der Prinzeps alles tat, um gegenüber dem Heer ohne Winkelzüge und Reverenzen vor der Tradition als das Zentrum des staatlichen Willens zu erscheinen. Er allein war zukünftig Patron seiner Soldaten und für ihr materielles Wohlergehen und ihre Versorgung zuständig: Augustus hat diese Konzentration der militärischen Klientel auf seine Person dadurch unanfechtbar unterstrichen, dass er die Versorgung der nach Aktium entlassenen Veteranen aus eigener Tasche bezahlte. Den Diensteid schwor der Soldat auf den Kaiser, sein Bild trugen die Legionsadler, seine Büste stand zwischen den Göttern, denen man opferte, und nur er zog noch im Triumphzug in Rom ein. Selbst dort, wo der persönliche Kontakt zu den Truppen an den Grenzen nur sporadisch möglich war und dem Legaten diese Funktion zufiel, blieb auch für dieses Bindungsverhältnis der Anspruch des Kaisers bestimmend, allein der Träger der Macht und der Verantwortung für seine Soldaten zu sein.

Augustus war es durch ein Bündel von Maßnahmen gelungen, dem Prinzipat den Bewegungsspielraum zu verschaffen, den es benötigte, um nicht von vornherein in die Militärdiktatur abzusinken. Trotzdem war das Heer nicht mehr in die bürgerliche Ordnung einzubinden, aus der es sich auf den Schlachtfeldern von Pharsalos, Philippi und Aktium, die ihn das Bewusstsein der eigenen Macht gelehrt hatten, davongestohlen hatte. Es galt nur noch, es in den Dienst dieser Ordnung zu stellen und im übrigen von ihr fern zu halten; dies meinte auch Tiberius, als er von dem Wolf sprach, den es bei den Ohren zu halten gelte [Sueton, Tiberius 25, 1].

Durch Augustus wurden die römischen Armeen zum stehenden Heer. Die Notwendigkeit dieser Maßnahme ist in der Antike bereits gesehen worden (s. u.). Zum einen verlangte dies die Herrschaft über die Provinzen und die Weiterführung der Expansion, von der Augustus so wenig wie die Großen der späten Republik lassen wollte, zum anderen war dies die Konsequenz der Monarchie und ihres revolutionären Gründungsaktes. Geboren aus der militärischen Usurpation, hing ihr Überleben von der allzeit drohenden Präsenz des dem Kaiser verpflichteten Soldaten ab. Allgemeiner formuliert: Die Effektivität nach außen und zur Herrschaftssicherung sowie die Loyalität gegenüber dem neuen staatlichen Regiment erzwangen das stehende Heer, das seinen in den Bürgerkriegen angenommenen Charakter einer persönlichen Armee des allein herrschenden Feldherrn nicht mehr verlor. Damit waren neue Probleme gestellt. Deren Lösung durch Augustus und seine Nachfolger bescherte dem Reich bis ins dritte Jahrhundert Truppen, die bis auf die Jahre 68/69 und 193/197 gegen den äußeren Feind und nicht gegen den Bürger kämpften.

Die Aufgaben und die Organisation des Heeres

Die erste – und im Grunde einzige – Aufgabe des römischen Soldaten ist der Krieg. Nicht zuletzt um seine Armeen zu beschäftigen, hat daher Augustus bis zur Niederlage des Varus in Germanien ausgedehnte Expansionskriege geführt, obwohl er die Zahl seiner Truppen reduziert hatte. Erst als die Erfahrung den greisen Kaiser gelehrt hatte, dass der Expansion auch im Norden Grenzen gesetzt waren, wurde es die vornehmliche Pflicht der Armee, das Erreichte zu schützen und auszubauen. Zugleich war damit über die Frage der Stationierung endgültig entschieden: Die Legionen bezogen stark befestigte Lager an den neuralgischen Punkten der Grenze und verließen diese nur noch, wenn in Strafexpeditionen das Vorfeld gesichert werden musste oder wenn einige Einheiten an andere Grenzabschnitte zu neuen Offensiven oder zur Verteidigung verlegt wurden. Bis Gallienus verzichteten alle Kaiser auf die rückwärtige Konzentration größerer Verbände: Der nie aufgegebene universale Anspruch des Reiches auf die Beherrschung des *orbis terrarum* verlangte dies ebenso wie die Furcht der Hauptstadt vor der allzu großen Nähe der Armee. Die Frucht dieser Militärpolitik war die seit Sulla angestrebte Entmilitarisierung Italiens und der mediterranen Kernprovinzen, sodass allein die dem Kaiser unterstellten Prätorianerkohorten zukünftig als militärische Macht in Italien zur Verfügung standen.

Rom nahm mit dieser Entscheidung in Kauf, was nur die Gunst der Stunde tolerierte: Die Wehrmacht des Imperiums wurde durch die Verringerung der Truppen und durch ihre Konzentration in den Grenzlagern geschwächt; die Offensivkraft konnte jetzt nur noch in besonderen Situationen – z. B. in den Expansionskriegen Trajans – und dann nur unter großen Anstrengungen hergestellt werden. Der Gesichtspunkt der militärischen Effektivität stand nicht Pate bei dieser Politik. Sie wurde auch nur möglich, da der einzig wirklich gefährliche Gegner, das Partherreich, den 20 v. Chr. geschlossenen Frieden hielt und später, von inneren Wirren geschwächt, nicht mehr die Kraft hatte, Roms Herrschaft über Asien und Syrien zu gefährden. Die Panik, die

Augustus bei der Nachricht von der Katastrophe im Teutoburger Wald überfiel [Sueton, Aug. 23, 3], verdeutlicht, auf welche Risiken man sich eingelassen hatte: Der drohende Zusammenbruch der Rheinlinie, zu erwartende Aufstände von Gallien bis Illyrien und ein markomannischer König Maroboduus, der den gerade erst mit Rom geschlossenen Frieden aufkündigt – in der Tat, all dies hätte das gesamte politische Werk des ersten Prinzeps zum Einsturz bringen können. All diese Befürchtungen erwiesen sich bald als gegenstandslos. Jedoch war dies der Schwäche des Gegners und nicht der eigenen Stärke zu danken gewesen.

Die römischen Militärs – an Erfahrung und Lernfähigkeit ohnehin von niemandem in der antiken Welt zu übertreffen – hatten sich von den vorausberechenbaren Schwierigkeiten allerdings nicht völlig überraschen lassen. Die Stationierung ihrer Truppen in Grenzfestungen warf gewiss besondere Probleme der militärischen Effektivität und Loyalität auf. Sie zeigte aber auch ganz neue Wege zu dem lebenswichtigen Ziel, die politische Zuverlässigkeit der Provinzialen insbesondere in den Grenzprovinzen zu sichern.

Man war es in den Kriegen der Republik gewöhnt gewesen, auf dem Schlachtfeld ebenso zahlreich wie die Feinde oder zahlreicher zu sein. Wollte man an dieser Praxis ungeachtet der Demobilisierung der Legionen festhalten, stellte sich von selbst die Frage, in welcher Form die Mobilmachung der Besiegten möglich sein könne. Die imperiale Ausdehnung hatte das nötige zusätzliche Menschenreservoir erschlossen, und die provinziale Herrschaftsform gab den organisatorischen Rahmen, um darauf zurückzugreifen. Die Notwendigkeit, dies tun zu müssen, sahen die Experten der augusteischen Zeit ebenso wie die Feldherrn am Anfang des dritten Jahrhunderts: „Wir müssen stehende Heere aus Bürgern, Verbündeten und Provinzialen unterhalten; je nach den Umständen hier ein stärkeres, dort ein schwächeres. Sie müssen immer unter Waffen stehen und ständig Kriegsübungen treiben. An geeigneten Orten beziehen sie Winterquartiere und dienen eine Anzahl von Jahren ... Wir können nicht erst im Notfall mehr Hilfsvölker aufbieten, da die Grenzen unseres Reiches so weit auseinandergerückt sind und Feinde uns rings umwohnen" [Cassius Dio 52, 27].

Für Augustus war es nicht der Zwang zur Verteidigung, sondern die von der Tradition der Republik und von Caesar aufgebürdete Pflicht zur Weltherrschaft, die die Mobilisierung der Besiegten unvermeidlich machte; das auf rd. 150 000 Legionäre abgerüstete Heer erwies sich als zu schwach für die geplanten Feldzüge. Nun waren bereits zu den Legionen der späten Republik hier und da angeworbene Söldner und

Truppen befreundeter Könige oder Stämme gestoßen, die auf einheimische Weise rekrutiert worden waren, mit ihren eigenen Kommandeuren und mit eigenen Waffen in der Nähe ihrer Heimat kämpften, und nach der Erreichung eines begrenzten militärischen Zieles wieder entlassen wurden. Die gallischen Reiterschwadronen, die für Caesar unter dem Kommando ihrer Fürsten und im Umkreis ihrer Wohnsitze in den Krieg zogen, lassen erkennen, welchen militärischen Nutzen die republikanischen Generäle aus ihren Gefolgschaften zogen. Zugleich fochten derartige Aufgebote neben germanischen Reitern, die als langfristig geworbene Söldner räumlich und zeitlich unbegrenzt eingesetzt wurden. Beide Verbände – Soldtruppen und ephemere Stammesaufgebote – erwiesen sich jedoch schnell als unzureichend und ungeeignet, die reduzierten römischen Heere dauerhaft und nachhaltig zu verstärken. Bereits der Gesichtspunkt der politischen Zuverlässigkeit der Besiegten verbot die ständige Verwendung einheimischer Milizen im großen Umfang, wenn diese weiterhin unter eigenen Führern und unter Wahrung ihrer ethnischen Homogenität kämpfen sollten. Niemand in Rom konnte der Loyalität der Grenzprovinzen soweit gewiss sein, dass er Versuche der Unterworfenen, die gegebenen Waffen gegen Rom zu kehren, hätte ausschließen können. Trotzdem gab es keine Alternative. Die allen anderen Problemen übergeordneten Entscheidungen zur Abrüstung der Legionen und zur Intensivierung der Expansion waren bereits getroffen und für die Stabilisierung der monarchischen Gewalt auch unverzichtbar. Es kam nur noch darauf an, wie das militärische Potenzial der Besiegten einzubinden war.

Damit ist die Geburtsstunde der Auxiliartruppen unter Augustus markiert, die die Gestalt des römischen Heeres neu prägten und das Verhältnis Roms zu seinen provinzialen Untertanen in den Grenzprovinzen auf eine neue Grundlage stellten. Das Imperium nutzte von nun an die Wehrkraft der Besiegten in der Form von römisch organisierten Hilfsverbänden, die mit den früheren, ad hoc angeforderten und entlassenen Stammesaufgeboten so gut wie nichts gemein hatten. Auf römischen Befehl und nach römischem Modus ausgehoben, gegliedert in Kohorten und Alen, kämpften die Auxilien unter römischen Offizieren oder eigenen Stammesfürsten, die von römischen *rectores* überwacht und angeleitet wurden [Tacitus, Agricola 28, 1]. Zusammen mit der Legion bildeten sie einen taktischen Verband, der im Prinzip an allen Fronten eingesetzt werden konnte.

Die Dienstzeit der neuen Soldaten wurde auf 25 Jahre festgesetzt; ihr Sold war zwar geringer als der der Legionäre, jedoch attraktiv genug, wie die aufwendigen Bildgrabsteine auch der unteren Chargen in jedem Museum beweisen. Seit Claudius belohnte nach der ehrenvollen Entlassung das römische Bürgerrecht die Rom bewiesene Treue. Den Legionen durch ihre Zahl (ca. 150 000 Mann), ihre Organisation, ihren Verwendungsbereich und durch ihre kontinuierliche Existenz gleich, verdoppelten sie die militärische Kraft des Imperiums.

Fraglos haben Augustus und seine Nachfolger mit diesen Einheiten die – wenn auch durch die Stationierungs- und Rekrutierungspraxis begrenzte – Offensivkraft Roms wahren können. Sie erreichten aber nicht nur dies, sondern sie fanden damit zugleich neue Möglichkeiten der Herrschaftssicherung in den Provinzen. Schon Augustus praktizierte die Aushebung von Auxilien in gerade eroberten oder aufständischen Gebieten als wirksames Mittel der Befriedung: Gegenüber hartnäckig im Widerstand verharrenden Völkern angewandt, kam die Rekrutierung der Dezimierung und der Deportation der wehrfähigen Jungmannschaft gleich, da diese Truppen sofort außer Landes geschafft wurden. Nach der Okkupation Nordspaniens, der Alpenländer und Pannoniens tauchen denn auch keineswegs zufällig Kohorten der Asturer, Räter, Sugambrer, Pannonier und Breuker an allen umkämpften Fronten der Nordprovinzen auf. Noch wichtiger wurde der langfristige Romanisierungseffekt in und durch die Auxilien, der sich jenseits aller Planung von selbst einstellte. Die römische Organisation (Sprache, Disziplin, Führung, Lebensgewohnheiten) hatte bereits diese Männer nach jahrelanger Dienstzeit gründlich der römischen Welt angepasst. Als sie das Bürgerrecht erhielten, stiegen sie mit ihren Kindern in den Kreis der Sieger auf und hoben sich – meist beneidet – aus ihrer heimischen Umwelt heraus. Bei den länger befriedeten Völkern galt der Dienst in den Auxilien bald als Vergünstigung, die materielle Vorteile und Ansehen eintrug und daher vor allem die Söhne des loyalen Adels zu den römischen Fahnen eilen ließ. Die ihnen von Rom gewährte Befehlsgewalt über eine fest organisierte Truppe aus Angehörigen des eigenen Volkes verschaffte Macht und Prestige, das der Kaiser noch geschickt zu steigern wusste, indem er die Kommandeursposten der Auxilien in das römische Rangsystem einordnete. Durch Tapferkeit und Treue sicherten sich viele Stammesfürsten eine Zukunft, die die eigene Heimat nie hätte gewähren können.

Die Geschichte des römischen Heeres lehrt, dass es nicht durchweg gelang, sich der Loyalität dieser Truppen aus Provinzialen zu versichern. Sie stand und fiel mit der Festigkeit des römischen Regiments in den Provinzen. Schon in den Jahren 6 und 9 n. Chr., als der Herrschaftsanspruch Roms im Norden Risse zeigte, wurden die eingesetzten Auxiliartruppen in Pannonien und in Germanien zu den entscheidenden Trägern von Aufständen: 6 n. Chr. waren es die soeben ausgehobenen Hilfstruppen aus Dalmatien und Pannonien, die den Kriegszug des Tiberius gegen Maroboduus unterstützen sollten, aber ihre Waffen stattdessen nicht für, sondern gegen Rom erhoben [Velleius 2, 110]. 9 n. Chr. ist es der Auxiliaroffizier Arminius, der im Bündnis mit germanischen Stämmen die ihm unterstellten Kohorten gegen die Legionen des Varus in den Kampf führt und die Provinzialisierung Germaniens verhindert. Aus den Jahren 68/69 n. Chr. schließlich überliefert Tacitus den Aufstand des Auxiliarpräfekten Civilis, der die Festungen am Rhein angreift, gallische und germanische Völker aufwiegelt und – wie vor ihm Arminius und wie dieser erfolglos – eine persönliche Königsherrschaft anstrebt [Historien 4, 13 ff.]. Diese und andere Vorgänge antizipierten, was erst in den Jahrzehnten der Reichskrise im dritten Jahrhundert für ganze Reichsteile bittere Wirklichkeit werden sollte: Die aus Gründen der inneren Stabilität unvermeidbar gewordene Mobilisierung der Wehrkraft der Grenzprovinzen gefährdete immer dann den Bestand der römischen Herrschaft in Teilen des Reiches, wenn meuternde Hilfskorps unter ihren militärisch versierten Führern Aufstände der Provinzen auslösten oder sich an deren Spitze stellten. In den ersten beiden Jahrhunderten blieben alle diese Ereignisse Episode – den Griff des Arminius nach der Krone Germaniens eingeschlossen. Nichts kann besser bezeugen, dass der von Augustus beschrittene militärpolitische Weg der richtige war. Die Voraussetzungen dazu hatte allerdings erst eine Provinzialpolitik geschaffen, die das Wohlergehen der Unterworfenen bei aller Gewalttätigkeit des Herrschaftssystems nicht aus den Augen verlor und die Zustimmung der Betroffenen gewann, als die römische Zukunft die Vergangenheit der eigenen Geschichte vergessen ließ.

Die Verschmelzung der Armeekorps mit den Grenzprovinzen

Die dauernde Stationierung der Legionen und Auxilien an den Grenzen forderte von den Militärs Antworten auf drei weitere zentrale Fragen: Welche Folgen ergeben sich aus der schwindenden Beweglichkeit der Grenzarmeen, wo und wen soll man zukünftig vor allem rekrutieren, welche Schwierigkeiten erwuchsen aus dem Korpsgeist, der die einzelnen Heeresteile zu prägen beginnt?

In den Jahrzehnten der immer wieder aufgenommenen Offensiven, die bis Trajan die Truppen in Bewegung hielten, formierten sich die Legionen und Kohorten an den jeweiligen Grenzabschnitten zu taktischen Verbänden. Sie wurden an strategisch zu offensiven Vorstößen geeigneten Punkten postiert – man denke an die großen Legionslager an Rhein und Donau –, um von dort wirkungsvoll die Grenzen überschreiten zu können. Diese Bildung von militärischen Schwerpunkten – unverzichtbar für jede Offensive – wurde nach Trajan zugunsten eines Systems der linearen Grenzverteidigung aufgegeben: Es erschien jetzt wichtiger, das Erreichte zu bewahren als zu mehren. Die neue Militärpolitik orientierte sich an einer möglichst lückenlosen, durchlaufenden und durch Kastelle gesicherten Grenze, die die Truppen an ihre lokalen Standorte auf Dauer band. Die Reste der Limesanlagen zwischen Rhein und Donau, in Britannien oder in Nordafrika bezeugen diese neue, auf Verteidigung ausgerichtete Politik, deren Ausbildung seit Domitian zu beobachten ist. Seine Tauglichkeit bewies dieses System der linearen Grenzsicherung bis in die dreißiger Jahre des dritten Jahrhunderts. Erst danach brach es an Rhein und Donau unter den Angriffen germanischer Reitervölker zusammen: 259/260 ging der germanische Limes verloren. Von diesem Zeitpunkt an hing die Sicherheit der Grenzen in wachsendem Maße von im Hinterland zusammengezogenen Feldheeren ab, deren Mobilität seit Gallienus durch starke Reiterverbände kontinuierlich verstärkt wurde.

Das in dieser taktischen Entwicklung von Anfang an zentrale Moment der Standortgebundenheit der Truppen, deren Kommandobereiche getrennt waren, veränderte fast zwangsläufig auch die Rekrutierungspraxis für die Legionen. Seit dem Bundesgenossenkrieg 90/89 v. Chr. waren es die Proletarier ganz Italiens gewesen, Bürger Roms, „Mittel- und Heimatlose" [Tacitus, ann. 4, 4, 2: *inopes ac vagi*], die in den Legionen als Freiwillige dienten und „Gegenstand der ständigen und hauptsächlichen Furcht" [Velleius 2, 130, 2] im Staate geworden waren, als die Bürgerkriege ihnen die Macht und das Bewusstsein davon gegeben hatten. Die Kolonisation seit Caesar und Augustus sowie die Verleihung des Munizipalstatus an um Rom verdiente Städte erweiterten die Rekrutierungsgebiete und veränderten zugleich die soziale Zusammensetzung der Legion. Aus den Kolonien und Munizipien fanden durchweg die zweiten und dritten Söhne der dort ansässigen Bauern und Veteranen den Weg zu den Anwerbungsbüros. Als die Legionen ihre festen Standorte kaum noch verließen und mit ihrer Umgebung zu verwachsen begannen, öffneten sich die Tore ihrer Lager auch den umwohnenden Provinzialen, deren Bauernsöhne beim Eintritt in die Legion das römische Bürgerrecht erhielten; die unerbittliche römische Disziplin sollte sie schnell in die Truppe integrieren. Der Dienst in den Legionen – wie auch der Dienst in den Auxilien – gab der kleinbäuerlichen Bevölkerung der Grenzräume die Möglichkeit des sozialen Aufstiegs, ohne die Heimat verlassen zu müssen. Rom hatte erneut Menschen gefunden, denen allein der Soldatenberuf eine soziale und wirtschaftliche Vorzugsstellung einräumen konnte und die daher ein elementares Interesse daran hatten, Aushebungsreserve der Armee zu werden und zu bleiben. Der von Rom für diese Rekrutierungspolitik geforderte Preis war ohne gleichwertigen äußeren Gegner erträglich: Diese Truppen kämpften nur noch in ihrer engeren Heimat, und sie ließen sich selbst in Notfällen nur noch selten auf andere Kriegsschauplätze verlegen. Das Bewusstsein, für ein Weltreich zu kämpfen, verkümmerte zu der Einsicht, die eigene Heimat verteidigen zu müssen.

In ihrer Summe verliehen alle bisher skizzierten Entwicklungen den einzelnen Heeresgruppen ihre eigene Geschichte. Unter dem Dach einer nach wie vor einheitlichen Organisation prägten die jeweils verschiedenen militärischen Aufgaben und die unterschiedlichen Rekrutierungsgebiete unverwechselbar das Gesicht jeder Grenzarmee anders. Die persönliche Bindung der Soldaten an ihren kaiserlichen Patron und die jederzeit spürbare Überwachung durch eine effektive kaiserliche Koordinierungszentrale waren die Klammern, die das gesamte Heer zur Einheit zwangen. Zerbrachen diese, so war der Wolf, den Tiberius in den Armeen verkörpert sah, nicht länger an den Ohren zu halten, und die Gegensätze der einzelnen Armeeteile verdichteten sich zur offenen Konfrontation. Die Ereignisse der Jahre 68 und 69 n. Chr. führten bereits einem glücklichen Zeitalter vor Augen, was im dritten Jahrhundert Rom an den Rand des Abgrundes führen sollte: Nach Neros Ermordung marschierten die Grenztruppen vom Rhein, von der Donau und schließlich aus Syrien auf Rom zu, brandschatzten die Städte auf ihrem Weg mit einer seit den Tagen der Bürgerkriege nicht mehr gekannten Brutalität, schlugen erbitterte Schlachten ohne Pardon gegeneinander, lösten Aufstände in den Provinzen aus, hoben drei Kaiser auf den Thron und stürzten sie wieder. Die Grenzen des Reiches blieben ohne Schutz. Das Menetekel dieser Schrecken war unübersehbar: Jedes Heer versuchte seinen Befehlshaber in Rom zum Kaiser küren zu lassen und versprach sich davon – zu Recht, wie die Geschichte jedes Thronwechsels zeigte – Reichtümer, Beförderungen, lukrative Feldzüge und eine gesicherte Versorgung. Dafür war man bereit, die Grenzen zu entblößen und alles, was sich diesem Ziel in den Weg stellte, in Schutt und Asche zu legen. Der brennende Tempel des Jupiter Capitolinus, ehrwürdiges Denkmal römischer Staatsgesinnung, ließ daran bereits im Jahre 68 keine Zweifel aufkommen.

Die Mittel gegen diese Ausbrüche der um ihre Zukunft besorgten Grenzheere waren schnell verbraucht. Vespasian, Sieger der Bürgerkriege 69 n. Chr., erfahrener Militär und Vater seiner Soldaten dazu, tat, was überhaupt möglich war: Am Rhein wurde die Offensive wieder aufgenommen, um die Truppen zu beschäftigen, beide germanischen Heere wurden neu aufgestellt, die Kader des einstigen Truppenbestandes folgten Marschbefehlen an entlegene Grenzabschnitte des Reiches, und die Kommandostellen übernahmen Männer, die an allen Fronten militärische und administrative Erfahrungen gesammelt hatten. Die unter Augustus gefundene Struktur der Armee und ihre Stationierung an den Grenzen waren allerdings nicht veränderbar. Weder die mit dem Schwert des Legionärs gegründete Monarchie noch das gewaltsam geschaffene und nur gewaltsam zu haltende Weltreich hätten daran rütteln lassen.

Die Behauptung und die Erweiterung des Weltreiches

Die Antriebskräfte der Expansion

Das Weltreich der Republik und die seinen Bedürfnissen entsprechende monarchische Herrschaftsform bildeten die Pole, zwischen denen die Antriebe, die Ziele und die Mittel kaiserlicher Außenpolitik bestimmt wurden. Die Grundlagen der Macht des Kaisers ruhten auf dem Heer, das mit der Expansion geschaffen und geformt worden war und das für alle Zukunft den Charakter des römischen Staates prägte: Das Imperium verlangte nach ihm, der Kaiser verdankte ihm seine Existenz, und die in den Jahrhunderten der römischen Machtentfaltung ausgebildeten Ideale militärischen Denkens und Handelns bestanden in ihm immer wieder neu ihre Bewährungsprobe. Deswegen war der Kaiser vor allem Kriegsherr, der die nun stehenden Armeen mit seiner Person verbinden musste und dies durch nichts besser als durch Krieg und Eroberung unter seiner Führung erreichen konnte. Der erste, Augustus, unterlag diesem Gesetz in besonderem Maße, und er hat durch die Art und Weise, in der er ihm gerecht wurde, die Maßstäbe für seine Nachfolger gesetzt.

Nicht minder energisch forderten die Ideale des Adels (Senatoren und führende Ritter) die militärische Betätigung und die kriegerische Expansion. Die Senatsaristokratie stand in den Geschichtsbüchern Roms als der Schöpfer des Weltreiches, und alle sozialen Schichten Roms und Italiens haben aus dieser Leistung ihre Zustimmung zu ihrem Regiment abgeleitet. Der adlige Ehrenkodex, der Wunsch, im Krieg zu glänzen, eine große Rolle zu spielen, von sich reden zu machen und bei alldem den eigenen Vorteil zu suchen, waren in den Jahrhunderten der Expansion in die Disziplin der *res publica* eingeschmolzen worden. Dabei war der politisch-militärische Erfolg mehr und mehr zum Prüfstand für jeden geworden, der Ehre und Ansehen, *dignitas* und *gloria*, anstrebte. Wer schließlich in der letzten Generation der Republik, die ihre Legionsadler bis an den Euphrat getragen hatte, von *res gestae* sprach, meinte damit Taten, die die imperiale Größe Roms auf dem Schlachtfeld gemehrt hatten. Diese versprachen auch das Maß an Ruhm, nach dem Unsterblichkeit zugemessen wurde: „Der Ruhm allein tröstet uns durch das Andenken der Nachwelt über die Kürze des Lebens hinweg; er allein hat die Wirkung, dass wir als Abwesende anwesend, als Tote lebendig sind; endlich erlaubt er allein den Menschen, sich wie auf Stufen bis in den Himmel zu erheben" [Cicero, pro Milone 97]. Die Bewährung in Politik und Krieg hob in die „Ewigkeit der Zeiten" [*in aeternitate temporum*: Tacitus, Agricola 46, 4] und rückte den adligen Kriegshelden in die Nähe der Götter: „Wenn einem das Recht zusteht, hinaufzusteigen in die Gefilde der Himmelsbewohner, nur mir steht das große Himmelstor offen" – davon konnte der Sieger über Hannibal, Scipio Africanus, auch nach der Auffassung der Spätantike überzeugt sein.

Der Prinzeps, sorgsam darauf bedacht, anerkannter Führer der Aristokratie zu bleiben, war selbst Teil dieser kriegerischen Vergangenheit, und er unterwarf sich diesen kriegerischen Idealen, Sehnsüchten und Phrasen nicht minder konsequent und vorbehaltlos als die adligen Herren. Die Disposition der eigenen monarchischen Existenz wie die durch die Tradition fast sakrosankt gewordene Ethik und Kriegslust der Eliten wiesen ihm den Weg zur Fortführung der Expansion. Hatte das im Jahre 27 v. Chr. mit dem Senatsadel geschlossene Bündnis diesem das gewohnte politische Betätigungsfeld wieder zugänglich gemacht, so gab eine Politik der neuen Eroberungen Raum, den tradierten Idealen und dem heftigen Wunsch nach kriegerischer Bewährung treu bleiben zu können. Fragen nach den Anlässen der Kriege traten demgegenüber ebenso in den Hintergrund wie Berechnungen der unmittelbaren Vorteile, die die Eroberungen mit sich bringen mochten.

Die Kriege der Republik hatten jedoch nicht nur die Formen und Inhalte des adligen Denkens und Handelns bestimmt, sondern sie hatten die gesamten Führungsschichten (Ritter, Munizipalaristokratie) und weite Teile der italischen Bevölkerung militarisiert. Alle Tugenden und Überzeugungen, für die man sein Leben aufs Spiel zu setzen bereit war, wurden von den militärischen Wertvorstellungen umfasst oder absorbierten Teile davon. Die Bewährung im Krieg war nicht nur für den jungen Aristokraten, sondern für viele seiner Altersgenossen aus anderen sozialen Schichten das herausragende Ereignis des ersten Lebensabschnittes, und die Idole, die ihnen allen vorgestellt wurden, waren und blieben die großen Krieger, die Hannibal geschlagen, den Osten unterworfen oder in verklärter Vorzeit die Heimat gegen Gallier und Samniten verteidigt hatten. Die militärische Ausbildung, die Unerbittlichkeit ihrer Disziplin, der häufige Dienst in den Legionen an allen Fronten des Reiches und die ständige Beschäftigung mit militärischen Nachrichten gehörten zum Alltag der Eliten und weiter

Bevölkerungsschichten. Die Kriege selbst und die Niederhaltung der Provinzen produzierten einen nicht abreißenden Nachschub an hervorragenden Offizieren und profilierten Führungspersönlichkeiten, die in jeder Institution und Organisation zu dominieren gewohnt waren.

Geboren wurde diese Militarisierung weiter Schichten in den Expansionskriegen, die nur mit einer weitgehend berufsmäßig agierenden und denkenden Armee zu gewinnen waren. Sie wurde kräftig genährt durch die Lichterkette der großen Erfolge, aber auch durch die Mühseligkeiten und die Härte des Besatzungsdaseins. Die schließlich hingebungsvolle Konzentration der aufsteigenden militärischen Führer der auseinanderbrechenden Republik auf ihre tatsächlichen oder vorgegaukelten Aufgaben als Schützer und Mehrer des Imperiums wurde von der römischen Öffentlichkeit bereits als die einzige Form hingenommen, in der sich der Anspruch auf Macht und Prestige artikulieren konnte. In einem Volk, das schon immer während seiner Geschichte militärische Tugenden achten musste, wurden am Ende seines Weges zur Herrschaft über die Welt die großen Militärführer jeder Kritik entzogen. Der Zweck von Krieg und Expansion verdichtete sich auf das Ausleben kriegerischer Tugenden und auf die Begründung innerstaatlicher Machtansprüche, nachdem am Anfang der römischen Geschichte bereits die Notwendigkeit, sich militärisch zu behaupten oder unterzugehen, die Römer zu Soldaten, ihre politischen Führer zu Feldherrn, und militärische Werte zu ihren Idealen gemacht hatten.

Die Last dieser Tradition, durch die Existenz des Reiches stets lebendig, zwang jeden Kaiser dazu, als Kriegsherr den Anspruch auf die alleinige Macht zu begründen. Viele Unzulänglichkeiten der Amtsführung waren verzeihlich, kriegerische Unfähigkeit nicht. Wer immer nach dem Diadem griff, war den Beweis militärischer Tüchtigkeit schuldig; hatte er sie nicht, so war dies sorgfältig zu verbergen: Wer kein Feldherr war, musste doch als solcher gelten. Die ideologische Dimension, in der diese Leistung erwartet wurde, steckten das Imperium und die Taten eines Pompeius oder Caesar ab. Die faktische Möglichkeit allerdings, Krieg unter diesen Prämissen zu führen, war begrenzt. Da waren zum einen die Zwänge der inneren Stabilität, die vor allem durch die Übermacht und den Übermut der Kriegsmaschine bedroht wurde, und zum anderen die Kapazität Roms zur Fortführung der Expansion.

Zunächst – noch bevor darüber Berechnungen und Entscheidungen anstanden – lastete auf dem ersten Prinzeps die Pflicht, sich mit den gefeierten Großtaten der spätrepublikanischen Feldherrn messen zu müssen. Der Einsatz, um den es dabei ging, war von Anfang an die

Rolle des Weltherrschers. Die Griechen hatten mit Polybios bereits im zweiten Jahrhundert v. Chr. verstanden, dass Rom auf dem Wege zur Weltherrschaft war, und sie vermittelten diese Erkenntnis nicht nur den Römern, sondern sie stellten in der Person Alexanders zugleich den Mann, dessen Vorbild am sinnfälligsten den imperialen Anspruch auf die Weltherrschaft Roms mit dem Griff der großen Einzelnen nach der Alleinherrschaft verknüpfen konnte. Pompeius, der nach seinen Siegen im Osten gehüllt in den Mantel Alexanders in Rom eingezogen war und in seinem Tatenbericht davon sprechen konnte, er habe „die Grenzen des Reiches bis an die Enden der Erde vorgeschoben" [Diodor 40, 4], verkörperte am reinsten ein imperiales Denken, das den eigenen individuellen Führungsanspruch mit den Taten auf dem Felde der Außenpolitik legitimierte. Nichts anderes blieb Augustus zu tun. Dieser persönlich so unkriegerische Mann erweiterte die Grenzen des Imperiums wie niemand vor und niemand nach ihm, und er begründete mit der universalen Ausdehnung des beherrschten Raumes die Rolle des omnipotenten Weltherrschers, die für alle seine Nachfolger verbindlich wurde.

Diese politische Aufladung des Weltherrschaftsgedankens zur ideologischen Legitimation der Alleinherrschaft veränderte seine Aussage, die zunächst nicht mehr beinhaltet hatte als eine analytische Zustandsbeschreibung der von der römischen Expansion betroffenen Welt. Bereits Cicero drückte der Weltherrschaft den Stempel der Gerechtigkeit auf und verlieh ihr die Attribute der räumlichen und zeitlichen Unbegrenztheit. Das Zeitalter des Augustus – und allen voran seine Dichter – band diese Vorstellungen an die Person des Kaisers, der als Vollender eines Weltreiches gefeiert wurde, das sich von Sonnenaufgang bis Sonnenuntergang erstreckte [Horaz, Carm. 4, 15, 14f.]. Der Gedanke der Ewigkeit des Reiches kam hinzu und mit ihm die Gewissheit, dass der Wille der Götter all dies geschaffen habe: *his ego nec metas rerum nec tempora pono. imperium sine fine dedi*, so entschied nach Vergil Jupiter über die Zukunft Roms (Aeneis, 1, 278f.: „Weder in Raum noch Zeit setzte ich diesen (Römern) eine Grenze. Ein Reich ohne Ende habe ich verliehen"). Das Reich war damit endgültig der Sphäre des Alltäglichen entrückt und es erhob seinen monarchischen Hüter zu den Sternen. Der Idee nach blieb es von da an universal, und es hat diese ideologische Struktur auch dann nicht aufgegeben, als es im dritten Jahrhundert ein Leichtes geworden war, auf der Landkarte die Diskrepanz zwischen Vorstellung und Wirklichkeit zu erkennen. Längst hatte der Gedanke, von den Göttern zur Herrschaft berufen worden zu sein [Vergil, aaO. 6, 847 ff.], die

Zweifel ausgelöscht, Rom könne eines Tages seiner Sendung nicht mehr gerecht werden, der gesamten Erde die Segnungen des römischen Friedens und der römischen Gerechtigkeit zu bringen.

Augustus hat – nirgends eindeutiger als hier der Erbe des Pompeius und des Caesar – durch seine Kriege in alle Himmelsrichtungen diese elementare Vorstellung von dem weltbeherrschenden Rom mit seinen Taten bewusst ausgefüllt. *Omnium provinciarum populi Romani, quibus finitimae fuerunt gentes, quae non parerent imperio nostro, fines auxi* („das Gebiet aller Provinzen des römischen Volkes, denen Völker benachbart waren, die unserem Befehl nicht gehorchten, habe ich vergrößert": Tatenbericht 26). Mit diesen Worten leitete der Kaiser am Ende seines Lebens den Bericht über die Reichs- und Außenpolitik ein, der – geografisch geordnet – alle Völker nennt, die unter seiner Herrschaft niedergerungen oder zur Anerkennung der römischen Suprematie gezwungen worden waren. Der Bogen reicht von Britannien bis nach Indien, von Gades bis zum Kaukasus, von den Wüsten Arabiens bis zu den Mündungen von Elbe und Donau. Jenseits der bewusst vermiedenen Frage, wie das jeweilige Beziehungsverhältnis der genannten Völker und Länder zu Rom tatsächlich gestaltet wurde, werden sie alle doch „in den Dunstkegel der Vorstellung einer unbegrenzten Universalherrschaft gerückt" (Alfred Heuss). Eben dies suggerierte auch die spätere Überschrift der *res gestae*, *„quibus orbem terrarum imperio populi Romani subiecit"*: Die Unbegrenztheit des unterworfenen Raumes legitimiert zugleich den Machtanspruch des Monarchen. Seine vornehmste Rolle ist denn auch die eines *custos imperi Romani totiusque orbis terrarum praesides*: „Hüter des römischen Reiches und Lenker des gesamten Erdkreises", so nannten die Bürger von Pisa Augustus [CIL XI, 1421, Z. 8 f.]. Seine Gebete baten dementsprechend die Götter, „die Herrschaft und die Hoheit des römischen Volkes in Krieg und Frieden zu mehren" [CIL VI, 32323, Z. 90ff.: Gebet anlässlich der Säkularfeier 17 v. Chr.].

Die Erben der augusteischen Kaiserwürde hatten es zweifellos leichter, nach den imperialen Explosionen der ersten Jahrzehnte dem römischen Sendungsbewusstsein Genüge zu tun. Pflicht blieb dies für alle, gleichgültig ob sie mit der Leidenschaft eines Trajan zu großen Eroberungskriegen aufbrachen oder ob sie wie Tiberius mit dem Vorwurf regieren mussten, auf eine Erweiterung des Reiches nicht bedacht zu sein [*princeps proferendi imperi incuriosus*: Tacitus, ann. 4, 32, 2]. Selbst die Jahre des Friedens von Hadrian bis Mark Aurel wollten nicht verdecken, dass den Kaisern die Aufgabe, das Reich zu mehren, ebenso wie die Hoffnung auf Ruhm durch die Erfolge der Waffen mit in das Amt gegeben waren. In diesem Jahrhundert sprach die gebildete griechische Oberschicht, vertreten durch Appian, Aelius Aristides und Cassius Dio, häufig wie nie zuvor vom Frieden und empfahl den Kaisern den Verzicht auf weitere Expansionen. Trotzdem ist diese Zeit weit genauer charakterisiert durch die an ihrem Anfang und an ihrem Ende aufgestellten Siegessäulen des Trajan und des Mark Aurel. Nichts in ihren Bildprogrammen spricht von Verteidigung oder Verzicht, alles aber von den offensiven Fähigkeiten der römischen Herrschaft, deren Entfaltung keiner Rechtfertigung bedarf. Als zu Stein gewordene Demonstrationen eines grenzenlosen Willens zur imperialen Macht versinnbildlichen diese kolossalen Monumente eine kaiserliche Politik, die ungebrochen das Bewusstsein ihres Wertes aus der erfolgreichen Behauptung und Erweiterung des Herrschaftsraumes bezog.

Selbst die bescheidenen und nur kurzfristig erfolgreichen Versuche des Antoninus Pius, den Hadrianswall in Britannien zu überschreiten und statt seiner eine neue Grenze, den Antoninuswall, zu setzen, folgten diesem Gesetz. Seine Kerngedanken enthüllte noch einmal Septimius Severus. Nach großen Siegen über die Parther 197/198 richtete er eine neue Provinz Mesopotamien ein und ließ sich auf seinen auf dem Forum aufgestellten Triumphbogen feiern, *ob rem publicam restitutam imperiumque populi Romani propagatum* [Dessau, ILS, 425]. Die Zusammenstellung sagt alles: Der nach schweren Bürgerkriegen gerade an die Macht gekommene General bewies durch seine außenpolitischen Taten, die den historischen Auftrag Roms erfüllten, dass seine Wahl zum Nachfolger des Augustus richtig gewesen war. Der Titel des *Propagator Imperii* unterstrich den Anspruch auf den Thron und verpflichtete zu weiteren Expansionen, die Septimius Severus auch die Grenzen in Nordafrika und Britannien überschreiten ließen.

Eine weitere Determinante außenpolitischer Zielsetzungen formte sich aus den Interpretationen, die den Zeitgenossen die Gründe der Bürgerkriege fassbar machen sollten. „Durch unsere Laster, nicht durch irgendein Unglück halten wir das Gemeinwesen zwar dem Worte nach noch fest, in Wirklichkeit haben wir es jedoch längst verloren", schrieb Cicero [de re publica 5, 2], und die Generation des Augustus war derselben Meinung. Die Grundlinie der inneren Erneuerungspolitik des Prinzeps war damit vorgezeichnet. Es galt, zu den Sitten (*mores*) der Väter zurückzufinden und selbst neue Beispiele des richtigen Handelns den künftigen Generationen an die Hand zu geben [Tatenbericht 8, 12 ff.]. Den Weg dorthin wies nicht zuletzt der von Sallust bis Tacitus in der römischen Aristokratie gezogene Schluss, dass der moralische Niedergang der Zeit aus dem Übermut des gesicherten Friedens und aus der Habgier, mit der man die Provinzen plünderte, entstanden war. In praktische Politik umgesetzt musste dies zu der Forderung führen, die in den Bürgerkriegen entfesselten Energien wieder gegen den äußeren Feind zu führen. Die Tugenden der Ahnen, die das Werk des Livius ehrfürchtig bestaunen ließ, hatten sich im Krieg gebildet und im Krieg bewährt, sodass die moralische Erneuerung des *populus Romanus* in der Wiederaufnahme der Expansion gelingen musste, die Horaz offen forderte: „Es gilt den Jammer des Krieges, die klägliche Hungersnot, die Seuche vom Volk und von des Herrschers Haupt zu Britanniern und Persern ziehen" [carm. 1, 21, 13 ff.].

Zusammengefasst: Die Antriebskräfte Roms zur Behauptung und Erweiterung seines Herrschaftsraumes speisten sich aus dem militärischen Charakter der römischen Gesellschaft und der monarchischen Spitze des Staates, aus der ethischen Disposition der Eliten und aus der ideologischen Legitimation des Weltherrschaftsanspruches. Der Kaiser nahm die Züge eines omnipotenten Weltherrschers an, der die von den Nöten der Bürgerkriege gequälte Menschheit als Heiland erlösen und ihr Frieden und Glück bringen konnte. Derartige Gedanken wurden historisch wirksam zuerst in der Vorstellungswelt der großstädtischen Massen im hellenistischen Osten, die in den römischen Großen seit Pompeius die Schöpfer einer neuen Weltzeit verehrten, von denen ihre Prophezeiungen gesprochen hatten. Aber auch in Italien ließ das Elend der Zeit solche Hoffnungen keimen, die in der für Rom typischen Form der Rückwendung zur eigenen Geschichte Gestalt annahmen. Augustus wurde der Vollender der römischen Geschichte, indem er sie wieder in den Urzustand des Goldenen Zeitalters zurückführte und zugleich die göttliche Bestimmung zur Weltherrschaft erfüllte: „Der, ja der ist der Mann, der dir so häufig verheißen, Caesar Augustus, des Göttlichen Sohn. Die goldenen Zeiten bringt er nach Latium wieder, wo einst Saturnus herrschte. Fern über Garamanten und Inder wird er des Reiches Grenzen dehnen..." [Vergil, Aeneis 6, 790ff.].

Die Ziele und die Grenzen der Außenpolitik

Die Vision der von den Göttern gegebenen Herrschaft jenseits von Raum und Zeit wies keinen Weg zur Abwägung zwischen außenpolitischem Ziel und vorhandener Kapazität, zwischen zu erbringenden Opfern und voraussehbarem Gewinn, zwischen konkreten Interessen und unbegrenzter Expansion. Trotzdem musste er beschritten werden: Die spürbar reduzierte und umstrukturierte Armee sowie die der Stabilität des Reiches geschuldete Reorganisation der in den Bürgerkriegen zum Schlachtfeld gewordenen Provinzen ließen keine andere Wahl. Das Nötige zu tun, ohne zugleich die Rolle des Weltherrschers aufzugeben und die Legitimation des eigenen Herrschaftsanspruchs zu gefährden, erlaubte den Kaisern die mit der Monarchie von selbst gegebene neue Form der Entscheidungsfindung: Zum einen fand die Regierung des Reiches in der Person des Monarchen den zentralen Sammelpunkt aller Entscheidungen wieder, der in der späten Republik verloren gegangen war; zum anderen wurde über den Gang der äußeren Politik im Rat des Prinzeps ausschließlich und geheim entschieden.

Die Bedeutung dieses Vorganges ist vor dem Hintergrund der letzten Jahrzehnte der Republik schlechthin fundamental. Seit Sulla hatte der Senat die Kontrolle über die Außenpolitik, einst seine ureigenste Domäne, verloren. Entscheidungen über Krieg und Frieden waren Bestandteil der Parteipolitik geworden. Sie fielen in den privaten Zirkeln der Mächtigen, und sie wurden deren Interesse unterworfen, durch schier übermenschliche Leistungen jenseits der Grenzen diesseits davon zum ersten Mann im Staat zu werden. Auch auf diesem Feld war Rom zum Gefangenen seiner innenpolitischen Machtkämpfe geworden, was darauf hinauslief, dass die äußere Politik zu einer Reihe nicht miteinander im Zusammenhang stehender Entscheidungen verkam. Ihrem Wesen nach legten diese ad hoc die angestrebten Ziele fest und reagierten ansonsten nur auf Krisen: Pompeius konnte der römischen Öffentlichkeit noch das Ende der Aggression des Mithradates VI. ankündigen; Caesar hüllte nur noch mühselig in die Defensivideologie seiner Zeit, was in der Sache bereits die Zerstörung Galliens zu keinem anderen Zweck als dem der Begründung der eigenen Macht bedeutete; Crassus endlich sah sich bereits als Eroberer Ktesiphons und hatte damit den Krieg um des Krieges willen zur politischen Leitidee erhoben. Sie alle nahmen die eroberten Länder, wie Caesar Gallien und bald darauf das gesamte Imperium genommen hatte: als eine Bühne, auf der jeder mit den ihm blind ergebenen Truppen sein eigenes Drama aufführen konnte. Zusammen mit dem Sendungsbewusstsein des zum Herrn der Welt berufenen Rom hatte die Außenpolitik unter dem Beifall der römischen Öffentlichkeit den Boden rationaler Planung verlassen und sich seit den letzten Tagen Caesars angeschickt, das Reich Alexanders als letzte große Aufgabe zu formulieren.

Ideologisch hat Rom auch unter seinen Kaisern niemals von dem schrankenlosen imperialen Denken der späten Republik lassen wollen. Faktisch jedoch wurde mit Augustus und der institutionalisierten Monarchie Außenpolitik wieder der Planung unterworfen. Der Prinzeps machte auch diesen Teil der Politik zu seiner Privatangelegenheit. Er nahm ihm damit die Funktion, Piedestal der aristokratischen Kämpfe um die Macht zu sein, und gab ihm eine gewisse Folgerichtigkeit in der Sache, da die treibenden Kräfte und Motive der zu treffenden Entscheidungen im Rat des Kaisers Dauer erhielten. Nicht nur langfristige Ziele wurden damit formulierbar, sondern auch eine praktische Form der Durchführung geplanter Unternehmungen, die im Prinzip die gesamten Ressourcen des Imperiums in Rechnung stellen konnten. Die Republik hatte Derartiges nur einmal – im Seeräuberkrieg des Pompeius – versucht, wohingegen bereits alle Kriege des Augustus von großräumigen Konzeptionen und koordinierten Unternehmungen zeugen. Rom gewann auf diese Weise trotz des Zwanges, aus Gründen der inneren Stabilität Truppen reduzieren und diese an die Grenzen verlegen zu müssen, die Fähigkeit zurück, seine außenpolitischen Ziele mit seinen Kapazitäten in Einklang zu bringen. Die Unterwerfung der europäischen Binnenräume war die Folge.

Nun ist, was vordergründig wie eine erfolgreiche Planung aussieht, häufig nur die Konsequenz der Tatsache, dass sich bestimmte objektiv gegebene Notwendigkeiten durchsetzen – gegebenenfalls allen bewussten Absichten zum Trotz. Dies setzt jedoch voraus – und eben das kennzeichnet bereits und vor allem die Herrschaft des Augustus –, dass die betroffene Institution die Lernfähigkeit besitzt, derartige Notwendigkeiten anzuerkennen. Augustus lernte denn auch zunächst aus der Geschichte seines eigenen Aufstiegs und aus den Siegen der vorangegangenen Generation, dass die römische Militärmacht zwar die Fähigkeit hatte, alle potenziellen Gegner zu zerstören, jedoch selbst nur um den Preis ihrer Schwächung und Verbannung an die Grenzen daran gehindert werden konnte, ihre zerstörerische Kraft gegen die so mühsam wiedergewonnene innere Ordnung zu richten. Daraus ergab sich der (sicherlich erst den neuen Erfahrungen abgerungene) Schluss, dass der Kaiser zur Verwirklichung seines Anspruchs auf den Thron des Weltherrschers nicht mehr über unbegrenzte Mittel verfügte. Es blieb ihm die Macht, die Illusion aufrechtzuerhalten, dass dem Willen Roms nirgends Grenzen gesetzt seien. Er musste jedoch die Welt in Gebiete aufteilen, die er dem Legionär verschloss, und in Gebiete, die er angreifen musste, um Dauer und Bestand des Reiches ebenso zu erhalten wie den eigenen Nimbus des Königs der Welt. Dies schloss die Einsicht in die Notwendigkeit ein, die Außenpolitik langfristigen Zielen zu unterwerfen und das Gewonnene auf Dauer so zu ordnen, dass den apokalyptischen Reitern der eigenen Heere ihre Ziele an den Grenzen des Reiches gesteckt blieben – eine Aufgabe, die im dritten Jahrhundert bei allzu vielen Thronwechseln zur übermenschlichen Bürde für die Erben des Augustus wurde.

Augustus und Tiberius haben auf den Effekt ihrer Politik hin besehen die Ziele der römischen Expansion der monarchischen Regierungsform und ihrem Sicherheitsbedürfnis sowie den vorhandenen Kapazitäten Roms zu weiteren Eroberungen angepasst. Diese Ziele blieben bis an das Ende des zweiten Jahrhunderts gültig, da die äußere Welt jenseits der Grenzen bis zu diesem Zeitpunkt statisch blieb.

1. Der Anspruch auf die Weltherrschaft wurde in der praktischen Politik durch ständige Vorstöße über alle Grenzen hinweg unter Beweis gestellt. Vor allem die von Augustus bis Antoninus Pius immer wieder unternommenen Versuche, Britannien gänzlich dem römischen Spruchrecht zu unterwerfen, unterstrichen die Entschlossenheit der Kaiser, der *pax Romana* keine Grenzen zu setzen oder setzen zu lassen.
2. Im Jahre 20 v. Chr. verzichtete Augustus auf die Niederwerfung des Partherreiches und auf die Eroberung Mesopotamiens. Damit erhielt Rom den nötigen Handlungsspielraum, um sich den näher gelegenen Problemen im Westen zuzuwenden.
3. Für die von Pompeius nicht provinzialisierten Königreiche des griechischen Ostens bedeutete diese Kehrtwendung ihre Integration in das Imperium in der Form der völkerrechtlichen Klientel. Insbesondere die Souveränität Armeniens blieb erhalten, und die künftigen Auseinandersetzungen mit den Parthern konzentrierten sich auf das zu erreichende Maß der Beeinflussung und der Kontrolle Armeniens.
4. Die durch den Verzicht im Osten freigesetzten Kräfte ermöglichten seit 16 v. Chr. die Konzentration der Expansion auf die Binnenräume des westlichen Mittelmeeres, der Alpen, des Balkans und des germanischen Siedlungsraums. Die italische Nordgrenze schob sich durch eine Reihe von Angriffskriegen bis an die Donau und den Rhein vor. Dies entsprach dem traditionellen und elementaren Sicherheitsbedürfnis Roms, das bis zu den Eroberungen des Augustus keinen sicheren Landweg in die östlichen Reichsteile besessen und nunmehr die Verbindung zwischen Gallien und Makedonien hergestellt hatte.

5. Die neu hinzugewonnenen Gebiete kannten weder die städtische Lebensform, noch war ihre vorgefundene soziale und politische Ordnung geeignet, der römischen Herrschaft und Verwaltung die nötigen Aufhänger bereitzustellen. Die Folge war eine konzentrierte militärische Sicherung der eroberten Territorien, die Zerstörung oder Umgruppierung ihrer politischen Organisationsformen und die Einrichtung von Kolonien und Munizipien, die nicht zuletzt dem Monarchen die nötige provinziale Klientel gewährte.

Die Schlüsselrolle in dieser Kette von Entscheidungen kommt dem Verzicht auf die Eroberung Mesopotamiens und dem auf diplomatischem Wege gefundenen Ausgleich mit den Parthern in den Jahren 22–19 v. Chr. zu. Die augusteische Politik nahm Abschied von den seit Pompeius umlaufenden Vorstellungen, das Imperium sei zum Erben Alexanders berufen. Dieser Gedanke hatte seine dramatische Zuspitzung nach der Niederlage des Crassus bei Carrhae 53 v. Chr. erfahren, als die von Caesar und den Triumvirn geschickt geschürten nationalen Emotionen die Tilgung der erlittenen Schmach in einem großen Feldzug forderten und in den zwanziger Jahren die Träume von den Legionsadlern am Tigris bei Horaz und Vergil bereits zur Poesie geronnen waren. Der nach großen militärischen Vorbereitungen erzwungene Friede, der die römische Überlegenheit in der Form der von den Parthern zurückgegebenen Gefangenen und Feldzeichen der Legionen des Crassus zum Ausdruck brachte, war in Rom denn auch nur durch die Verschleierung des tatsächlich erzielten Ausgleichs durchsetzbar: Die übergebenen Feldzeichen verkündeten in der offiziellen Darstellung einen großen Sieg, durch den der Auftrag des göttlichen Caesar erfüllt worden war. Folgerichtig wurde das mit den Parthern hergestellte Verhältnis definiert als die freiwillige Unterwerfung unter die römische Oberhoheit [Tatenbericht 29, 1: *Parthos ... amicitiam p. R. petere coegi*], und ein auf dem Forum errichteter Triumphbogen betonte den militärischen Druck, dem der diplomatische Erfolg zu danken war.

Tatsächlich erreicht war die völkerrechtliche und für zweieinhalb Jahrhunderte gültige Abgrenzung der Interessensphären beider Völker. Der Weg war im Osten frei für eine Politik, die in Fortsetzung der republikanischen Tradition der indirekten Herrschaft durch Diplomatie und Vertrag an den Grenzen die Gründung von Klientelstaaten zuließ: Eine regelrechte Familie von Königen (*reges amici et socii*) gruppierte sich vor den Grenzen der kleinasiatischen und syrischen Provinzen und erweiterten den Einflussbereich Roms, ohne dessen organisatorische und militärische Kraft außer für ad hoc erforderliche Eingriffe zur

Stabilisierung des ganzen Systems zu beanspruchen. Die langfristigen Konsequenzen dieser neuen Ostpolitik sind für den weiteren Gang der römischen Geschichte ausschlaggebend geworden: Die Kaiser konnten im griechischen Osten für lange Zeit auf weitreichende außen- und reichspolitische Ordnungsaufgaben verzichten. Der ungefährdete Frieden überließ es den Griechen selbst, die Anziehungskraft ihrer überkommenen städtischen Lebensformen auf die kleinasiatischen und syrischen Binnenlandschaften wirken zu lassen. Die Überdehnung der Kapazität der römischen Herrschaft, deren Kraftfeld unverrückbar in Italien lag und nicht bis an den Indus reichen konnte, wurde vermieden: Der Schatten Alexanders fiel nicht mehr auf die Ziele der römischen Außenpolitik, deren neuer Schwerpunkt Mittel- und Nordeuropa wurde. Wie weit Augustus sich der Tragweite seiner Entscheidungen bewusst war, ist eine müßige Frage. Sein Verzicht auf den Ruhm, als zweiter Alexander in der Erinnerung der Menschen fortzuleben, hat jedenfalls den Erfordernissen des Reiches den Vorrang bei der Entscheidungsfindung eingeräumt und damit letztlich der Institution des Prinzipats Dauer verliehen.

In den Jahren 15–6 v. Chr. unterwarfen die römischen Heere die Binnenräume nördlich der Alpen, erreichten die Donau und überschritten den Rhein, um die gallischen Provinzen, gestützt auf befestigte Legionslager, offensiv gegen die ständigen Raubzüge rechtsrheinischer Germanen zu verteidigen. Als die seit 12 v. Chr. von Drusus über den Rhein geführten Expeditionen schnelle Erfolge brachten, die in Rom mit der ganzen imperialen Phraseologie der Zeit gefeiert wurden, weitete sich der Krieg bis zur Elbe aus und nahm den Charakter eines Unterwerfungskrieges mit dem Ziel an, die germanischen Siedlungsräume auf Dauer zu beherrschen. Gleichzeitig erfolgte der Angriff auf Illyrien und Dalmatien, der sich nach der schnellen Erreichung des ersten Kriegszieles, der Sicherung einer Landbrücke von Gallien bis nach Kleinasien, zur Eroberung des gesamten Territoriums bis zur Donau auswuchs. Im Jahre 6 n. Chr. schließlich wurden 12 Legionen aufgeboten, um in einer großen Zangenbewegung der rheinischen und der illyrischen Armeen dem Markomannenkönig Maroboduus in Böhmen den Garaus zu machen.

Weder dieser Plan noch die Kriege in Germanien führten zum Erfolg. Ein großer Aufstand in Dalmatien und Pannonien zwang zum Abbruch der Offensive in Böhmen und zum Frieden mit den Markomannen, in dessen Konsequenz die Donaugrenze gesichert werden konnte. In Germanien vernichteten 9 n. Chr. meuternde germanische Auxiliarkohorten im Bündnis mit aufständischen Germanen drei Legionen unter Quinctilius Varus und erzwangen 16 n. Chr. den Rückzug Roms, als die in erneuten blutigen Pazifizierungskriegen geforderten Opfer das Maß des Ertragbaren überstiegen. Als Tiberius den Rückzug befahl, verließen die Legionen ein Land, das alle, die dort seit den ersten Siegen des Drusus nach Erfolg und Ruhm gesucht hatten, nur bitter enttäuscht hatte.

Mit Germanicus zog sich ein Feldherr zurück, der fast besessen von dem Glauben war, auch in den Wäldern Germaniens die Weltherrschaft aufrichten zu müssen, und der dort noch einmal das mythische aristokratische Ideal von Kampf und Ruhm ausgelebt hatte. Die Tragik dieses Mannes, der sich heftig gegen den Rückzug wehrte, lag darin, dass die Schlacht im Teutoburger Wald bereits alles entschieden hatte. Nicht deshalb, weil die militärische Niederlage total und damit endgültig gewesen wäre – gerade die Kriegszüge des Germanicus zeigten, wozu Rom militärisch fähig war. Sondern weil die Art und Weise, in der Arminius siegte, Kräfte des Widerstandes in Germanien freigesetzt hatte, die Rom nur unter gewaltigen Anstrengungen und mit großen eigenen Opfern hätte niederringen können. Dazu jedoch fehlte die öffentliche Unterstützung Italiens, dazu fehlte das Geld, dazu wog der Sieg im Verhältnis zum Erreichbaren zu gering, und vor allem: dazu war das Risiko einer erneuten Niederlage für die innere Stabilität der neuen monarchischen Ordnung zu groß. Die Mahnung des Tiberius an den widerstrebenden Germanicus, es sei genug der Verluste und er selbst habe in Germanien „mehr durch kluges Verhandeln als durch Gewalt erreicht" [Tacitus, ann. 2, 26, 3: *plura consilio quam vi perfecisse*], wird so nicht zufällig zur neuen, bis Domitian gültigen Maxime der Germanienpolitik.

Nach dreißig Kriegsjahren war Rom im Besitz großer territorialer Binnenräume in Mittel- und Nordeuropa. Diese Jahre lehrten zugleich, dass es Rom und seinen außenpolitischen Experten nicht gelang, dem römischen Sicherheitsbedürfnis eine klare geopolitische Bestimmung zu geben. Insbesondere am Rhein hat es daher immer wieder Versuche gegeben, östlich des Flusses feste Stützpunkte zu beziehen. So griff Domitian 83 n. Chr. nach sorgfältiger Vorbereitung am Ober- und Mittelrhein die Chatten an, eroberte ihr Gebiet und besetzte dort auf Dauer die strategisch wichtigen Punkte. Damit waren zum einen die Flussgrenzen erheblich verstärkt worden, und zum anderen grenzte der spätere Limes ein neu und dicht besiedeltes Gebiet um das Neuwieder Becken, Teile des Taunus, den unteren Main, das Neckartal und die Schwäbische Alb gegen die nur dünn besiedelten germanischen Landschaften ab. Die Gründung der neuen Provinzen Germania superior und inferior krönten das Eroberungswerk, mit dem die römische Siegespropaganda eilfertig auch den imperialen Herrschaftsanspruch auf Germanien erfüllt sah und ungeniert von *„Germania capta"* sprach. Wer immer dies in Rom geglaubt haben mag: Der Form, in die man den römischen Sendungsauftrag zu hüllen gewohnt war, war auch hier Genüge getan. Für die Zukunft sollte es kein germanisches Problem mehr geben.

Nach den Eroberungen des Augustus war das Imperium umgeben von einer Welt, in der es keinen Zusammenhalt gab, in der sich wenig veränderte, in der sich für zwei Jahrhunderte kein Gegner fand und die leicht berechenbar blieb. Die afrikanischen Provinzen sahen sich Wüstennomaden gegenüber, deren klimatisch bedingte Wanderungen von den Provinzgrenzen ferngehalten werden mussten. Im Westen und Norden grenzten die Provinzen an das Meer oder an wenig einladende Wald- und Steppengebiete, die dünn besiedelt waren und in denen Stammesgesellschaften wohnten, deren Fähigkeit, politisch stabile Organisationen zu formen, ganz unausgeprägt war. Im Osten fand sich eine zersplitterte Welt asiatischer Monarchien und Fürstentümer, von denen die meisten dem Reich als Klientelkönigreiche eingegliedert waren und nur dadurch davon abgehalten wurden, ihre Kräfte in immer gleichen Grenzkriegen zu erschöpfen. Eine derartige Konstellation der äußeren Welt gewährte die Weltgeschichte erst wieder den neuzeitlichen Kolonisationen auf dem amerikanischen und – zum Teil – auf dem afrikanischen Kontinent. Hier wie dort schaffte sie die Voraussetzung für die säkulare Dauer imperialer Herrschaft.

Erst seit dem Ende des zweiten Jahrhunderts änderte sich diese Konstellation. Zunächst an der Donau: Schon in den Markomannenkriegen wurde Rom mit Völkerbewegungen konfrontiert, die – weit von den römischen Grenzen entfernt – im nord- und mitteldeutschen Gebiet ihren Ausgang nahmen und die Nachbarn der Provinzen auf die Reichsgebiete zu drängen begannen. Dann am Euphrat: 224/5 n. Chr. entstand dort im Zeichen des triumphierenden Zarathustra jenes persische Großreich, das die Herrschaft der Parther beendete und weit über deren Grenzen hinaus den gesamten syrischen und asiatischen Raum für sich beanspruchte. Der Titel des neuen Herrschergeschlechts der Sassaniden, „König der Könige", spiegelte das Ausmaß, in dem die Rückerinnerung an die verklärte Geschichte eines Dareios und Kyros politisches Programm geworden war. Von nun an behauptete eine zweite Macht, von den Göttern zur Weltherrschaft berufen zu sein, und setzte in einer umfassenden politischen, militärischen und religiösen Reform die Kräfte frei, die Rom im asiatischen Raum einen ebenbürtigen Gegner finden ließ.

Von diesem Zeitpunkt an war im Osten und an Rhein und Donau nichts mehr wie früher. Im germanischen Raum gruppierten sich die kleinen Stammesverbände unter dem Druck neuer Wanderungen zu Großstämmen um – etwa die Alemannen, Franken, Markomannen und Quaden –, und neue volkreiche Stämme wanderten aus dem mittel- und ostdeutschen Raum kommend auf die römischen Grenzen zu: Goten, Vandalen, Heruler und Burgunder, denen sich auf dem Balkan die iranischen Sarmaten zugesellten, die sich von Süddeutschland bis an die Theiß und die Donau vorschoben. Landhunger, Abenteuerlust, seit den Wanderungen der Kimbern und Teutonen umlaufende Geschichten vom sonnigen und fruchtbaren Süden und die Gier nach Beute trieb sie alle immer wieder dazu, den Kampf mit den schwächer werdenden Legionen aufzunehmen. Zwischen 250 und 280 n. Chr. gingen die vorgeschobene Provinz Dakien und der obergermanisch-rätische Limes verloren. Gallien, die Balkanhalbinsel und Kleinasien wurden durch germanische Heerzüge mehrmals verwüstet, und mehr als einmal konnte die Sturmflut erst in Italien zum Stehen gebracht werden. Nicht besser ging es den Ostprovinzen, die der Sassanide Schapur I. brandschatzte, nachdem im Juni 260 der römische Kaiser Valerian als Gefangener vor ihm das Knie gebeugt und aller Welt vor Augen geführt hatte, wie gründlich sich die bisherigen Voraussetzungen der römischen Weltgeltung verändert hatten.

Letztlich allerdings erwies sich das Imperium noch einmal als stärker. Zum einen zielten die germanischen Invasionen noch nicht auf eine dauernde Ansiedlung auf dem Territorium des Reiches, zum anderen hatte Rom nichts von seiner es immer auszeichnenden Fähigkeit verloren, zu lernen und sich neuen Gegebenheiten anzupassen. Die umfassenden Heeres- und Staatsreformen von Gallienus bis Diokletian schufen denn auch bald wieder stabile Verhältnisse. Das imperium sine fine brauchte tatsächlich – so mochte es dem Zeitalter Diokletians scheinen – keine Grenzen in Zeit und Raum anzuerkennen.

Die Mittel der Außenpolitik

Die Definition von Außenpolitik und die genaue Bestimmung ihrer rechtlichen und sonstigen Mittel setzt voraus, dass Klarheit darüber besteht, was „innen" und was „außen" aus römischer Sicht genannt wird und welche Handlungsfelder damit abgesteckt wurden. Eben dies ist in Rom selbst zum Problem geworden, seitdem die imperiale Ideologie keine Grenzen des römischen Herrschaftsanspruches mehr anerkannte und dementsprechend die späte Republik nicht mehr bereit war, völkerrechtliche Verträge mit auswärtigen Staaten abzuschließen. Die vertragslosen Beziehungen, die es stattdessen gab, erlauben keine klare Antwort auf die Frage, wo eigentlich die Grenzen des Imperiums gezogen waren: Die des provinzialen Untertanengebietes reichen zur Ortsbestimmung jedenfalls nicht aus, da Untertänigkeit und Abhängigkeit von Rom auch in andere Formen als die der provinzialen Herrschaft faktisch und begrifflich gekleidet werden konnten. E. Kornemann sprach daher von den „unsichtbaren Grenzen des römischen Reiches" und meinte damit den Gürtel von Klientelrandstaaten, der den römischen Provinzen vorgelagert war.

Derartige Staaten – zumeist Königreiche – gab es seit dem Ausgreifen Roms in den griechischen Osten, und die Republik hatte sie als Auswärtige im Rechtssinn des Wortes behandelt und angesehen. Das augusteische Zeitalter sah sie bereits als Teil des Reiches, der den römischen Befehlen zu gehorchen hatte: „Augustus hat die verbündeten Könige alle nicht anders denn als Glieder und Teile seines Reiches betrachtet" (*reges socios ... nec aliter universos quam membra partisque imperii curae habuit*), so fasste rückblickend Sueton [Aug. 48] die Doktrin der Zeit zusammen. Augustus selbst formulierte sie im ersten Satz seines außenpolitischen Tatenberichtes [Kap. 26] unmissverständlich, wenn er den jenseits der Provinzgrenzen siedelnden Völkern bei Ungehorsam gegen Rom die Provinzialisierung androhte.

Der Begriff, mit dem die Gehorsamspflicht der Völker jenseits der Provinzgrenzen gefasst wurde, war allerdings – nicht minder unmissverständlich – völkerrechtlich geblieben: *amicitia*. „Die Kimbern, Charyden und Semnonen sowie andere germanische Völkerschaften dieses Gebietes erbaten durch Gesandte meine und des römischen Volkes Freundschaft" [26, 16 ff.]. Damit beschrieb der Prinzeps die Unterwerfung unter die römische Herrschaft, ohne es dem Leser zu gestatten, die genauen Inhalte der sich daraus ergebenden Gehorsamspflicht in dem hergestellten Rechtsverhältnis zu erkennen. Diese definierte offenbar allein die jeweilige Machtlagerung, sodass die zu den Parthern hergestellten Beziehungen mit derselben Begrifflichkeit erfasst werden konnten, mit der die auch faktisch vorhandene Oberhoheit Roms über einen syrischen Kleinkönig verständlich gemacht wurde. Anders: Jenseits einer exakten juristischen Systematik lieh das völkerrechtliche Instrument der *amicitia* dem römischen Weltherrschaftsanspruch den Begriff, der zugleich geeignet war, den realen Verhältnissen in jeder denkbaren Form Platz zu ihrer Entfaltung einzuräumen.

Dreierlei wird daraus deutlich: Rom hat seiner außenpolitischen Tradition und nicht minder seinem kasuistischen Rechtsdenken entsprechend die *amicitia* als politisches Ordnungsinstrument innerhalb seines Hegemonialsystems beibehalten. Es hat damit die präzise Festlegung der Art und Weise, in der die beanspruchte Hegemonie wirksam sein sollte, vermeiden und den aktuellen Entwicklungen überlassen können. Und es hat schließlich die juristische Fixierung seiner Reichsgrenzen bewusst abgelehnt: Das Weltreich konnte dies auch nicht dulden.

Die Rechtsformen dieser vertragslosen Freundschaftsverhältnisse, soweit sie nicht reine Fiktionen – wie bei den Parthern – waren, sind schwer zu rekonstruieren, da die antiken Autoren kein Interesse daran hatten, den hinter ihrem Bericht stehenden formalen Vorgang detailliert darzustellen: Er war ihnen und ihren Lesern hinreichend bekannt. Am Anfang der Beziehungen steht jedenfalls die *appellatio regis*, die offizielle Nennung eines Königs als Freund des römischen Volkes durch den Senat, einen Imperiumträger bzw. den Kaiser; die Eintragung in die *formula amicorum* besiegelte den Rechtsakt, zu dem die Verleihung der Triumphalinsignien [Tacitus, ann. 4, 26, 3] und ein Opfer auf dem Kapitol dazugehören können. Vorausgegangen war häufig die Dedition, d. h. die formal vollzogene Unterwerfung unter das römische Spruchrecht, sodass alle Klientelstaaten *regna reddita*, d. h. aus der römischen Verfügungsgewalt entlassene Königreiche waren. Ferner wurde dem Regenten das römische Bürgerrecht verliehen – angesichts des völkerrechtlichen Charakters der hergestellten Beziehungen ein Unding, gemessen jedoch an seiner wichtigsten Pflicht, der unbedingten Loyalität gegenüber Rom, ein wirksames Instrument der Kontrolle. Seine Aufgaben waren dementsprechend umfassend: Die Verpflichtung zur Hilfe gegenüber Kaiser und Reich war unbeschränkt, und die inneren Verhältnisse des eigenen Königreiches konnten nur im Einvernehmen mit Rom geändert werden.

Was einem solchen König im Grunde blieb, war das Diadem, und dies saß nur fest, solange es dem römischen Herrn gefiel. So lud im Jahre 40 Caligula den mauretanischen König Ptolemaios nach Rom, feierte ihn zu Recht als treuen Diener Roms und ließ ihn wenig später gefangen setzen und als Hochverräter hinrichten [Sueton, Caligula 35,1]. Was immer die Gründe für diese Tat gewesen sein mögen – Habgier auf die Schätze des Königs, Angst vor einer Verschwörung –, am Ende stand ein Willkürakt, der in römischen Augen als solcher nicht existierte: Die Monarchie in Mauretanien war eine von Roms Gnaden; sie konnte gewährt, aber auch wieder genommen werden.

Ihren Höhepunkt hatte die Geschichte dieser Institution der völkerrechtlichen Klientel in dem Jahrhundert von Pompeius bis Nero. Vor allem Augustus hat sich ihrer besonders gern bedient: Im Westen und Norden reichte der Boden befreundeter Fürsten von Britannien über Germanien bis zum Bosporanischen Königreich auf der Krim; im Orient versammelte sich eine miteinander verschwägerte Familie von *reges amici* von Pontos über Kappadokien und Armenien bis an die Euphratgrenze; weiter südlich schlossen sich kleinere Dynastien in Syrien und Palästina bis hin zu den Nabatäern an; in Nordafrika umgab ein Gürtel abhängiger Wüstenstämme den Südrand der fruchtbaren Küstenländer von Tripolis bis Mauretanien. Das Schicksal gerade dieses Landes zeigt den historischen Sinn dieser Institution am deutlichsten: Seit dem Tod des Königs Bocchus 33 v. Chr. unter römischer Herrschaft, nimmt es eine Reihe der von Octavian gegründeten Kolonien auf, wird jedoch nicht als Provinz eingerichtet; 25 v. Chr. wird Juba II., seit Jahren treuer Kampfgefährte des Octavian, zum König in Mauretanien eingesetzt. Diese Entscheidung, ungeachtet der vorangegangenen Kolonisation auf die Provinzialisierung zu verzichten, ist zum einen Ausdruck eines das gesamte Zeitalter erfassenden Zweifels, ob die Provinzialisierung eroberter Gebiete die Herrschaft Roms dauerhaft sichern könne. Zum anderen entsprang sie der Absicht des Prinzeps, sich in Afrika wie an den anderen Grenzen des Reiches einen persönlichen Herrschaftsraum zu schaffen, der die Loyalität der umliegenden Provinzen (hier: die senatorische Africa proconsularis) notfalls gewaltsam garantieren konnte. An der Effektivität und an der allgemeinen Gültigkeit dieser Rechnung gibt es keinen Zweifel. Alle Klientelkönige, persönliche Schutzbefohlene des Kaisers, dem sie Thron und Volk verdankten, waren im Konfliktfall bereit, eher dem persönlichen Machtanspruch ihres Patrons als dem wie immer amtlich formulierten Willen des römischen Staates zu dienen. Die Ausweitung der völkerrechtlichen Klientel unter Augustus ist also die unmittelbare Konsequenz der Instabilität des monarchischen Regiments.

Der zweite Begründungszusammenhang greift tiefer und führt zu den Erfahrungen der späten Republik. Gerade die Provinzen waren Schlachtfeld und Rüstkammer zugleich für die um die höchste *dignitas* kämpfenden Aristokraten gewesen, ja ihre Existenz hatte die Aufstände der Generäle gegen den Senat überhaupt erst ermöglicht. Die Frage drängte sich geradezu auf, ob man jenseits der an das Mittelmeer grenzenden Provinzen die im griechischen Osten schon seit dem Beginn des zweiten Jahrhunderts v. Chr. erprobten Formen der indirekten Herrschaft (Vertrag, Kontrolle, Diplomatie) nicht zur Norm erheben sollte. Zudem traf die Expansion auf geographisch und zivilisatorisch immer weiter entfernte Gebiete, in denen zumindest für eine gewisse Übergangszeit der Klientelstatus die anstehenden Probleme der Herrschaftsorganisation angemessen lösen konnte.

Rom entschied sich seit den Flaviern für die Provinz, die amtliche Form der Herrschaftsorganisation also, nachdem bereits die julisch-claudische Dynastie die augusteische Politik nicht auf Dauer fortzusetzen bereit war. Die Institutionalisierung der Monarchie und die Zustimmung, die sie inzwischen selbst bei hartnäckigen Republikanern gefunden hatte [Tacitus, Historien 1, 16, 1], beseitigten für das kaiserliche Haus die Notwendigkeit, an den Grenzen des Reiches persönlich ergebene Klientelkönige über die Provinzen wachen zu lassen. Ohnehin hatte das Instrument der *amicitia* nur als Übergangsregelung seine Tauglichkeit als Herrschaftsform dort beweisen können, wo es keine festen Anknüpfungspunkte für die provinziale Herrschaft gab. Ansonsten hatten die Untertanen der *reges amici* zumeist ein unheiliges Regiment von Fürsten ertragen müssen, die über fremde und ihnen gleichgültige Völker regierten, und deren Herrschaft dementsprechend instabil war. Aufstände, Einmischungen von außen, sich verschärfende römische Kontrollen und neue Dynastien wechselten in bunter Folge, sodass die provinziale Organisationsform von Herrschaft dem römischen Ordnungssinn viel näher liegen musste. Das Prinzip der amtlichen Herrschaft siegte über die indirekte Herrschaftsform.

Besondere Probleme musste der Umgang mit den barbarischen Völkern jenseits von Rhein und Donau aufwerfen. Ihrem Dasein zwischen nomadischer Ungebundenheit und bäuerlicher Sesshaftigkeit entsprachen ganz unausgeprägte innere Organisationsstrukturen. Zudem war ihnen der Kampf untereinander um die besten Weide- und Siedlungsplätze längst zur zweiten Natur geworden. Rom hat diese Zwietracht vor allem bei den Germanen im Interesse der eigenen Sicherheit zu schätzen und zu schüren gewusst und alles getan, die Ausbildung der Fähigkeit zu hemmen, politische Autorität auf Dauer innerhalb der Stämme zu schaffen. Nur diese konnte in die Lage versetzen, Zusammenhalt zu begründen und mehrere Völker zu gemeinsamem Handeln zu bewegen. Die Möglichkeiten der Einflussnahme ergaben sich, nachdem die römischen Diplomaten die innere Struktur der Stämme genau studiert hatten: Entweder nützte man die Rivalitäten der Stämme untereinander zur Intervention, oder man machte sich die inneren Parteiungen in römerfreundliche und römerfeindliche Gruppen zunutze.

Die Politik der gezielten Einmischung hat lange Erfolg gehabt. Erst die unter Mark Aurel ausbrechenden Markomannenkriege markierten sehr genau den Punkt, von dem an diese Politik nicht mehr verfangen konnte: Die Völkerbewegungen in den Gebieten weit jenseits der Donau setzten einen Einigungsmechanismus bei den germanischen Stämmen in Gang, an den Rom schon wegen der geografischen Entfernung gar nicht herankam.

Zur unmittelbaren Sicherung des Grenzlandes griffen die Provinzialstatthalter auf militärische Mittel zurück: Strafexpeditionen und tiefgreifende Umsiedlungsaktionen – bereits in der Republik häufig erprobt – wurden an allen Grenzen durchgeführt, an denen unruhige Völker, die ihre soziale Not zum ständigen Anrennen gegen die römischen Grenzfestungen zwang, anders nicht gebändigt werden konnten. So siedelte Rom z. B. um 15 n. Chr. 50 000 Geten südlich der Donau an, während am Rhein seit 19 v. Chr. mit dem Beginn einer gezielten Befriedungspolitik die Ubier, Nemeter, Triboker, Wangionen u. a. auf das linke Ufer umgesiedelt wurden. Ihnen folgten nach den Siegen des Drusus 9 v. Chr. große Teile der Sueben und Sugambrer, die als die härtesten Gegner Roms durch diese Deportationen als eigenständige Stämme vernichtet wurden [Sueton, Aug. 21, 1]. Die Beispiele zeigen, worauf es bei dieser Politik ankam: Die Grenzzonen sollten durch eine auf Dauer angelegte Ordnung befriedet werden; dazu begnügte Rom sich nicht mit nur kurzfristig nützlichen Rachekriegen, sondern es deportierte die gefährlichsten Gegner und zerstörte ihren politischen Zusammenhalt.

Die auf die schweren Kriege der augusteischen Zeit folgenden anderthalb Jahrhunderte eines meist ruhigen Nebeneinanderlebens lehrten schließlich auch die friedlichen Mittel, mit denen Rom sich das Wohlverhalten der barbarischen Grenzstämme sichern konnte. Das wichtigste war das der Königseinsetzung (*rex datus*) durch Rom. Tacitus [ann. 11, 16 f.] berichtet über einen solchen Vorgang bei den Cheruskern 47 n. Chr.: Der Stamm, dessen Adel sich in inneren Kämpfen aufgerieben hatte, erbat und erhielt als König die cheruskische Geisel

Italicus, einen Mann adligen Geblüts, der in Italien aufgewachsen und vorsorglich römisch und germanisch erzogen worden war. Der Kaiser ermahnte den Scheidenden, der reichlich mit Geld ausgestattet wurde, „er gehe nicht als Geisel, sondern als römischer Bürger, um einen Thron in fremdem Lande zu besteigen." Die Stärkung der Königsgewalt und die dauernde Loyalität eines römisch erzogenen oder beeinflussten Häuptlings also sollten die Stämme befrieden und Rom zuführen. Ergänzend konnten römische Geldzahlungen, meist regelmäßig geleistet, die Bindung an Rom vertiefen, wobei die Gegenleistung sich nicht generell festlegen ließ, jedoch in jedem Fall die Zusicherung, Frieden zu halten, beinhaltet haben muss. Die Stellung von Geiseln bot eine gewisse Sicherheit dafür, dass dies keine leere Phrase blieb.

Insgesamt zeugt auch diese Politik Roms gegenüber seinen barbarischen Nachbarn von der fast unbegrenzten Lern- und Anpassungsfähigkeit seiner Außenpolitik. Alle Entscheidungen blieben dem nüchternen Kalkül unterworfen, und die überkommenen Formen des Kriegs- und des Völkerrechts, längst durch die faktische und ideologische Realität überholt, wurden mit neuem Inhalt gefüllt und den gewandelten Bedingungen des Weltreiches angepasst. Rom ließ sich weder von seiner eigenen Herrschaftsideologie blenden noch verlor es angesichts neuer von jenseits der Grenzen herangetragener Probleme seine politische Handlungsfähigkeit. Die Energien, die seine Politiker auf eine genaue Erfassung der ihnen fremden Welt verwandten, wurden durch keine deklassierenden Vorurteile gegenüber den Barbaren abgelenkt. Die Art und Weise, in der Caesar seine Erkenntnisse über die Sueben (für ihn die Germanen schlechthin) gewann und formulierte [de bello Gallico 4, 1 ff.], blieb richtungsweisend: Es kam weniger darauf an zu wissen, was sich überhaupt in Erfahrung bringen ließ, sondern es galt, alles zu begreifen, was für das richtige politische Verhalten gegenüber einem derartigen Gegner nützlich war. Methodisch verpflichtete dieses Ziel zur genauen Beobachtung der Lebensformen, zu darauf fußenden Rückschlüssen auf die militärische Leistungsfähigkeit und die Absichten des potentiellen Gegners, und schließlich zum Vergleich mit den ansonsten bekannten Eigenschaften germanischer Stämme. Die Konstanz und die Zielbestimmtheit eines derartigen politischen Verhaltens und einer derart nüchternen Analyse der Gegebenheiten entsprangen einem römischen Verständnis von der Außenwelt, das auf einen ständigen Gedankenaustausch mit dieser angelegt war. Sicherlich machte dies den wesentlichen Teil der römischen Größe aus.

Das Imperium Romanum

Der Zustand der unterworfenen Welt

Die Unterwerfung großer territorialer Räume wird durch viele Faktoren ermöglicht, zu denen die geografische Lage des expandierenden Staates, die Überlegenheit an Menschen, das Glück der Waffen und eine bestimmte Form der Unterwerfungsbereitschaft der militärisch Besiegten gehören. Die Beherrschbarkeit einer Vielzahl von Ländern und Völkern mit unterschiedlicher Geschichte und eigenen politischen und sozialen Lebensformen hängt ab von den militärischen Mitteln des Siegers, der Kapazität seiner innerstaatlichen Entscheidungsfindung, seinen verwaltungstechnischen Fähigkeiten und von dem Zustand der unterworfenen Welt bzw. der Möglichkeit, diese im Sinne der Herrschaftsinteressen des Eroberers zu verändern. Über die Dauer der Herrschaft entscheidet nur ein Faktor: Der wie immer begründete Entschluss der politisch und sozial dominierenden Schichten der Unterworfenen, die durch die Eroberung geschaffene neue Ordnung anzuerkennen und auf sie alle zukünftigen Hoffnungen und Energien zu richten.

Alle Voraussetzungen für die Wirksamkeit auch des letzten Faktors schien die Republik bereits geschaffen zu haben; ihre letzte Generation wollte denn auch die Dauer des Imperiums nur noch an der Ewigkeit messen. Tatsächlich hatte sie alle Formen, die die eroberten riesigen Ländermassen überhaupt erst beherrschbar machten, gefunden und über Jahrhunderte hin erprobt:
- Das provinziale Herrschaftssystem
- Die reichspolitische Klientel
- Die Ausweitung des römischen Bürgerrechts
- Die Kolonisation
- Die Munizipalität
- Die Anerkennung der lokalen Selbstverwaltung der griechischen Stadt.

Trotzdem hat die Republik die Last des Imperiums nur eine begrenzte Wegstrecke tragen können: Die in den Expansionskriegen entfesselten Energien des aristokratischen Strebens nach Macht und Ehre hatten sich – der Dimension des Weltreiches angepasst und durch seine Ressourcen hundertfach vervielfältigt – gegen ihren Ursprung gekehrt. Darüber hinaus musste die Republik in den Eroberungszügen Caesars und Augustus' hinnehmen, was sie bis dahin sorgsam vermieden hatte: Die Eroberung großer Binnenländer im Norden des Imperiums (Gallien, Belgien, Teile Britanniens, Mitteleuropa bis zum Donaubecken) und die Einrichtung großer Provinzen jenseits des mediterranen Raumes. Die Ordnungsaufgaben der Monarchie waren damit vorgegeben: Neue Formen der Herrschaft mussten nicht gefunden werden, wohl aber galt es, ihre Ausübung aus der fast beliebigen Verfügbarkeit einzelner Aristokraten zu befreien und sie in Institutionen und Verfahrensregelungen zu objektivieren. Und es galt, ihre Anwendung auf die neu eroberten Nordprovinzen zu erproben und die Voraussetzungen für ihre Wirksamkeit – gegebenenfalls für ihre Anpassung – zu schaffen.

Bereits die Einsicht in die Notwendigkeit dieser beiden Aufgaben mündete schließlich in die Vorstellung von einem Reich, das mehr sein sollte als die Addition der mit Gewalt den politischen und ökonomischen Interessen Roms und Italiens verfügbar gemachten Provinzen. An der Existenz des für alle zuständigen Monarchen kristallisierte sich der Gedanke, das Imperium könne über sein Dasein als Herrschaftsraum Roms hinaus eine Einheit von Lebensform und Kultur begründen. Die Rolle der Römer selbst wurde damit neu geschrieben: Die Herren der Welt wurden zu Bewahrern ihres imperialen Werkes, das sich einen eigenständigen Wert und Auftrag geschaffen hatte und seinem Schöpfer als der Stärkere gegenübertrat und ihn in die Pflicht nahm.

Die Welt, die unter dem Dach des provinzialen Herrschaftssystems neu zu ordnen war, unterschied sich klar in ihren einzelnen Teilen: Der seit Jahrhunderten stadtstaatlich geformte griechische Osten, die von Griechen und Phönikern nur an den Küstenzonen verstädterten Westprovinzen des Mittelmeeres in Afrika, Spanien und Südfrankreich, sowie die barbarisch besiedelten Nordprovinzen von Britannien bis zum Schwarzen Meer. Italien beharrte bis ins dritte Jahrhundert auf seiner Sonderstellung, deren konstitutionelles Gesicht die am Ende des Bundesgenossenkrieges 91–89 v. Chr. getroffenen Regelungen prägten: Damals hatte der Stadtstaat Rom seine Verfassung auf die gesamte mit dem Bürgerrecht belehnte Halbinsel ausgedehnt, sodass seine Organe zu solchen des italischen Staates geworden waren und auf eine eigenständige, neben Rom bestehende Ordnungsform für Italien verzichtet werden konnte. Als Heimat der Sieger wirtschaftlich nicht zuletzt durch seinen Wein- und Ölanbau und seine Keramikproduktion lange dominierend, von jeder direkten Steuer (*tributum* und Grundsteuer) freigestellt, ohne Standlager größerer Truppenverbände – die Kriegshäfen von Misenum und Ravenna sowie die in Rom stationierten *cohortes urbanae* und die kaiserliche Leibwache ausgenommen –, selbst jedoch Rekrutierungsgebiet der Legionen, glich sich die privilegierte Stellung Italiens nur langsam und parallel zur stetigen Romanisierung der westlichen Reichshälfte den Provinzen an.

Im griechischen Osten war und blieb die römische Herrschaft identisch mit der Durchsetzung der Herrschaftsansprüche der einen Stadt Rom gegenüber einer Vielzahl von seit langem vorhandener und ursprünglich autonomer Städte. Ihre Selbstverwaltung hatte den Römern den Weg zur Begründung der dauernden Untertänigkeit der Besiegten in der Form der Provinz erst gewiesen: Die Ausübung der Herrschaftsfunktionen (Verwaltung, Rechtsprechung, Steuereintreibung) wurde an die städtischen Behörden delegiert, die als rechtlose Untertanen bei Strafe des Unterganges den römischen Befehlen nachkamen. Von Anfang an war also im Osten die staatliche Organisationsform des Eroberers auf einen gleich strukturierten Kontrahenten gestoßen, sodass Rom seine Herrschaftspraxis an dieser Identität ausrichten konnte. Die Kaiser brauchten nichts weiter zu tun, als die Fähigkeit der Polis zum Selbstregiment kontinuierlich zu sichern. Dies geschah vor allem durch die Stabilisierung des Führungsanspruches der traditionell in ihr herrschenden Aristokratie. Wo diese gefährdet schien, reichte die Ablösung noch vorhandener demokratischer Stadtverfassungen durch timokratische aus, die den Kreis der politisch Handelnden auf wenige Besitzende beschränkten. Dem römischen Verständnis von einer angemessenen politischen Lebensform war damit ebenso Genüge getan wie den sozialen und politischen Wünschen der besiegten Eliten, die ihre Städte fest in den Griff bekamen. Die römische Garantie für die Dauer dieses Zustandes bot auch den nötigen Anreiz, um dem Sieger den regelmäßigen Eingang der Steuern, militärische Hilfe und die Kontrolle des offenen Landes zu sichern.

Von Anfang an und von Grund auf anders stellten sich die Aufgaben nach der Eroberung der Binnenräume des Westens und des Nordens. Die Beherrschbarkeit dieser Ländermassen ohne städtische Kultur, ohne Verkehrswege, ohne zusammenfassende überkommene Herrschaftsorganisationen und ohne römischer Erfahrung zugängliche soziale Verhältnisse hing davon ab, ob ein Ansatzpunkt für den römischen Machtanspruch konstruiert und den Besiegten aufgezwungen werden konnte. Dies – so lehrte die eigene und die griechische Welt – war nur möglich, wenn es gelang, eine grundbesitzende Aristokratie in die staatliche Pflicht zu nehmen und ihr in der Stadt ein institutionelles Zentrum zu schaffen, von dem aus sie im Dienste Roms Herrschaftsfunktionen wahrnehmen und zugleich der Kontrolle des Siegers und seinen ökonomischen Interessen verfügbar sein konnten. Damit war den ersten Generationen der Besiegten ein blutiger Weg gewiesen: Ihre soziale und politische Welt wurde weitgehend planiert, damit Rom die gewünschten Pfeiler seiner Herrschaft auf eingeebnetem Feld bauen konnte. Deportationen, Ausrottungen, gewaltsame Ansiedlungen, ständige militärische Aktionen, kurz: Eine in der Verfolgung des Sieges konzentriert fortgesetzte Gewaltanwendung kennzeichneten das Schicksal dieser Länder in den ersten Jahrzehnten der römischen Herrschaft.

Die Herrschaftsmittel: Provinzialisierung, Stadtpatronat, Urbanisierung

Das zuerst auf Sizilien 225 v. Chr. angewandte provinziale Herrschaftssystem begründete zuvörderst die unbegrenzte Verfügungsgewalt Roms über die von ihm eroberten Gebiete. Sie wurde in jeder Provinz durch einen dazu entweder vom Senat oder vom Kaiser bestellten Imperiumträger ausgeübt, dessen Aufgaben in der militärischen Sicherung der Provinz, der Übernahme der obersten Gerichtsfunktion und der ansonsten ungeregelten allgemeinen Aufsicht über die Provinzialen bestanden. Die auch dem Prinzipat eigene strukturelle Unfähigkeit, Verwaltung flächendeckend aufzubauen, bedingte zusammen mit den militärischen Aufgaben der Herrschaftssicherung die fast monarchische Machtfülle dieses Statthalters. Seine erste Aufgabe blieb immer gleich: Die Stabilität der römischen Herrschaft zu garantieren und die Ruhe in den Provinzen zu wahren [Ulpian, 7. Buch, de officio proconsulis, Digesten 1, 18, 13: *Congruit bono et gravi praesidi curare, ut pacata atque quieta provincia sit quam regit*]. Der sich darin äußernde elementare Wille zu einer wenig Kraft kostenden Aufrechterhaltung der Herrschaft – ein Magistrat, ein kleiner Stab von Helfern, möglichst nur eine Kohorte – ließ nur wenig Raum für den Entwurf von Richtlinien, die den Statthalter binden sollten. Der republikanische Senat hatte dazu zu wenig Neigung verspürt; nur wenn in den Provinzen Gewalt, Ausbeutung und Erpressung zu Aufständen und Unruhen führten, wurden der königlichen Macht der Statthalter – beispielsweise durch die Repetundenverfahren – Zügel angelegt.

Die Monarchie – ohnehin mit dem festen Willen gegründet, das Alte und Bewährte wieder in seine Rechte einzusetzen – war zunächst auch nicht herausgefordert, durch eine neue Politik die Provinzen und das in ihnen wirksame Regiment zu reformieren: Die allerorten ungefährdete Herrschaft Roms ließ keinen Zweifel an der Effektivität der Regierungspraxis aufkommen. Die Sicherung der monarchischen Macht in Rom und Italien hatte Vorrang, und dabei waren es vor allem die Soldaten und die Senatsaristokratie, die besondere Rücksichten beanspruchten bzw. ihre Versorgung gesichert sehen wollten. Im allgemeinen Bewusstsein gab es zunächst auch gar keine Vorstellung davon, dass der Kaiser für die Nöte der Provinzen jenseits der Sicherung ihres inneren Friedens zuständig sein könne. Die gesellschaftlichen Sorgen gehörten in den Bereich der kommunalen Selbstverwaltung und nur dort, wo diese in Konkurrenz zu anderen Städten oder Stämmen gefährdet schien, griff der Kaiser ein – durchaus im eigennützigen Interesse des Siegers, der den Bestand seines wichtigsten Herrschaftsinstrumentes außer Kraft gesetzt sah.

Bei den Provinzialen konnten der in Rom siegreich eingezogene Bürgerkriegsgeneral und die Verfestigung seiner Macht keine Hochgefühle erzeugen. Der Prinzeps erschien aus ihrer Sicht als der Führer einer weit verzweigten, vor allem militärischen Klientel, legitimiert innerhalb der italischen Gesellschaft durch seine kriegerischen Großtaten und gezwungen, der eigenen Gefolgschaft und den aristokratischen Eliten Reichtum, Macht und Sicherheit auf Kosten der Unterworfenen zu garantieren. Die Repräsentanz der römischen Herrschaft in den Provinzen in der Form von Senatsgesandtschaften und Statthaltern hatte sich nicht geändert. Es war nur die caesarische Gefolgschaft hinzugekommen: Ihre sozialen Forderungen nach Versorgung mit Land befriedigte eine intensive Kolonisationspolitik, die in den Provinzen vielfach die Eigentumsverhältnisse gerade in den fruchtbarsten Landstrichen umstülpten.

Trotzdem veränderte die Monarchie das provinziale Regiment ohne tief greifende Erneuerung des Herrschaftsinstrumentariums so gründlich, dass das Imperium ein neues Aussehen erhielt. Allein die Institution und ihre Dauer – und erst später ihr erklärter Wille – reichten aus, um den von der Republik übernommenen Formen der Herrschaft einen neuen Inhalt zu geben. Denn der Herrscher unterliegt einer Pflicht, ohne die er nicht Herrscher sein kann: Der Pflicht des Anhörens. Gehör fanden naturgemäß zunächst die Fragen der Beamten zu bestimmten Einzelfällen, mit denen sie nicht fertig wurden oder wo ihnen die Entscheidung zu heikel schien. Gehör fanden aber auch in wachsendem Maße die Bitten und Klagen der Provinzialen um Hilfe und Beistand. Im Jahre 23 n. Chr. zwang Tiberius den Senat zu einem strengen Urteil gegen den Prokurator Cn. Lucilius Capito, den der asiatische Landtag wegen Amtsmissbrauchs verklagt hatte. Der Kaiser rief bei der Beweissicherung aus, „man soll die Bundesgenossen (d. h. die Provinzialen) hören" [*audirent socios*: Tacitus, ann. 4, 15, 2], und machte damit programmatisch zwei Dinge deutlich: Zum einen die Pflicht des Herrschaftsträgers, seine Untertanen anzuhören, zum anderen die Parteinahme des Kaisers für eine Art und Weise des Regierens, die dem Monarchen auferlegte, die in den Provinzen anzuwendenden Regierungsprinzipien festzulegen. Die Konsequenz waren eine wachsende Kontrolle des Kaisers über die Statthalter – der erhaltene Briefwechsel des in Bithynien amtierenden Plinius mit Trajan verdeutlicht den Umfang – und eine wachsende Zustimmung der Provinzialen zur Herrschaft Roms und seines Monarchen – die 143 n. Chr. auf Rom gehaltene Preisrede des Aelius Aristides zeigt, wie weit diese reichen konnte. Dass das „*audirent socios*" des Tiberius tatsächlich eine neue politische Ordnung für die Provinzialen einleitete, liest man noch aus der Reaktion konservativer Senatskreise ab, die den Übermut der Provinzialen (*nova provincialium superbia*) beklagten und die alten Zeiten beschworen, in denen die Provinzen vor den Berichten heimkehrender römischer Gesandter zitterten [Tacitus, ann. 15, 20 f.].

Der Widerstand gegen die neue Politik, die die Macht der Statthalter dem kaiserlichen Willen zu unterwerfen suchte und den Hoffnungen der Provinzialen auf ein gerechtes Regiment ein williges Ohr lieh, hat natürlich nichts geändert. Zu deutlich war sie Ausdruck des generellen Strukturwandels im Imperium, in dem die Unterschiede zwischen Italien und den Provinzen, zwischen Siegern und Besiegten zunehmend eingeebnet wurden. Als mit Trajan der erste Provinzialrömer Nachfolger des Augustus wurde, war dies das sichtbarste Zeichen des eingetretenen Wandels. Er kennzeichnete zugleich die Entwicklung des monarchischen Provinzialregiments von zunächst nur ad hoc und subsidiär auf Anfragen und Bitten erzwungenen Eingriffen bis hin zur umfassenden Kontrolle der Herrschaftsausübung. Ihre Elemente blieben konstant. Die Monarchie befreite sie nur aus der fast beliebigen Verfügbarkeit der einzelnen Aristokraten, deren Kämpfe um Macht und Ehre die Provinzen ehedem gleichsam zu Turnierfeldern denaturiert hatten.

Das Regieren in den Provinzen gewann durch die wachsende Bedeutung der kaiserlichen Zentrale, die immer mehr Sachgegenstände an sich zog und zu ihrer Erledigung eigene Instanzenzüge und Behörden schuf, spürbar an Effektivität. Nach wie vor gab es jedoch keinen Weg zum Aufbau eines flächendeckenden Staatsapparates: Dazu fehlten die nötigen Beamtenkader. Deren Ausbau stemmte sich die städtisch geordnete Welt der zuerst unterworfenen Griechen entgegen, und dem widersetzte sich auch das pragmatische Herrschaftsdenken Roms, dem ein System, das letztlich auf Gleichschaltung hinauslaufen musste, nicht in den Sinn gekommen wäre. Weit besser schien es, auch hier dem Sachverstand der republikanischen Vorbilder zu folgen, die von Anfang an das amtliche Regiment der Statthalter durch die Ausweitung des in der römischen Gesellschaft wirksamen Prinzips von Patronat und Klientel ergänzt hatten. Die Anwendung dieser Kommunikationsform, die das soziale Miteinander des Mächtigen und des Schwachen entwickelt hatte, auf die Ausübung von Herrschaft über eroberte Städte und Völker ist Ausdruck einer aristokratischen Herrschaftspraxis, die das Regieren des Reiches ausschließlich den Angehörigen des Senatoren- und des Ritterstandes gestattete.

Das Funktionieren dieses Systems ist in seiner äußeren Erscheinungsform denkbar einfach zu verstehen: Neben die Amtsausübung der Magistrate treten Patronagen der politischen Eliten Italiens – später auch der romanisierten Provinzen – über die Städte der Eroberten. Die Schlichtung innerer Streitigkeiten, Schiedssprüche bei nachbarlichen Grenzproblemen, die Vertretung der Interessen der Besiegten vor Senat und Kaiser, die finanzielle Sicherung der städtischen Existenz, die Ausstattung mit repräsentativen Bauten, die Intervention zugunsten einzelner Bürger vor der römischen Obrigkeit und – all dies überlagernd und legitimierend – die kontinuierliche Sicherung der Loyalität gegenüber Rom übernahmen die aristokratischen Herren, denen ihre Tätigkeit im Heer und in der Verwaltung das nötige Rüstzeug für diese Aufgabe verschafft hatte. Die amtliche Machtausübung des Staates wird also ergänzt durch die private der politischen Eliten, die sich aus ihrer sozialen Überlegenheit speiste. Dabei öffnete die mit der Monarchie gegebene Konzentration der amtlichen Entscheidungsfindung neue Möglichkeiten der Einflussnahme: Nunmehr bemaß sich das Gewicht des Einflusses eines Patrons an der Bedeutung, die ihm vom Kaiser aufgrund seiner Verdienste zugesprochen wurde. In der Sache verband beide, Patron und Kaiser, das gemeinsame Interesse an der Stabilität der Herrschaft und der Loyalität der Provinzen. Diese Gemeinsamkeit bestimmte den dauerhaften Erfolg eines Systems, das die einer sachlichen Entscheidungsfindung an sich entgegengesetzten Formen privater und amtlicher Herrschaftspraxis problemlos miteinander verbinden konnte.

Zur Effektivität gehörte auch, dass der Kaiser im Interesse seiner eigenen Sicherheit der Institution des Patronats Grenzen steckte. Es blieb allgegenwärtig, wirkte in jeden Winkel des Reiches – nachweisbar sind über 1000 Patronate – und verschaffte den städtischen Einzelinteressen Gehör. Aber es erfasste im Unterschied zur Republik nur noch Städte und keine Provinzen. Zudem wurde die Bestellung eines Senators als *patronus* durch die Städte besonderen gesetzlichen Regelungen unterworfen, die in den jeweiligen Gemeindeverfassungen verankert wurden. Und schließlich verhinderte die politische und soziale Gebundenheit des Reichsadels an den Kaiser, dass die Städte sich für *patroni* entschieden, die keine Fortune hatten oder am kaiserlichen Hofe nicht gelitten waren: Der elementare Eigennutz ließ die Städte nur nach Männern Ausschau halten, die beim Kaiser Einfluss hatten. Sie fanden sich zunächst unter den Statthaltern und sonstigen Amtspersonen, die während ihrer Tätigkeit in den Provinzen den Städten ihr Wohlwollen gezeigt und zugleich das beste Einvernehmen mit dem kaiserlichen Willen demonstriert hatten. Diese soziale Bindung an den Kaiser machte auch jede weitere Einmischung in die Bestellung der Patrone durch die Städte überflüssig: Die Akkumulation gefährlicher politischer Macht war auf diesem Wege nicht mehr zu erreichen.

Die Bedeutung, die das Wirken der Patrone für ihre Städte und sie selbst hatte, spiegelt sich in der Fülle und der Vielfalt der Ehrendenkmäler, die offiziell und privat auf den öffentlichen Plätzen der Städte zu finden waren. Sie verewigten die Leistungen für Stadt und Reich, und sie wurden zusammen mit weiteren Ehrungen (Ämter, Feste, Gesandtschaften) zum dauerhaften Ansporn für den so Geehrten, seine schützende und freigebige, aber auch Unterwerfung unter Rom heischende Hand weiter über der Gemeinde zu halten. Für die eigene und die Welt der Nachgeborenen war damit das Ausmaß der politischen und sozialen Macht der Patrone adäquat festgehalten, deren Ethos Ehre und Ansehen nur nach dem Ausmaß der für Rom erbrachten Leistungen zumessen ließ. Hier findet sich denn auch der letzte Grund für das Funktionieren einer Regierung, die die Zweiteilung in einen privaten und einen öffentlich-amtlichen Bereich nicht nur zuließ, sondern förderte. Beide harmonisierten miteinander auf der Basis der gleichen Zielsetzung und der Identität von amtlichen und privaten Entscheidungsträgern; beide erkannten als Bezugspunkt ihres Tuns allein den Dienst an Staat und Reich an.

Beide Formen der Herrschaftsausübung, das provinziale Regiment und die patronale Fürsorge, richteten sich an Städte. Sie fand Rom im griechischen Osten, nicht jedoch im Westen und Norden vor, sodass in diesen Räumen der Bestand der römischen Herrschaft davon abhing, ob ihre Urbanisierung gelang und Rom sich auf die allgemeine Herrschaftssicherung zurückziehen konnte. Die bei der Eroberung Italiens gemachten Erfahrungen boten in den Munizipien und in den römischen Bürgerkolonien die städtischen Lebensformen an, die die militärische Sicherung der Herrschaft ebenso wie die Hereinnahme der Besiegten in den Kreis der Sieger möglich machte. Wo dies nicht sinnvoll schien, konnte die zwangsweise Umsiedlung insbesondere der Führungsschichten der Besiegten in Städte mit eigenem peregrinen Rechtsstatus die gewünschten Aufhänger der römischen Herrschaftsausübung schaffen. Die Grundbedingung der römischen Politik war damit festgelegt: Die Form und die Intensität der seit Caesar und Augustus konzentriert einsetzenden Urbanisierung der Westprovinzen hingen in keiner Phase davon ab, in welchem Ausmaß die Provinzialen die städtische Lebensform als sinnvoll und ihrer alten Ordnung überlegen ansahen. Diese Frage stellte sich für sie erst in der Konsequenz der Maßnahmen Roms. Sein Herrschaftsinteresse und die vorhandenen Möglichkeiten, dies konsequent und auf Dauer durchzusetzen, entschieden über die Stadtgründungen und die Auswahl der bereitliegenden Stadtformen. Ihnen allen gemeinsam wurde die Funktion des von Rom aus regierbaren Zentralortes, der seinerseits das flache Land beherrschen und dafür einstehen musste.

Die vorrangige Pflicht des Siegers zur militärischen Behauptung des eroberten Territoriums entschied über die Einrichtung von Kolonien in den Provinzen; ihr Standort und ihre Größe wurden von den strategischen und verwaltungstechnischen Aufgaben bestimmt. In Gallien und Lusitanien, im Donauraum, Thrakien und Pannonien, in Britannien, Afrika und (wenn auch seltener) selbst im griechischen Osten figurierten sie von Caesar bis Trajan als *propugnacula imperii* und gewährten der römischen Herrschaft die unangefochtene militärische Präsenz in den weiten Binnenräumen entlang der wichtigsten Heeres- und Nachschubstraßen. Ihre Funktion unterschied sich damit in nichts von der Aufgabe, die sie in den Jahrhunderten der Eroberung und Durchdringung Italiens immer gehabt hatten. Die Unterworfenen haben dies begreiflicherweise am genauesten gewusst und in den Mauern der Kolonien den „Sitz der Knechtschaft" lokalisiert [Tacitus, Agricola 16, 1].

Ihren Hass zogen die Kolonisten nicht zuletzt deswegen auf sich, weil sie in die fruchtbaren Kerngebiete der Einheimischen gepflanzt wurden, diesen häufig gerade das fruchtbarste Ackerland raubten und sie zu Pächtern oder Lohnarbeitern auf den Feldern herabdrückten, die sie früher selbst als Herren bestellt hatten. Neben dem inschriftlich erhaltenen Kataster von Orange veranschaulicht Tacitus [ann. 14, 31 f.] anlässlich der Gründung des britannischen Camulodunum derartige Vorgänge: „Der erbitterte Hass galt den Veteranen; denn diese, die jüngst in der Kolonie Camulodunum angesiedelt worden waren, vertrieben die Einwohner aus ihren Häusern und verjagten sie von den Feldern, wobei sie sie Kriegsgefangene und Sklaven nannten." In den barbarischen Nordprovinzen, in denen der Sieger die traditionellen Vororte und Stammesburgen niederbrannte, um die geografische, ethnische und soziale Infrastruktur der Besiegten zu zerstören, übernahmen – neben den neu eingerichteten Siedlungen – in den Fruchtebenen angesiedelte Kolonien die zentralen administrativen und wirtschaftlichen Funktionen. So löste die nach den Dakerkriegen gegründete Kolonie Ulpia Traiana Sarmizegetusa als neuer Mittelpunkt der dakischen Provinz die in den Bergen gelegene Herrscherburg der einheimischen Könige ab und machte das Land regierbar.

Neben ihrer ureigenen militärischen Aufgabe befriedigten die Kolonien zugleich das erst im zweiten Jahrhundert versiegende kolonisatorische Interesse der unteren sozialen Schichten Italiens und der aus dem Heeresdienst entlassenen Veteranen. Diese, dazu landlose Italiker, Proletarier und verdiente Freigelassene, wurden auf diesem Wege mit Land versorgt – so wie es seit den Gracchen die populären Führer und seit Marius die Armeekommandeure meist vergeblich gefordert hatten. Vermindert wurde so nicht nur die Zahl der sozial Entwurzelten in Italien; es gelang damit auch, diese am Rande der Gesellschaft vagabundierenden Schichten erneut in die politische Pflicht zu nehmen.

Schließlich erfüllten die Kolonien eine dritte Pflicht. Die Republik – in berechtigter Furcht vor den großen Klientelen ihrer Großen – hatte die Kolonisierung der Provinzen allein aus diesem Grunde nie zugelassen. Ganz anders die Monarchie: Sie benötigte zu ihrer Stabilität gerade feste provinziale Stützpunkte, sodass die vor allem in Italien, Sizilien, Spanien, Mauretanien und in der Gallia Narbonensis deduzierten Kolonien dem Kaiser vor den Toren Italiens eine militärische Klientel verpflichteten, die schnell und wirkungsvoll gegen jeden innenpolitischen Gegner oder gegen einen aufbegehrenden Statthalter zu mobilisieren war. Das Ziel der Kolonisationspolitik war also nicht nur der Herrschaftsraum, sondern zugleich die Sicherung der kaiserlichen Macht und des inneren Friedens; beides forderte die soziale Integration der Veteranen und der verarmten Italiker. Auf den erzielten langfristigen Effekt hin besehen verbuchte allerdings das Reich – auch hier stärker als alle innenpolitischen Notwendigkeiten – den entscheidenden Gewinn:

Es erhielt in den Kolonien das militärische und verwaltungstechnische Rückgrat, das ihm Stabilität verlieh, und es nutzte die städtische Organisationsform, die ihre zivilisatorische Anziehungskraft gegenüber den Unterworfenen frei entfalten konnte.

Die zweite Städtekategorie, die Rom aus Italien in die Provinzen mitbrachte und mit der es verdiente provinziale Gemeinden in den Kreis der Sieger aufnahm, war das Munizipium. Der formale Hergang bedeutete die Auszeichnung einer städtischen Siedlung in der Provinz mit dem römischen oder latinischen Stadtrecht (*ius Latii*), das die mit ihm gewährte Selbstverwaltung und städtische Verfassung in der Gestalt eines Gesetzes regelte. Vorausgegangen war in der Regel der Zustrom italischer Siedler, die als Privatleute aus den verschiedensten Gründen in den Provinzen sesshaft geworden waren, und die in ihren neuen Heimatorten private, aber doch genau abgegrenzte Vereinigungen (*conventus civium Romanorum*) gebildet hatten. Diese allein schon durch ihre Zugehörigkeit zum Eroberstaat privilegierten Schichten förderten die Ausbildung städtischer Siedlungszentren. Sie machten dabei nach einer (zeitlich von Fall zu Fall verschieden langen) Phase der Assimilierung gemeinsame Sache mit den alteingesessenen Eliten, die das Bündnis mit den Neuankömmlingen schon deswegen suchten, weil sie ihre soziale und politische Führungsrolle nicht verlieren wollten.

Am Ende fügte sich so eine neue städtische Gesellschaft zusammen, die sich die lateinische Sprache, römische Institutionen und die römische Rechtsordnung angeeignet und besondere Akte politischer Loyalität vorzuweisen hatte. Insbesondere die Angleichung des eigenen an das römische Recht drückte gleichermaßen den Einfluss der zugewanderten Römer wie den Willen der aufgestiegenen Provinzialen aus, sich in eine römisch gewordene Welt einzufügen. Die Verleihung des Munizipalstatus an solche Gemeinden setzte eine solche Entwicklung innerhalb der peregrinen Siedlung voraus, sie war jedoch für sich genommen kein ausreichender Grund für eine derartige Auszeichnung. Darüber entschied der Kaiser wie vor ihm die Organe der Republik nur nach Verdienst: Der Akt der Munizipalisierung verlor nie seinen Charakter der Anerkennung für besondere Leistungen und profilierte Loyalität; auch er blieb Teil einer Herrschaftspraxis, die Privilegien nach dem Prinzip von Lohn und Strafe zumaß.

Die zahlenmäßig größte Kategorie der über zweitausend Städte des Reiches formierte sich in den peregrinen Untertanenstädten, den *civitates stipendiariae*, die als Ausdruck ihrer Untertänigkeit eine Grund- und Bodensteuer zu entrichten hatten: *tributum soli* in den kaiserlichen, *stipendium* in den senatorischen Provinzen. Rom hat diese Städtekategorie in den nicht urbanisierten Gebieten gewaltsam geschaffen. Es folgte dabei dem Vorbild des Pompeius, der die Grundzüge einer gewaltsamen Verstädterungspolitik vorgezeichnet hatte, als er bei der Provinzialisierung von Bithynien und Pontos die dort vorgefundene Gebietseinteilung in Landkreise beseitigte, die Provinz in elf Stadtbezirke gliederte und den vorhandenen und neu gegründeten Städten die jeweils benachbarten kleinen Siedlungen attribuierte. In Pontos scheiterte der Versuch. Die neu geschaffenen Städte hatten weder die Machtmittel noch die Männer, um die Feudalherren des Umlandes ihrem Willen gefügig zu machen. Eben darauf kam es jedoch an: Die überkommenen Führungsschichten, gewaltsam umgesiedelt und ihrer alten Gefolgschaften beraubt, sollten nunmehr als städtische Eliten ihre neue Heimat und das umliegende flache Land regieren, an dieser neue Macht und neue Ehren gewährenden Tätigkeit ihre Zukunft ausrichten, und der römischen Kontrolle zugänglich sein.

Die Zukunft der römischen Herrschaft hing von dem Gelingen dieser Politik ab, die denn auch mit der nötigen Zielstrebigkeit und Energie verfolgt wurde. So berichtet Tacitus über die Tätigkeit seines Schwiegervaters Agricola in Britannien, er habe die städtischen Lebensformen nach Kräften gefördert, „um die verstreut und primitiv lebenden Menschen, die infolgedessen zum Kriege leicht geneigt waren, durch Annehmlichkeiten an Ruhe und friedliches Verhalten zu gewöhnen. Er ermunterte sie persönlich und unterstützte sie mit staatlichen Mitteln, Tempel, öffentliche Plätze und Häuser in der Stadt zu bauen. So trat Anerkennung und wetteiferndes Bemühen an die Stelle des Zwanges." Tacitus schloss seinen Bericht mit der Feststellung, „und so etwas hieß bei den Ahnungslosen Lebenskultur (*humanitas*), während es doch nur ein Bestandteil der Knechtschaft (*servitus*) war" [Tacitus, Agricola 21]. Selten hat ein Römer derart bestimmt die Urbanisierung als Mittel der politischen Befriedung und der Herrschaftssicherung bezeichnet. Nichtsdestoweniger war dem so: Rom hat die unterworfene Welt so gründlich verändert, weil es sie anders nicht beherrschen konnte.

Nun war die Verstädterung nicht überall gleich sinnvoll. Ein kurzer Blick auf die Karte des Imperiums lehrt denn auch, dass die Schwerpunkte und die Erfolge dieser Politik vor allem in Spanien und in Nordafrika zu finden sind, während in den britannischen, germanischen und gallischen Provinzen (mit Ausnahme der Narbonensis) die Zahl römischer Kolonien und Munizipien gering ist und die Suche des römischen Eroberers nach dem geeigneten Aufhänger für seine Herrschaft besondere Wege ging. Die Neuordnung Galliens in den Jahren 27–12 v. Chr. gibt nähere Aufschlüsse über die Gründe dafür und über die gefundenen Lösungen.

Nach der Zerstörung der Welt der keltischen *oppida*, deren politische Tradition nicht Richtschnur einer neuen, auf Rom hin ausgerichteten Ordnung sein konnte, war es die wichtigste Aufgabe, in einem verwüsteten Land neue Formen des Zusammenhalts zu finden. Stabile Wirtschaftsstrukturen existierten nicht, und der auf den grundbesitzenden Adel hin ausgerichteten Sozialordnung war schon deswegen der Kampf anzusagen, da sie die Kräfte des Widerstandes stärkte. Der Aufbau eines römischen Gallien war dementsprechend darauf zu konzentrieren, politische Autorität jenseits der keltischen Tradition aufzurichten und ihr einen festen Platz zu geben, wo sie sich behaupten konnte. Das vordringliche Problem musste also die Suche nach der politischen Legitimität und Autorität einer neuen Führung sein, da die Anwesenheit römischer Truppen den Widerstand gegen Rom zwar brechen, jedoch niemanden davon überzeugen konnte, dass es vernünftig sei, die Gegebenheiten hinzunehmen.

Die gallischen Völker hatten gelernt, dem Willen ihrer Führer zu folgen. Also befand sich hier der Punkt, wo anzusetzen war: Gelang es, den Ansprüchen des keltischen Adels nach Ruhm, Reichtum und Ansehen einen neuen Weg zu weisen, so konnte es ihrer auch in der Niederlage nie erschütterten Autorität überlassen bleiben, alle sonstigen Schichten der Gesellschaft politisch und moralisch auf eine römische Zukunft einzuschwören.

Rom folgte zunächst den von Pompeius in Bithynien entwickelten Prinzipien und richtete die gallischen Provinzen auf seine militärischen und administrativen Bedürfnisse durch den gesamten Raum einheitlich strukturierende Erlasse aus. Die vorgefundenen Eigenheiten der vorrömischen Stammesgemeinden wurden jedoch nicht gänzlich ausgelöscht: In den drei neuen Provinzen (Aquitania, Lugdunensis, Belgica) organisierte Augustus die dort ansässigen Stämme in 60 *civitates*, deren neu gegründete Vororte die alten keltischen *oppida* ersetzten. Sie wurden Amtssitze von Dekurionen und Magistraten und beherrschten das umliegende Land, über dessen Steuerpflicht Censuslisten, die ein tabularium in Lugdunum erfasste, genaue Auskunft gaben.

Die rechtliche Gliederung erzwang also analog zur Verfassungsstruktur der Kolonien und Munizipien an die Vororte gebundene Regierungsorgane (Dekurionenrat, Magistrate), verzichtete jedoch auf die Kolonisation und die Munizipalisierung, um den vorgefundenen politischen Gegebenheiten Rechnung zu tragen. Dabei lenkten die Grundprinzipien der römischen Ordnungsaufgabe – Wahrung der Ruhe, Befriedung, Sicherung geregelter Steuereinnahmen ohne eine eigene flächendeckende Verwaltung schaffen zu müssen – die Aufmerksamkeit von selbst auf den grundbesitzenden Landadel, der die Stämme immer geführt hatte und für den Krieg zuständig gewesen war. Die Neugründungen der auf die Stämme aufbauenden *civitates* schufen somit den organisatorischen Anknüpfungspunkt, der die traditionelle politische Führungskapazität des gallischen Adels der römischen Ordnung verfügbar machte. Die *civitates*, von denen jede ein großes Territorium von durchschnittlich 8300 km^2 kontrollierte, blieben der alleinige Partner der Reichsorganisation, sodass für Rom ihre weitere Untergliederung in Siedlungen (*vici* und *pagi*) keine Bedeutung hatte.

Es ist deutlich, dass Rom mit diesen in Gallien entwickelten Formen der Urbanisierungspolitik der Eroberung großer binnenländischer Territorien Rechnung trug und bemüht war, seine Herrschaft den vorgefundenen politischen und sozialen Gegebenheiten anzupassen. Die Erreichung der Rhein- und Donaulinie unter Augustus verlangte einen weiteren Beweis dieser Fähigkeit, da die bis dahin nicht gekannte Notwendigkeit, eine viele hundert Kilometer lange Grenze weit ab von Italien verteidigen zu müssen, die Herrschaftssicherung zu einem vorab militärischen Problem machte. Die erste Entscheidung betraf denn auch die Legionen: Sie blieben dort an den Grenzen stehen, wo sie gebraucht wurden, bauten ihre Feldlager zu Festungen aus und organisierten ihren Nachschub aus dem umliegenden Land.

Diese dauernde Bindung großer Einheiten an einem Ort führte fast zwangsläufig in der Nähe der großen Lager zu ebenfalls dauerhaften zivilen Ansiedlungen, in denen die für die Versorgung der Truppen notwendigen Handwerks- und Rüstungsbetriebe, Kaufleute, Lieferanten, Marketendereien und – im steigenden Umfang – auch die abgemusterten Soldaten mit ihren Familien sesshaft wurden. Derartige Siedlungen (*canabae*), die zunächst der Gewalt des Legionskommandeurs unterstanden, stattete Rom seit dem zweiten Jahrhundert mit dem Municipal- oder Kolonialstatus aus. Es zog damit den rechtlichen Schlussstrich unter die im sozialen Bereich längst vollzogene Anpassung der Bevölkerung an die römische Lebensordnung. Die auf diesem Weg neu gegründeten Städte wurden damit zu treuen Vorposten eines Römertums, das vornehmlich aus entlassenen Veteranen bestand und aus elementarem Eigeninteresse dazu berufen war, gemeinsam mit den Legionen die Grenzen zu verteidigen.

Das hinter allen Formen der römischen Urbanisierungspolitik durchscheinende Ziel ist klar und einfach: Die stadtsässig gemachte Aristokratie der Unterworfenen regierte unter den wachsamen Augen der römischen Statthalter das flache Land und garantierte dem siegreichen Rom den pünktlichen Eingang der Tribute. Es fehlte nur noch die neue Sinngebung dieses Tuns, um die adligen Herren der Besiegten dazu zu bringen, der römischen Zukunft die Hoffnung auf eine (notfalls mit der Waffe zu erzwingende) Wiederherstellung des alten Zustandes zu opfern. Die erste und elementarste Voraussetzung dafür erfüllte die Zeit: Zunächst vernarbten die Wunden des Krieges in der Folge der Generationen, und die Dauer der römischen Herrschaft ließ nur die Gewissheit zu, dass man sich das Leben unter den römischen Herren einzurichten habe. Jetzt begannen die Städte – allen voran die Kolonien und Munizipien –, ihre ganze zivilisatorische Überlegenheit zu entfalten, deren Annehmlichkeiten die einheimischen Eliten schnell erlagen. Rom hat dem in der Form Rechnung getragen, die bereits die frühe Republik und ihre Aristokratie entwickelt hatte: Es lohnte ihm erwiesene Treue und Loyalität durch die Vergabe seines Bürgerrechts.

Diese Politik richtete sich an die führenden Schichten der Städte, denen damit der Weg zu einer glanzvollen Karriere bis in den Senat gewiesen war. Zugleich zerriss diese neue Zukunft endgültig die traditionellen Gefolgschaftsbande der adligen Herren und trieb diejenigen unter ihnen in die politische und soziale Isolation, die vor den römischen Herren das Knie nicht beugen wollten. Kein Geringerer als Kaiser Claudius hat die Bedeutung dieses Vorganges enthüllt, als er im Jahre 48 vor dem Senat die von Rom seit Romulus geübte Verleihung des Bürgerrechts als Herrschaftsprinzip ausgab und ausführte, „dass nicht nur einzelne von Fall zu Fall, sondern (ganze) Länder und Völker im römischen Bürgerrecht (zu einer Einheit) zusammenwüchsen" [Tacitus, ann. 11, 24, 2]. Mit dieser Erkenntnis und ihrer Umsetzung in den Raum der Politik hat Rom seine eigene historische Erfahrung zu einem prinzipiell gültigen Lehrsatz verdichtet: Die Gewährung des Bürgerrechts bot die einzige Möglichkeit, die trennenden Schranken zwischen Sieger und Besiegten an dem für den Bestand des Reiches zentralen Punkt der Regierbarkeit niederzulegen. Nur so war das Ausmaß an Zustimmung der Beherrschten zur römischen Ordnung ihres Lebens zu erreichen, das die in einer technologisch ungeschiedenen Welt nicht zu verändernde militärische Ungleichheit zwischen dem Eroberstaat und den Besiegten auslöschen konnte. Das Missverhältnis der Zahl zwischen Römern und den besiegten Fremdvölkern, die Weite des beherrschten Raumes, die zivilisatorische Heterogenität der Beherrschten und die Unausgeprägtheit des römischen Herrschaftssystems machten die Integration der Führungsschichten der Unterworfenen zur Pflicht.

Die Eliten der Provinzialen haben das römische Angebot angenommen und – es hätte den Zusammenbruch des Imperiums früher oder später bewirkt, wäre es anders gekommen – darauf verzichtet, ihre Zukunft selbst zu formulieren und im Widerstand gegen den Eroberer durchzusetzen. Sie haben es auch dort getan, wo dies die Unterdrückung ihrer Sprache, ihrer Sitten, ihrer Religion und die völlige Veränderung ihrer tradierten Lebensumstände bedeutete. Sie taten es, weil ihrem adligen Ehrgeiz der gezeigte römische Weg in die Zukunft mehr Chancen zu einer hoffnungsvollen politischen und sozialen Existenz öffnete als verschloss, und weil ihnen (jedenfalls in den West- und Nordprovinzen) auf die Geschichte des eigenen Volkes bezogene Wertvorstellungen weitgehend fremd waren. Die Beharrlichkeit, mit der die Kaiser die aufgestiegenen provinzialen Eliten an ihre Pflichten in ihren Heimatstädten mahnten, hatte hier ihre wesentliche Wurzel. Denn für das soziale Überleben der Städte war es unverzichtbar, dass die mit dem römischen Bürgerrecht ausgezeichneten Führungsschichten weiterhin ihren Heimatstädten angehörten, deren Bürgerrecht sie neben dem römischen samt den daran hängenden Pflichten weiter ausübten.

Die römische Bürgerrechtspolitik hat den dem Imperium immanenten Gegensatz von Sieger und Besiegten in den sozialen Raum verschoben, wo er wenig Sprengkraft entfalten konnte. *„Civis Romanus"* bezeichnete einen privilegierten Rechtsstand, der reichsweit zum Kennzeichen der sozial tonangebenden Schichten geworden war. Diesen Status festigte die mit dem römischen Sieg vollzogene Etablierung timokratischer Ordnungen. Der Bauer und die städtischen Unterschichten wurden auf ihre Arbeit zurückgedrängt, ihre politische Mitwirkung wurde gezielt – gegebenenfalls durch neue Verfassungen – unterbunden, und generell bemaß sich die gesellschaftliche Anerkennung an dem Grad der Verständigung mit dem Sieger. Aber auch ihnen stand entsprechend dem Vergabeprinzip der Belohnung für erwiesene Dienste der Zugang zum Bürgerrecht offen: Der Militärdienst in den Auxilien verschaffte nach 25 Jahren das begehrte Privileg, das den gerechten Schlussstrich unter eine harte Schule der Romanisierung und der Loyalität zu Kaiser und Reich zog. Als im Jahre 212 n. Chr. Caracalla in der Constitutio Antoniniana die Civität an die gesamte freie Reichsbevölkerung vergab, war dies zum einen beredter Ausdruck für das Ausmaß an Zustimmung, das die Herrschaft Roms in allen Provinzen gefunden hatte, und zum anderen Beweis für die nivellierende Wirkung des alle Völker als Untertanen fordernden Kaisertums.

Überblickt man die römische Städtepolitik im Ganzen, so spiegelt sie die verschiedenen Phasen und Formen der Anpassung an die in den eroberten Räumen vorgefundenen Gegebenheiten. In jeder Erscheinung dominiert der eiserne Wille, dem Erfolg der Waffen eine dauerhafte Sicherung der römischen Herrschaft folgen zu lassen. Unabhängig von ihrer Rechtsstellung gewährte jede Stadtgemeinde Rom die Möglichkeit, die Aufgaben der Herrschaft an die städtischen Eliten zu delegieren. Ihre Loyalität sicherte ihre soziale Integration in den Kreis der Sieger mit Hilfe der Civitätsverleihung und der Einräumung weitreichender Aufstiegsmöglichkeiten in der Reichsorganisation. An diesem Punkt stellte sich denn auch die Einheit des Reiches ein: Die politische und ethische Pflicht, den Bestand ihrer Heimatstädte und des Reiches zu schützen, erfasste die Führungsschichten des Westens und des Ostens gleichermaßen und band ihre Zukunft an den Bestand des Imperiums.

Die Dauer des Reiches

Die bestaunenswerte Dauer des Imperium Romanum lässt häufig vergessen, dass die Unterschiede in diesem Reich zu Beginn der Kaiserzeit unüberbrückbar schienen. Die beherrschte Welt zerfiel nicht nur in Römer, Griechen und Barbaren, sondern es existierten innerhalb dieser drei Gruppen schier unübersehbar viele unterschiedlich strukturierte Gesellschaften, deren Sprachen, Kulte, Rechtsordnungen und Verhaltensnormen wenig oder nichts miteinander zu tun hatten. Was diese buntscheckige Welt zunächst zusammenhielt – nicht einte –, war das Schwert des Legionärs, dessen Anwendung gegen friedlich und resignierend verharrende Besiegte schnell sinnlos wurde. Auch das Herrschaftsinteresse Roms bot wenig Anknüpfungspunkte, an denen sich Gemeinsamkeiten über die Provinzen hinaus hätten einstellen können. Der Kaiser und seine Statthalter konzentrierten sich auf die Wahrung von Ruhe und Ordnung, den pünktlichen Eingang der Steuern und Tribute, auf die Ausübung der Kapital- und der höheren Zivilgerichtsbarkeit, auf die Rekrutierung der Soldaten und die Verteidigung der Grenzen. Alles andere regelte sich innerhalb der vorgegebenen Ordnung der Stadt oder des Stammes, oder es fiel ad hoc dem Kaiser zur Erledigung zu. Die allgemeinen Vorstellungen der antiken Menschen von den Gegenständen der Politik ließen darüber Hinausgehendes erst gar nicht zu. Die römische Herrschaftspraxis hat sich dementsprechend auch an das gehalten, was der eigenen Ordnung geläufig und in ihr erprobt war: Die Stadt – vorgefunden oder geschaffen – wird zum Gegenstand der Herrschaftsausübung und das allerorten vorgefundene (wenn auch unterschiedlich geformte) soziale Ordnungsmuster von aristokratischer Macht wird durch die überall stabilisierte timokratische Ordnung (zensusorientierte Verteilung von staatlichen Rechten und Pflichten) allgemeingültig und konkurrenzlos. Widerstand dagegen formierte sich so gut wie nicht, da die ohnehin wenig differenzierte Wirtschaftsstruktur der damaligen Welt statisch blieb und die städtischen Gesellschaften nicht zu Veränderungen drängte.

Der erste und gewichtigste Faktor, der die Welt veränderte, war die Zeit: Die Dauer, die dem Imperium durch die Statik der äußeren Welt, in der sich vor dem dritten Jahrhundert kein Rivale fand, und durch die Konstanz der Sozial- und Wirtschaftsstruktur im Inneren geschenkt wurde, führte die Unterworfenen zur Einsicht in die Unabänderlichkeit ihres Schicksals und ließ ihnen die Zukunft nur noch als römisch geordnete. Dazu gehörte, dass die Stadt, die als politischer, administrativer und kultischer Mittelpunkt das sie umgebende flache Land regierte, alle anderen Lebens- und Gesellschaftsformen – Stämme, Dörfer etc. – vernichtet oder an den Rand gedrängt hatte. Die Ausrichtung der politischen und sozialen Lebensformen auf Rom bewirkten am intensivsten die Kolonien und Munizipien, in denen und um die herum Sieger und Besiegte wirtschaftlich und familiär zusammenrückten, seitdem die Waffen schwiegen und die Gemeinsamkeiten der täglichen Lebenssorgen näher lagen als das Trennende. Hinzukam die Verleihung des Bürgerrechts an die Eliten der peregrinen Städte. Beides zusammen führte im Westen und im Norden zur zivilisatorischen und sozialen Integration barbarischer Völker in eine städtisch gegliederte Welt, während im griechischen Osten das Bürgerrecht die Führungsschichten unmittelbar zur Identifikation mit den römischen Zielen brachte. In jedem Fall blieb der politische und gesellschaftliche Mittelpunkt immer Rom und die das Imperium tragende Reichsaristokratie.

Das Stichwort, unter das diese Vorgänge geordnet werden, heißt „Romanisierung". Gemeint ist damit die sich weit über die Bürgerrechtspolitik hinaus entfaltende Erscheinung, dass die von Rom besiegte Welt jenseits ihrer jeweiligen Rechtsstellung und in Ost und West römische Lebens- und Denkgewohnheiten annahm. Derartiges fing in der Regel – wenn auch nicht zwingend, wie die Entwicklung im griechischen Raum beweist – mit dem Erlernen der lateinischen Sprache an und setzte sich über die Rechtsvorstellungen, die religiösen Anschauungen, die Arbeitsformen und die Wohnverhältnisse bis zu den allgemeinen Verhaltensnormen fort, kurz: Bis in die Alltäglichkeiten des Lebens hinein wurde die römische Lebensart vorbildlich und nachahmenswert. Diese Entwicklung bezog ihre Antriebskräfte nur zu geringen Teilen aus dem politischen Willen Roms, die unterworfene Welt dem römischen Vorbild anzupassen. Es genügte, die politischen und sozialen Realitäten, wie sie die römische Herrschaft nun einmal gesetzt hatten, von selbst wirken und werben zu lassen.

Eine gezielte Beeinflussung ist allerdings dort anzunehmen, wo die Stabilität der Herrschaft durch die Anpassung an römische Gepflogenheiten verstärkt werden konnte. Dies gilt insbesondere für die römische Rechtspolitik in den Provinzen: Dort, wo die provinzialen Städte ihre Verwaltung und Rechtspflege nach den juristischen Vorstellungen der Römer führten, war die Regierungsautorität leichter zu handhaben, sodass die Angleichung des einheimischen Rechts an römische Normen immer dann erfolgte, wenn es das Geschäft der Kontrolle erleichterte. Der hier wirksame Grundsatz der politischen Opportunität hat allerdings zugleich die gezielte Verdrängung der nationalen Rechtstraditionen der Provinzialen verhindert und die lokalen Volksrechte weiter bestehen lassen. Überhaupt haben die mit der Zeit häufiger werdenden Eingriffe der kaiserlichen Verwaltung in die Angelegenheiten der Städte ebenso wie deren wachsende Neigung, ihrerseits allzu schnell nach der fürsorgenden Hand des Kaisers zu rufen, die Romanisierung weiter fördern müssen: Der Wunsch, den allmächtigen Kaiser huldvoll zu stimmen, artikulierte sich im römischen Gewande am überzeugendsten.

Neben die Romanisierung der unterworfenen Welt tritt die bewusst vollzogene Einordnung Roms in das geistige Erbe Griechenlands. Damit glichen Rom und Italien die kulturelle Überlegenheit der Griechen in einem langen Assimilationsprozess aus und wurden ihrerseits zu Trägern und Missionaren der griechischen Zivilisation. Ebenso wenig wie die Romanisierung war dieser Vorgang Ausdruck oder Ergebnis einer daraufhin angelegten systematischen Planung. Er war vielmehr bereits in seinen Anfängen untrennbar verbunden mit der römischen Expansion in Italien (und später in Griechenland), die die Aufmerksamkeit der

Griechen überhaupt erst auf Rom als bedenkenswerte politische Größe richtete und die Römer früh – lange vor ihrem Angriff auf Griechenland selbst – mit der Frage konfrontierte, ob und was sie von den Griechen zu lernen gedächten.

Sie fanden die ihrer Bewusstseinsstruktur gemäße gründliche Antwort: Rom nahm die gesamte geistige Tradition der Griechen in sich auf und unterwarf selbst das Bild von den eigenen Anfängen den Gründungsmythen der Griechen. Als Senatoren, Statthalter, Mitglieder von Handels- und Pachtgesellschaften, Kaufleute, Soldaten und Einwanderer griechisch sprachen und (in vielen Bereichen) auch so dachten und handelten, waren sie alle von ihrer militärischen, politischen und religiösen Überlegenheit tief durchdrungen und weit davon entfernt, ihre Identität an irgend jemanden zu verlieren. Ganz im Unterschied zu den romanisierten Völkern der Westprovinzen also, deren Geschichte in die römische einmündete und deren Gestalt annahm, haben Griechen und Römer voneinander nie die Auflösung der eigenen Existenz verlangt. Vielmehr näherten sich das Weltverständnis und der Erfahrungshorizont beider Völker soweit an, dass die griechische Kultur in das römische Haus transportiert werden konnte und von dem Hausherrn als Teil seiner selbst gepflegt und weitergegeben wurde.

Im Raum der Herrschaftsausübung bewirkte dies zunächst, dass sich die Primitivität und Brutalität der römischen Provinzialordnung abschliff und damit dem Hass der Griechen gegen den Eroberer weniger Nahrung bot. Die Basis für diese und die weitere Entwicklung schuf natürlich die Unversehrtheit, mit der die griechische Stadt in das römische Reich einging und zur Grundlage des römischen Herrschaftssystems wurde. Die Monarchie fügte dem schließlich eine von Willkür und Bürgerkrieg freie Regierungspraxis hinzu, die das in den Städten bestehende Sozialgefüge zugunsten der romhörigen Aristokratien stabilisierte oder gewaltsam darauf ausrichtete. Aus ihrer Sicht waren damit alle Voraussetzungen geschaffen, dem römischen Kaiser als den legitimen Nachfolger der hellenistischen Könige die Zustimmung zu seinem Herrschaftsanspruch nicht länger zu versagen. Rom hatte das wichtigste Ziel erreicht, das seinem Reich Dauer versprach: Seine Einordnung in das geistige und politische Leben der griechischen Städte. Damit verwandelte sich die militärische Unterwerfung des griechischen Ostens in die Kontinuität eines Weltreiches.

Das Bündnis von Römertum und Griechentum sowie die Verstädterung und Romanisierung der West- und Nordprovinzen haben die Völker des Reiches in ihren äußeren Lebensformen angeglichen. Die

Monarchie tat das ihrige dazu durch das ganze Reich ordnende Gesetze, durch langfristige Grundsätze des Regierens (z. B. Bürgerrechts- und Religionspolitik) und durch den Beamtenapparat, der für jede Provinz gleich war. Wenn von einer Einheit des Reiches gesprochen wird, so ruhte sie zweifellos auf dem Kaisertum, das in jeder provinzialen Stadt auch äußerlich präsent war: Von den Meilensteinen mit dem Namen des Kaisers spannt sich ein weiter Bogen über die Münzprägung und die Kaiserstatuen bis hin zu den Tempeln, in denen die Göttin Roma gemeinsam mit dem Monarchen thronte.

Trotzdem ist die Vielfalt der eroberten Völker und das zwischen ihnen bestehende große kulturelle Gefälle ebenso unübersehbar wie die Tatsache, dass bis Caracalla rechtlich klar voneinander geschieden römische Bürger und Untertanen, Herrscher und Beherrschte nebeneinander lebten. Allenfalls in Italien und den schon früh romanisierten Provinzen Spaniens, Nordafrikas und in Südfrankreich konnte sich daher die Vorstellung verhältnismäßig klar artikulieren, gemeinsam Teil eines Reiches zu sein. Das Gefühl der Zusammengehörigkeit ergab sich ansonsten aus der Verleihung des römischen Bürgerrechts und aus der „unermesslichen Majestät des römischen Friedens" [Plinius, Naturgesch. 27, 3]. Das Bürgerrecht nahm in den Kreis des herrschenden Volkes auf und wies einen Weg zu märchenhaften Reichtümern, Ämtern und Ehren, die die untergegangene alte Welt der Besiegten so nicht gekannt hatte. Der Friede Roms (*pax Romana*) gab allen Untertanen die Gewissheit, als Objekte der römischen Fürsorge und der kaiserlichen Verwaltung Gerechtigkeit vor den Richtern und Sicherheit in allen sozialen Belangen zu finden.

Aus beiden Faktoren floss in der Sicht Roms mehr als nur die Zustimmung zu einer Welt, die das Chaos beseitigt, die inneren Kämpfe um die Macht beendet und die Trauer um die verlorene Freiheit getröstet hatte: „So schenkt denn dem Frieden und der Hauptstadt Rom, auf die wir, Besiegte oder Sieger, das gleiche Anrecht haben, euer Herz und eure Verehrung", rief der römische Feldherr Cerialis nach Tacitus den Treverern zu [Historien 4, 74, 4]. Die Überzeugungskraft, die diesen Sätzen innewohnte, zeigte sich, als im dritten Jahrhundert gerade die Grenzprovinzen im Norden mit unbeugsamer Beharrlichkeit die römische Welt verteidigten und auch die gesellschaftliche Randgruppe der Christen sich zu ihrer Ordnung bekannten: „Wahrhaftig ist die Welt heute gepflegter und geordneter als die alte, alles ist erschlossen, alles ist erforscht, alles ist zugänglich für die Geschäftigkeit; die berüchtigten

Einöden sind durch angenehme Landgüter in Vergessenheit geraten, das Ackerland zähmte den Urwald, die Viehherden verjagten die wilden Tiere; die Sandwüsten werden besät, die felsigen Einöden werden eröffnet, die Sümpfe werden ausgetrocknet; es gibt so viele Städte wie früher nicht einmal Häuser ... überall gibt es eine Besiedlung, überall eine Bevölkerung, überall eine organisierte Stadtgemeinde, überall Leben" [Tertullian, de anima 30].

Der Aufbruch in eine neue Welt: Das Christentum

Die Anfänge

Die Anfänge des Christentums gehören einer Welt an, deren politische Strukturen seit den Kriegszügen des Pompeius zusammengebrochen waren. In ihr hatte das in seine Bürgerkriege verstrickte Rom keine Zeit gefunden, dem eroberten Raum eigene Ordnungsvorstellungen aufzuzwingen. Die Folgen waren soziales Elend und politische Instabilität gerade dort, wo – wie in Palästina – Rom sich nur nach langen Jahrzehnten des Experimentierens zur Provinzialisierung der unterworfenen Gebiete entschließen konnte. In diesem Milieu des gesellschaftlichen und politischen Niederganges keimten messianische Hoffnungen und Bewegungen, die sich zum einen auf die römischen Herrschaftsträger, zum anderen auf nationale religiöse Führer richteten: Die Idee von einem König, der als Heiland der sozialen Ungerechtigkeit und dem politischen Chaos ein Ende bereiten könnte, spukte in den Köpfen der Armen und der Reichen und erfasste alle Nationalitäten der östlichen Provinzen.

Dabei waren es nicht nur die Stillen im Lande, die auf wundersame Ereignisse warteten und bereit waren, geduldig die Tage bis zu ihrem Eintreffen zu zählen. Besonders im jüdischen Palästina verbanden sich die Hoffnungen der Armen, von ihrem harten Los befreit zu werden, mit der Gewissheit, dass der ersehnte Messias auch die römischen Soldaten verjagen würde – eine Tat, die nur noch ein mit dem Charisma des Himmels begabter König vollbringen konnte. Viele waren – wie die Zeloten und die Sikarier – gewillt, mit Feuer und Schwert für die Sache Gottes zu streiten und den Aufruhr gegen die römische Besatzungsmacht zu wagen, um so das Nahen des Gottesreiches zu beschleunigen. Ihre Propheten wurden von den römischen Statthaltern immer wieder blutig auseinandergetrieben und verfolgt. So ließ der Prokurator Judäas, Pontius Pilatus, Jesus als „König der Juden" kreuzigen, da dessen selbst behaupteter messianischer Auftrag in den Augen seiner Zeitgenossen die Vertreibung der gottlosen Reichen und der römischen Legionen beinhaltete. Das Bekenntnis Jesu vor seinem Richter, er sei der König der

Juden [Matth. 27, 11 ff], war für Pilatus das Eingeständnis des Aufruhrs, aus dem sich ohne weiteres Verfahren die Todesstrafe ergab.

Die Anhänger des Gekreuzigten haben den revolutionären Zug, der in den Hoffnungen der verarmten und besiegten Massen Palästinas auf Entladung drängte, drastisch abgemildert. Gepredigt wurde nicht der Aufruhr gegen Rom oder die soziale Erhebung gegen die Reichen, obwohl ihnen der Zugang in das erwartete himmlische Reich deutlich erschwert wurde: „Leichter ist es, dass ein Kamel durch ein Nadelöhr kommt, als dass ein Reicher in das Himmelreich eingeht" [Mk. 10, 25]. Im Vordergrund stand vielmehr die Hoffnung auf ein Reich, das nicht von dieser Welt war, dessen Anbruch jedoch unmittelbar bevorstand: „Unser Staatswesen aber ist im Himmel, von wo wir unseren Herrn und Heiland Jesus Christus erwarten, der unseren nichtigen Leib verklären wird, dass er ähnlich werde seinem verklärten Leibe mit jener Kraft, die er hat, die Welt sich untertan zu machen" [Paulus an die Philipper, 3, 20 f.].

Die durch den Glauben vermittelte Gewissheit, eine bessere Zukunft in einer jenseitigen Welt vor sich zu haben, musste alle bisher anerkannten Werte der menschlichen Existenz neu gewichten. Die „frohe Botschaft" verkündete den Menschen, im Gegensatz zu ihrem bisherigen Glauben sei die Welt zum Untergang verurteilt, sie jedoch seien unsterblich und sie würden nach dem Tode leiblich auferstehen. Die unmittelbare Konsequenz dieses Denkvorganges, mittels dessen sich vor allem und gerade der kleine Mann aus dieser Welt davon machen konnte, war revolutionär schlechthin: Das Individuum trat jeder Ordnung der Welt als absolut selbstständige Größe gegenüber und seine irdische Existenz besaß nur noch transitorischen Charakter. Das Leben erhielt in allen seinen Äußerungen reale Bedeutung nur im Bezug auf die jenseitigen Heilserwartung, die die Wiederkunft Christi am Ende der Zeiten untrennbar mit dem endgültigen Schicksal des Einzelnen in der Ewigkeit verband. Mit anderen Worten: Die Christen hatten das für die menschliche Existenz zu allen Zeiten unerträgliche Phänomen der menschlichen Vergänglichkeit außerhalb der irdischen Existenz gelöst.

Unausweichlich war damit die Frage nach dem Beziehungsverhältnis der beiden sich nunmehr auftuenden Welten gestellt, von denen die irdische durchmessen werden musste, um der ersehnten Glückseligkeit teilhaftig zu werden. Alle konkreten Bezüge des Daseins standen neu zur Disposition: Das Verhältnis zu Gesellschaft, Staat und Politik ebenso wie das Verständnis von Ethik und Moral. Sie alle mussten dem Anspruch des Einzelnen untergeordnet werden, der während seiner irdischen Pilgerzeit die nur individuell bestehende Heilserwartung nicht verspielen durfte. Dieses Weltverständnis bestimmte nunmehr die Konstanten des Denkens und Handelns. Es musste schließlich den gesamten Raum der politischen und sozialen Ordnung ausfüllen, dessen Kategorien ihre absolute Gültigkeit für das menschliche Verhalten verloren hatten, da die Vorstellung von ihrer ewigen Dauer auf das Individuum übergegangen war.

Den ersten beiden Generationen der Christen stellte sich diese ungeheure Aufgabe der Neubestimmung der menschlichen Existenz in dieser Welt nicht. Sie lebten in der Überzeugung, dass das Ende aller Tage unmittelbar bevorstehe und Christus selbst bei seiner Wiederkunft (Parusie) die Umkehr aller Werte vornehmen werde. Wer in dieser Zeit wie Paulus an die gründliche Veränderung der Welt dachte, hatte ihre Bekehrung zum Glauben an den Auferstandenen vor Augen und nicht die Pflicht, den Menschen neue Formeln des richtigen Lebens verständlich zu machen. Weit dringlicher als jede Vorsorge für das Morgen wurde die Antwort auf die Frage gefordert, wem das Wort Gottes in der nur noch kurz bemessenen Zeit gepredigt werden müsse. Zunächst hatte sich die erste christliche Gemeinde in Jerusalem gebildet, und auch die folgenden Gründungen in Judäa, Galiläa und Samaria blieben in jüdischen Landen. Von Anfang an standen sich in diesen Gemeinden jedoch palästinensische und Juden aus der hellenistischen Diaspora gegenüber [Apg. 6 f.], sodass nach den ersten Konflikten mit dem Judentum die hellenistischen Juden in die Diaspora auswichen und dort eigene Gemeinden gründeten. In der Weltstadt Antiochien – so die Aussage der Apostelgeschichte 11, 19 ff. – taten dann namenlose christliche Missionare den entscheidenden Schritt über das Judentum hinaus, predigten das Evangelium den Heiden und gründeten Gemeinden, die nun ihrerseits die Heidenmission in die Hand nahmen.

Diese Vorgänge führten die Christen bereits in den ersten Jahren vor Probleme, deren Lösung ein für allemal darüber entscheiden sollte, ob eine Verständigung mit den Griechen möglich sein könne. Die inneren Kämpfe, die über die Frage der Heidenmission ausbrachen, spiegeln sich vor allem im Galaterbrief des Paulus, der die Pflicht zur Heidenmission theologisch fundierte und sich selbst von Gott direkt dazu berufen sah [Galater 1, 16]. Tatsächlich kam dabei heraus, dass die Nabelschnur zur jüdischen Tradition zerschnitten wurde: Die Pflicht zur Beschneidung – von den Griechen als widernatürlich abgelehnt – entfiel, die Bindungen an das mosaische Gesetz wurden aufgelöst, die Lehren der jüdischen Tradition verworfen, die ihre messianischen Hoffnungen in die

Forderungen nach politischem Aufruhr und nach sozialen Veränderungen getaucht hatten. Die Radikalität dieser Abkehr wurde vor allem in Jerusalem empfunden: Dort hatte allein schon der Hass gegen die barbarischen Sieger und die religiös aufgeladene Hoffnung, das Blatt doch noch militärisch wenden zu können, die strenge Einhaltung der jüdischen Bräuche als Akt der Solidarität mit Israel verlangt. Jede Abkehr davon konnte nur als Verrat und als Trennung von dem politischen und geistigen Schicksal Israels gewertet werden – ein Gedanke, der denn auch für die Mehrheit in der christlichen Urgemeinde bis zum Untergang Jerusalems unerträglich war. Trotzdem: Die Christen nahmen den Auftrag zur Missionierung der Heiden an, den ihnen Paulus als göttlichen Auftrag vorgestellt und legitimiert hatte. Ihre erste Generation, selbst noch gefangen in der Vorstellung, die Parusie noch zu erleben [1 Thess. 4, 15 ff.], hatte den Weg in die Welt der Griechen gefunden. Die Zukunft des Christentums koppelte sich damit von dem Schicksal des jüdischen Volkes ab und erhielt ihre neuen Determinanten in der Auseinandersetzung mit dem Griechentum.

Die Ausbreitung, die Festigung der Glaubensinhalte, die neue Würde des Schwachen

Die christliche Lehre vom gekreuzigten Gottessohn, der keine Götter neben sich dulden wollte und der seine Botschaft an alle Menschen richtete, war der griechischen Vorstellungswelt nur schwer zugänglich. In ihr war kein Platz für einen jüdischen Messias, dessen Leben und Sterben als ungebildeter Handwerker, wundertätiger Lehrer und entlarvter Verbrecher so gar nichts von der behaupteten Göttlichkeit an sich hatte. Als die Christen griechischen Boden betraten, mussten sie zuallererst ihre Botschaft für die Griechen verständlich, der dortigen Tradition gemäß und den umlaufenden Hoffnungen entsprechend formulieren, um der ihnen von Gott aufgetragenen Pflicht gerecht zu werden, die Lehre Christi in alle Welt zu tragen.

Zwei Voraussetzungen machten die Aufgabe lösbar: Zum einen war das den christlichen Missionaren gestellte Problem nicht neu, da bereits das Judentum in der Diaspora der griechischen Großstädte die Notwendigkeit einer theologischen Verständigung mit dem griechischen Geist erkannt hatte. Zur selben Zeit, als die ersten christlichen Lehrer durch die Städte Syriens und Kleinasiens zogen, war Philon von Alexandrien daran gegangen, den jüdischen Glauben in die griechische Sprache und Denkform umzusetzen und das methodische Rüstzeug dafür bereitzustellen. Zum anderen waren die Inhalte des christlichen Glaubens nur grob festgelegt und ganz unausgedeutet, sodass die prinzipielle Offenheit der Lehre sie dem Zugriff des bereitliegenden griechischen Methodeninstrumentars und seiner Begrifflichkeit öffnete und – bis zu einem schwer zu bestimmenden Grade – auch auslieferte. Textlich sakrosankte Bekenntnisse, die den Glaubensfundus verbindlich festhielten, kannte die frühe Kirche nicht, und der Überschwang des Gefühls, die empfangene Erlösungsbotschaft öffentlich verkünden zu müssen, legte ihre Formulierung auch gar nicht nahe. Aus der jüdischen Tradition hatte man den sicheren Glauben an einen einzigen Gott, der Himmel und Erde geschaffen hatte, übernommen, und die Lehre Jesu hatte die Vaterschaft Gottes besonders herausgestellt. Die Prediger des neuen Glaubens konzentrierten sich jedoch in ihrem missionarischen Eifer auf das völlig Neuartige der Lehre: Gottes Sohn hatte durch seinen Kreuzestod die Sünden dieser Welt auf sich genommen, er war von den Toten auferstanden, und er hatte durch beide Akte die Erlösung des Menschen, sein individuelles Heil im Jenseits, möglich gemacht [1 Kor. 15, 3ff.; 1 Petr. 3, 18ff.]. Aus der Sicht der gläubigen Christen ergab sich daraus eine einfache und einleuchtende Konsequenz: Was immer die präzise Ausformulierung der Lehre an begrifflichen und interpretatorischen Schwierigkeiten aufwerfen mochte, nichts durfte die Gewissheit, das jenseitige Heil tatsächlich auch erreichen zu können, in Frage stellen.

Die Art und Weise, in der auf dieser Basis die Verständigung mit der griechischen Weltauffassung begann, wurde zunächst bestimmt durch die sozialen Schichten, auf die das Christentum in den griechischen Städten stieß. Die Welt der kleinen Leute, in die die christlichen Missionare – selbst aus ihr stammend – eintauchten, ihre Sehnsüchte und Hoffnungen entschieden über das weitere Schicksal des neuen Gottes, dessen Prediger sein Erscheinen auf Erden, seinen Machtanspruch und sein Heilsversprechen trotz seines Todes am Kreuz überzeugend dartun mussten. Wenig Widerstand leisteten die heidnischen Götter. Sie hatten sich weit über das Volk erhoben, und ihre Tempel und Kulte verloren mehr und mehr ihre eigentliche soziale und politische Funktion: Sie schufen keine Gemeinschaft mehr, sie setzten keine Ordnung in die römisch gewordene Welt, und sie boten keine Orientierung in den Nöten des täglichen Lebens. Gerade hier erwartete der einfache Mann Hilfe, Trost, Zuspruch und darüber hinaus eine Form der kultischen

Verehrung, die Raum für das Ausleben seiner Gefühlswelt ließ. Seine Bereitschaft, das Göttliche in dieser Welt und nicht in den lichten Höhen des Olymp zu finden, sein fester Wille, daran zu glauben und sich ihm mit religiöser Inbrunst zu nähern, waren so geschärft, dass bereits wundertätige Zeichen und übermenschlich scheinende Taten die kultische Verehrung ihrer Träger nach sich zogen. „Götter sind in Menschengestalt zu uns herabgekommen", rief die Menge, als Barnabas und Paulus in Lystra einen Gelähmten heilten, und der Priester des Zeustempels brachte Ochsen und Kränze, um gemeinsam mit dem Volk den herabgestiegenen Göttern zu opfern [Apg. 14, 10 ff.]. Sie taten damit kund, was die Sehnsüchte aller lenkte: Die Hoffnung auf die Nähe des Göttlichen in einer trostbedürftigen sozialen Welt.

Gepredigt wurde in griechischer Sprache. Damit war die Aufgabe vorgegeben, die Begrifflichkeit neu zu fassen, die in der Form der jüdischen Messiastitulatur den Griechen unverständlich war. An ihre Stelle traten die Titel „Herr" (Kyrios) und „Gottessohn", die beide den Kerngedanken von einem göttlichen Wesen in Menschengestalt begrifflich fassbar machten. Assoziativ war diese Vorstellung den meisten Griechen ohnehin begegnet, da sie in den griechischen und orientalischen Mysterien gegenwärtig war. Sie hörten denn auch zunächst von einem göttlichen Wesen, das als Mensch aufgetreten und gestorben war und wieder in die göttliche Welt aufgestiegen sein soll [Philemon 2, 6ff.]. Seine Nähe zu den Menschen lehrte die Predigt von „der Auferstehung der Toten" [Apg. 24, 21] und dem bevorstehenden Weltgericht, dem der in den Himmel Aufgefahrene als Richter vorstand und das den Gläubigen den Weg der Rettung wies [1 Thess. 1, 9 f.]. Aber auch der elementare Unterschied zu allen Mysterien war für jedermann spürbar: Am Anfang stand kein Mythos, sondern ein beschreibbarer historischer Vorgang. Jesus war zwar Gottessohn, aber er war zugleich ein leibhaftiger Mensch gewesen. So sehr die Evangelisten es als ihre wichtigste Aufgabe ansahen, die Glaubensüberzeugungen über Jesus sorgfältig darzustellen, zu erklären und zu rechtfertigen – d. h. die Existenz Jesu in die Atmosphäre des Glaubens zu tauchen –, so wenig konnten und wollten sie die unmittelbare Wirksamkeit verdecken, die von der einmal gehabten historischen Realität ausgeht. Denn sie knüpft ein weit engeres Band menschlicher Solidarität, als dies eine mythische Gestalt je vermag. Die Sicherheit, am Ende aller Zeiten erlöst zu werden, konnte allerdings nur der Gott vermitteln. Dieser Kerngedanke des Glaubens beherrschte alle anderen Fragen, sodass nicht zufällig ihm die ersten tastenden Versuche galten, zu formelhaften Glaubenssätzen zu kommen: „denn so du mit deinem Munde bekennst Jesus, dass er der Herr (Kyrios) sei, und glaubst in deinem Herzen, dass ihn Gott von den Toten auferweckt hat, so wirst du gerettet" [Paulus, Römerbrief 10, 9].

Die ethischen Handlungsnormen, die sich aus der Unterwerfung aller sozialen und politischen Gegebenheiten unter die individuelle Heilserwartung ergaben, wurden durch den Teil der Lehre Jesu festgelegt, der in seiner Umwelt und in den folgenden Generationen den nachhaltigsten Widerhall gefunden hatte. „Die Predigt der Liebe und der Hilfeleistung" (Harnack) zeigte dem Einzelnen den Weg zu seinem Heil in der praktischen Barmherzigkeit und in der Hingabe an die Schwachen und Hilflosen. Der Gott, der sich als Mensch mit seiner ganzen himmlischen Liebe vor allem an die Schwachen gewandt hatte, hatte vorgelebt, woran sich jeder zu halten hatte, der ihm nachfolgen wollte.

Das soziale Pathos, das diese Lebensmoral durchdrang, bot naturgemäß ausreichend Zündstoff für sozialradikale Parolen, die auf eine Veränderung der gesellschaftlichen Abhängigkeiten und eine Neubestimmung des Reichtums zielen konnten. Dass es dazu gar nicht erst kam, verhinderte bereits die Hoffnung der ersten Generationen, am Ende der Zeit angelangt zu sein: Im Angesicht des Weltrichters erschienen soziale Programme ebenso töricht wie die Predigt des Aufruhrs gegen die Etablierten. Je länger jedoch das erwartete Ende ausblieb, umso nachdrücklicher schoben sich die täglichen Sorgen des Weiterlebens in den Vordergrund, und umso einsichtiger wurde die Notwendigkeit, sich auf dieser Erde für eine lange Zeit einrichten zu müssen. Dabei galt auch hier und vorab der Grundsatz, dass das vorhandene soziale Umfeld die Forderungen der sozialen Ethik seinen Bedürfnissen anpassen müsse. So korrigierten als erste die Gemeinden mit einer stabilen Sozialstruktur die auf Jesus zurückgeführten radikalen Positionen gegen den Reichtum. Der Aufruf des „Liebe deinen Nächsten wie dich selbst" [Matth. 22, 39] fand von selbst seinen praktischen Bezug und las sich als soziale Verpflichtung gegenüber den Armen und nicht als Forderung, die vorhandenen Reichtümer unter die Gemeindemitglieder zu verteilen.

Der Weg war damit frei, die Lehre der Nächstenliebe, die dem Christentum für viele Jahrhunderte seine besondere Ausstrahlungskraft verleihen sollte, in der Form der organisierten Armenpflege den städtischen Unterschichten nahezubringen, ohne zugleich die Umwälzung des Besitzes zu fordern. In dem Maße, in dem das Christentum in der sozialen Pyramide aufstieg und sich seine Gemeinden in die allerorts vorhandene soziale Welt einpassten, wurde die Anerkennung der bestehenden sozialen Ordnung Bestandteil der Lehre. „Jeder bleibe in dem Stand, in dem er berufen worden ist", schrieb Paulus an die Korinther, als diese die radikale Gleichheit des Glaubens auf die sozialen Verhältnisse übertragen wollten [1 Kor. 7, 20 ff.]. Dieser Grundsatz regierte nicht unangefochten – aber er regierte. Die von Paulus und seiner Heidenmission durchgesetzte Universalität des Missionsgedankens wurde jetzt ergänzt durch die soziale Universalität: Den Weg zu den Armen hatte die praktische Nächstenliebe gewiesen, ohne die sozialen Eliten der Städte von der Teilhabe an der neuen Wahrheit auszuschließen.

Es blieb die Aufgabe, die Formen des Kultvollzuges und der Gemeindeversammlung festzulegen. Jede Religion bedarf der ständigen und feierlichen Vergegenwärtigung des Göttlichen in der Mitte der Gemeinde: Der jüdische Tempel in Jerusalem und die Tempel der Griechen und Römer dienten als Wohnung des Gottes, und die Mysterienkulte holten durch Bild und Handlung ihren Gott in die Gegenwart zurück. Alles dies konnte für die Christen kein Vorbild sein. Für sie sind die Gläubigen der Tempel Gottes [1 Kor. 3, 16], die den von Menschenhand gefertigten Tempeln entgegenstehen. Die Kultgemeinde bedurfte daher auch nur eines profanen Gebäudes, um den Glauben an den Sohn Gottes und an seine Heilsfunktion gemeinsam wachzuhalten. Geeignet musste jeder Raum sein, der die Gemeindemitglieder fassen konnte: Die in Dura Europos gefundene einzige Hauskirche aus vorkonstantinischer Zeit besteht denn auch aus zwei aneinanderstoßenden Räumen, die zu einem langen Versammlungsraum vereinigt wurden; die Taufkapelle war in einem Nebenraum untergebracht. Für diese Zwecke boten sich die Häuser der Bessergestellten fast von selbst an. Sie gewährten zudem in einer fremden und häufig feindlichen Umwelt den Christen den besten Schutz und ließen den Gastgebern – ohnehin dank ihrer sozialen Stellung dazu verpflichtet – die Möglichkeit, ohne größeren Aufwand das gemeinsame Mahl für die Versammelten auszurichten [Römerbrief 16, 5; Apg. 3, 46].

Eine feste Liturgie war damit noch nicht an die Hand gegeben. Die Notwendigkeit, zu einer klaren Ordnung des Kultvollzuges zu kommen, hatte angesichts ekstatischer Auswüchse in der korinthischen Gemeinde zwar bereits der erschrockene Paulus formuliert [1 Kor. 11, 17ff.]. Schnell verfestigen konnte sich jedoch zunächst nur die religiöse Formensprache, bestehend aus Gebeten und Riten; hier ist ein prinzipieller Unterschied – anders als beim Kultraum also – zu den in der heidnischen Welt praktizierten Bräuchen nicht erkennbar. Auch die Christen beteten, riefen Gott an (Kyrie eleison), legten Gelübde ab, wallfahrteten und kannten bestimmte Gesten und symbolische Akte (Friedenskuss,

Fußwaschung etc.). Verbindliche und die Gemeindegrenzen übersteigende Regelungen waren jedoch erst möglich und vernünftig, als die Visionen des nahenden Gottesgerichtes verblassten. Sie benötigten darüber hinaus die Ausbildung institutionalisierter Ämter in den Gemeinden, deren Träger ihre Funktionen in einheitliche liturgische Formen hüllten, um ihren Auftrag verständlich und durchsetzbar zu machen und um die freie Auslegung der Lehre durch jedermann zu beenden. Anfang des 2. Jhs. bezeugen Verhöre, die der Statthalter Plinius in den bithynischen Gemeinden durchführte, dass die Christen „an einem bestimmten Tag vor Tagesanbruch zusammenkamen, um Christus, als sei er ihr Gott (*Christo quasi deo*), im Wechselgesang einen Hymnus zu singen"; später seien sie „wieder zusammengekommen, um eine Mahlzeit einzunehmen, jedoch eine gewöhnliche und unschuldige" [Briefe 10, 96, 7].

Der Status einer fest umrissenen Ordnung wird damit erkennbar: Neben die morgendliche Zusammenkunft zu Gebet und Belehrung tritt die zu einer anderen Zeit und an einem anderen Ort begangene gemeinsame Mahlzeit, mit der die Eucharistie noch verbunden ist. Bereits wenige Jahrzehnte später davon getrennt, werden zu ihr nur noch die Getauften zugelassen [Justin, apol. 1, 61–67], und die Bischöfe sichern und überprüfen den ordnungsgemäßen Vollzug. Die Griechen erkannten jetzt auch an der äußeren Form, dass der Kerngedanke des neuen Glaubens die Verehrung des Gottes Christus (*Christo quasi deo*) war, dessen Heilsfunktion im hymnischen Bekenntnis entfaltet wurde. Seine Predigt der tätigen Liebe und der Hilfeleistung war in der Form des gemeinsamen Mahles auch Teil des Kultvollzuges geworden. Jenseits aller Spekulationen über die erst im 3. Jh. ernsthaft beantwortete Frage, was genau unter der Feier der Eucharistie zu verstehen sei [Cyprian, Briefe 63, 2–14], enthüllten die hymnischen Äußerungen des Glaubens und die Praxis des gemeinsamen Mahles, worum es im wesentlichen ging. Der unbefangene Städter, der von umlaufenden Gräuelgeschichten über kultische Exzesse der Christen – die *flagitia* des Tacitus und des Plinius – nichts hören wollte oder konnte, sah den eigenen traditionellen kultischen Rahmen denn auch nicht gänzlich verlassen: Die Christen praktizierten das Opfer, und sie hatten eine symbolische Mahlgemeinschaft zu ihrem wichtigsten Sakrament erhoben, dessen theologische Umhüllung seit dem 3. Jh. Opfermahl und Sühneopfer miteinander zu verbinden begann.

Die Mehrzahl der frühen Christen stammte aus den unteren Schichten der Städte, deren sozialer Status immer noch besser war als der der ungebildeten und ausgebeuteten Bauern auf dem Lande, zu denen die Missionare erst am Ausgang der Antike den Weg fanden. Das städtische Proletariat, das Kleinbürgertum aus Handwerkern und Kleinhändlern, Sklaven und vor allem Frauen fanden in den christlichen Idealen und in der christlichen Lebenspraxis einen Ersatz für all das, was ihnen die Herrschenden vorenthielten. Im religiösen und täglichen Leben der Gemeinde nahmen sie alle gleichberechtigt teil, fanden Raum für ihre schlichte Gefühlswelt, und die Fürsorge für die Armen und Kranken umhüllte sie ebenso wie die ihnen allen gemeinsame Hoffnung auf ein besseres Dasein im Jenseits. Der kleine Handwerker, der Ölverkäufer in den Vorstädten, die Zuschneiderinnen der Tuchbetriebe, das anonyme Heer der Hausfrauen, deren Tag von der Sorge um das tägliche Brot ausgefüllt war und deren Unbildung nur Hohn und Spott auslöste [Minucius Felix, Octavius 5, 4], sie alle erfuhren in den Versammlungen der Christen zum ersten Mal, was es hieß, Gehör zu finden und für andere nützlich zu sein. Hier wurden sie anerkannt – jenseits aller Fragen nach materiellem und geistigem Reichtum oder nach großen Taten für Staat und Gesellschaft.

Als diese Menschen in den Jahrzehnten der Verfolgungen vor den Richter geschleppt wurden, da verteidigten sie ihren Glauben auf anrührende Weise, indem sie auf die mitgebrachten Briefe des Paulus oder andere schriftliche Autoritäten verwiesen [Märtyrerakte von Scili, 12]. Ihre Treue für Kaiser und Reich bezeugten sie mit ihren Gebeten, in denen sie entsprechend den Weisungen des Paulus für das Wohl der gottgewollten Obrigkeit eintraten [vgl. 1 Clemensbrief]. Aber nichts und niemand hätte sie dazu bringen können, ihr persönliches Heil nach dem Tode und vor allem ihre in der Gemeinschaft der Christen neu gewonnene persönliche Würde gegen ihr armseliges Leben einzutauschen. Als *militia Christi* erwartete sie der fürstliche Lohn ihres himmlischen Imperators; als Abtrünnige blieb ihnen die Verachtung und eine kurze Zukunft, die bar jeder Hoffnung war. Selbst ihre Einfalt (*simplicitas*) wurde durch den Glauben an Christus geadelt: Von ihr hatten die Gemeindevorsteher gesagt, dass sie ein untrüglicher Beweis für die Richtigkeit des Glaubens sei [Tertullian, apol. 23, 7]. Die Vorsteher hatten häufig und lange Zeit unwidersprochen hinzugefügt, dass diejenigen in der Gemeinde, die zu viel und gar mit Hilfe philosophischer Traktate über die Wahrheiten des Glaubens nachdachten, dem Irrtum im Grunde bereits verfallen waren und das persönliche Heil der Erlösung verspielten.

Und schließlich hatte ihnen die Autorität der Evangelien, allen voran das des Lukas, versichert, dass die materielle Armut den Weg in das

Himmelreich ebne und der Reichtum jeder Hoffnung auf die Freuden des Himmels entgegenstehe; damit war das eherne Grundgesetz der antiken Gesellschaft, nach der sie die soziale Anerkennung zu verteilen pflegte, auf den Kopf gestellt. Den „Mühseligen und Beladenen" wurde in der Form der künftigen Erlösung die sicherste Zukunft gewährt. Damit schwand schließlich jede moralische Unterwürfigkeit vor den Mächtigen dieser Erde, denen Gott – gemessen an dem vor allem zu erreichenden Ziel der ewigen Glückseligkeit – die Lebensaufgabe schwerer als dem kleinen Mann gestellt hatte.

Das christliche und das römische Staats- und Religionsverständnis

„*Nec ulla magis res aliena quam publica* (keine Angelegenheit ist uns fremder als eine öffentliche)", auf diese knappe Formel brachte Tertullian, was angesichts ihrer eschatologischen Hoffnungen die Mehrheit der frühen Christen bewegen musste, wenn sie ihr Verhältnis zum römischen Staat definieren sollten. Eine andere Haltung war auch schwerlich zu erwarten, solange die irdische Welt voller Fallstricke für den eiligen christlichen Pilger war, der seine ewige Seligkeit unterwegs nicht verlieren wollte: „Die jetzige und die zukünftige Welt sind zwei Feinde. Die jetzige predigt Ehebruch, Verderben, Geldgier und Betrug, die andere widersagt diesem. Wir können also nicht beider Freund sein, wir müssen dieser Welt entsagen und uns der anderen anschließen" [2 Clemensbrief 6, 3 ff.; Korinth Mitte des 2. Jhs.]. Aus dieser Weltsicht ließ sich kein Gegensatz zum römischen Staat ableiten. Im Gegenteil: Das Problem konnte bei dieser Distanz der nüchternen Frage unterworfen werden, ob das römische Weltreich der Ausbreitung des Glaubens hinderlich oder förderlich sei und ob die römische Obrigkeit die Christen ihr Leben leben lasse oder nicht. Wiederum war es Paulus, der darauf eine Antwort fand, die dank ihrer richtigen Einschätzung der römischen Herrschaft die apokalyptischen Visionen vom Reiche Satans an den Rand des christlichen Denkens drängte [vgl. z. B. Hippolyt, Danielkomm. 4, 9]. Der Staat, den Paulus in seinem Brief an die römische Gemeinde [13, 1–7] als von Gott gegeben kennzeichnet, dem Gehorsam geschuldet werden müsse, ist der Staat der römischen Kaiser, denen der römische Bürger aus Tarsos damit bescheinigt, dass sie ihre von Gott verliehene Macht richtig gebrauchen. Zugleich folgte aus dieser Aussage die öffentliche Abkehr von den Zielen des Widerstandes des orthodoxen Judentums, mit dem die Christen gerade im fernen Rom schnell identifiziert werden konnten.

Die Bekundungen der Loyalität gegen Rom durchziehen die gesamte apologetische Literatur des zweiten Jahrhunderts, nachdem bereits das erste den römischen Staat von der Schuld am Tode Jesu freigesprochen hatte: In den Passionsgeschichten der Evangelien findet Pilatus keine Schuld an Jesus und ein römischer Centurio zeugt unter dem Kreuz für den Sohn Gottes, den die Führer des jüdischen Volkes anstelle eines Mörders dorthin gebracht hatten. Eine ganze Reihe fiktiver Pilatusschriften machte den römischen Statthalter – nicht ohne Logik – schließlich zum amtlichen Kronzeugen der Geschichtlichkeit der Auferstehung, sodass Tertullian die heidnischen Leser seiner Apologie mit dem Hinweis beeindrucken kann, Pilatus sei in seinem Gewissen selbst schon Christ gewesen [*pro sua conscientia Christianus*: 21, 24]. Es ist unerheblich, ob die Christen selbst derartige Geschichten glaubten oder nicht. Sie waren eine Form, in der man der Überzeugung Ausdruck verleihen konnte, loyale Untertanen des Kaisers zu sein: „Wir beten zwar Gott allein an, euch (sc. die Kaiser) aber leisten wir freudigen Gehorsam, indem wir euch als Könige und Herrscher anerkennen" [Justin, um 150]. Der Kaiser ist denn auch der Adressat aller Eingaben, die um Schutz vor Pogromen und statthalterlichen Übergriffen bitten, und in denen die pflichtbewusste und gesetzestreue Lebensführung der Christen ebenso wie ihre Gebete für Kaiser und Reich hervorgehoben werden: „Gib ihnen, Herr, Gesundheit, Frieden, Eintracht, Beständigkeit, damit sie die ihnen von dir gegebene Herrschaft untadelig ausüben" [1 Clemensbrief 61, 1; um 95].

Das Gebet für den Staat ist von den Christen immer wieder als Beweis für ihre Unterstützung Roms vorgelegt worden. Nichts anderes tat auch der Heide vor den römischen Staatsgöttern. In einer Welt, die tief von dem Glauben durchdrungen war, dass das Einvernehmen mit den Göttern dem Reich seinen Bestand sicherte, entsprach dies auch dem persönlichen Interesse jedes einzelnen. Der Christ war nur gewiss, dass der Adressat der heidnischen Gebete falsch war und sein Gott als der einzig wahre zugleich auch allein die Macht habe, das Imperium zu erhalten: „Würden die Römer sämtlich zum Glauben kommen, so würden sie durch ihr Gebet den Sieg über ihre Feinde gewinnen" [Origenes, contra Celsum 8, 70; 73]. Die Überzeugungskraft dieses Gedankens zeigte sich, als Galerius in seinem Toleranzedikt von 311, das die diokletianischen Verfolgungen beendete, das Angebot der christlichen Fürbitten ausdrücklich annahm und ihre wichtigste Funktion genau beschrieb: „Sie sollen also wiederum Christen sein ... Und sie sollen zu ihrem Gott beten für unser Wohlergehen, für das des Volkes und für ihr eigenes, damit das Staatswesen in jeder Beziehung unversehrt bleibe und sie sorglos in ihren Wohnungen leben können" [Eusebios, Kirchengeschichte 8, 17, 10].

Schließlich erfuhren Paulus und alle christlichen Missionare handgreiflich am eigenen Leibe, was der römische Friede und die römische Ordnung für ihr Tun bedeutete, das sie gemäß ihrem göttlichen Auftrag zu allen Völkern dieser Erde führen sollte. Die späteren Generationen haben diesen elementaren Tatbestand, dass Rom und sein Weltreich die Ausbreitung der christlichen Lehre erst möglich gemacht haben, offen ausgesprochen und daraus schließlich die theologische Legitimation des Imperiums abgeleitet. Die unmittelbare Erfahrung der wegbereitenden Funktion des Weltreiches verdichtete sich dabei zu der Erkenntnis, dass es Gottes Ratschluss gewesen sein muss, der Augustus die Bürgerkriege beenden und das Weltreich herstellen ließ, um der Lehre Jesu die Pfade zu allen Menschen zu ebnen. Der Alexandriner Origenes (gest. 254), der größte christliche Denker der antiken Welt, hat mit derartigen Gedankengängen theologisch reflektiert, was vor ihm bereits ein naheliegendes apologetisches Thema gewesen war. Der Bischof von Sardes, Melito (gest. vor 190), hatte in einem Brief an Mark Aurel bereits behauptet, dank der Begünstigung des Christentums durch Augustus „sei das römische Reich zu Größe und Herrlichkeit gediehen" [bei Eusebios a.a.O. 4, 26, 7 ff.]. Vor diesem Hintergrund wird der Jubel der *ecclesia triumphans* unter Konstantin verständlich, das Imperium müsse Teil des göttlichen Heilsplans sein, und im Bündnis des Frieden stiftenden Weltstaates mit der Weltkirche erfüllten sich die eschatologischen Hoffnungen der Christen: „Nun ist dies aber ein Werk des über allen stehenden Gottes gewesen, dass er durch die noch größere Furcht vor der obersten Macht (sc. des römischen Kaisers) die Feinde seines Logos unterworfen hat" [Eusebios, Evangel. Beweisführung 3, 7, 35].

Alle diese Stationen der christlichen Hinwendung zum römischen Staat, so eindrucksvoll sie auch immer waren, haben den offenen Konflikt und seine Verschärfung bis hin zur totalen Konfrontation unter Diokletian nicht verhindern können. Zu sehr blieb das christliche Weltverständnis dem Gedanken von der irdischen Pilgerexistenz des Einzelnen verhaftet, um ernsthaft das Bündnis mit Rom zu proben. Dem Ziel des Christen und dessen Erreichung jenseits des irdischen Raumes waren nur Übungen der christlichen Tugenden nützlich; der Staat der Kaiser trug dazu nichts bei. Seine Existenz gründete zwar im göttlichen Gesetz, es fehlte ihm jedoch jede eigene über den Anspruch auf Gehorsam hinausgehende Autorität. Sie wäre – wie später in der Welt der Kaiser der Spätantike und des Mittelalters – nur durch die Einrichtung oder Förderung von Institutionen zu gewinnen gewesen, die der Vervollkommnung des christlichen Lebenswandels hätten dienen können. Die Selbstdarstellung Roms in seinen Göttern und im Kaiserkult schloss diese Möglichkeit aus. Ja sie verdichtete die im täglichen Leben und im Kult ohnehin vollzogene Abkehr der Christen von ihrer heidnischen Umwelt zur Vorstellung von der religiösen Autarkie, die es gerade gegenüber der römischen Weltordnung zu behaupten gelte, die Kult und Politik im sakralen Raum verbunden hatte. Religion war in Rom immer Bestandteil des Staates gewesen, sodass auch das gesamte Sakralwesen immer der öffentlichen Rechtssphäre angehört hatte und Politik und praktische Ethik immer zusammenhängend gedacht worden waren. Nichts davon war für die Christen annehmbar, sodass es erst der besonderen historischen Konstellation unter Konstantin bedurfte, um das staatliche Interesse und das am jenseitigen Heil orientierte Lebensideal der Christen in der Person des von Gott in sein Amt berufenen Kaisers zu verbinden.

Die römische Religion war radikal diesseitig. Ein offenbartes, göttlich gestiftetes Recht, das den Menschen hätte vermittelt werden müssen, war ihr unbekannt, und einen Gegensatz zwischen Staat und Religion, Magistratur und Priesteramt (*sacerdotium*) hat sie nie gestattet. Dementsprechend entstammten die römischen Priester der gleichen aristokratischen Schicht, aus der sich die Magistrate rekrutierten. Wie diese waren sie der höchst irdischen Aufgabe verpflichtet, das Gemeinwesen zu erhalten: Durch ihre genaue Kenntnis der göttlichen Forderungen an den Menschen stellten sie im täglichen Leben des Staates sicher, dass alles getan wurde, was das ständige Einvernehmen mit den Göttern begründete und damit die Existenz des Staates vor göttlichen Zornesausbrüchen schützte. Die politische, religiöse und gesellschaftliche Erscheinung der *res publica* und die ihrer Bürger blieben denn auch untrennbar miteinander verbunden. Die Magistrate vereinigten in ihrer Hand von Anfang an *imperium* und *auspicium*: Das heißt, die politisch-militärische Gewalt hüllte sich immer zugleich in das priesterliche Charisma. „Die Rechtsvollmacht zur glücklichen Durchführung staatlicher Unternehmungen beruht auf dem *augurium*", schrieb Cicero, um die Identität von staatlichem und religiösen Handeln klar zu machen. Den Priesterkollegien, die sich auf bestimmte

Tätigkeitsfelder spezialisieren durften, beließ dieses Verständnis nur die Rolle von Beratergruppen [Cicero, har. resp. 18].

Die rituellen Vorkehrungen, die von Familie und Staat täglich gefordert wurden, dienten dazu, das Gemeinwesen für alle in seinem politischen und sozialen Zustand zu erhalten: Das heißt, die Priester erteilten keinen geistlichen Rat, sondern sie nannten die für den jeweiligen Sachverhalt tauglichen Riten, die das Benehmen mit den Göttern sicherten; die Rolle des Hüters der überkommenen Ordnung ergab sich daraus vor allem für den *pontifex maximus*. Das Recht definierte sich als Wissen von den menschlichen und göttlichen Dingen: Das heißt, es gab Auskunft in der für die Gesellschaft und ihr Überleben entscheidenden Frage, was in ihrem Leben erlaubt sein könne und was nicht [Ulpian, 1 reg.; Digesten 1, 1, 10, 2].

Dieses Verständnis von Religion ließ einen religiös indifferenten Staat nicht zu; die Gemeinschaft der Bürger war immer auch zugleich politische und kultische Gemeinschaft und verpflichtete alle, am Kult der Götter, die den Staat schützten, teilzunehmen oder diesen wenigstens nicht zu kritisieren. Trotzdem waren die Konflikte gering, da die polytheistische Göttervorstellung das Phänomen der religiösen Exklusivität nicht aufkommen ließ und niemand darüber nachzudenken brauchte, wie Andersgläubige zu bekehren oder auszurotten seien. Die normale Begegnung mit einem fremden Gott verlief so, dass dieser samt seinem Kult in Rom heimisch wurde und seinerseits die römische Ordnung anerkannte und ihr seinen Schutz versprach. Anders: Die staatliche Obrigkeit sah sich nur dann herausgefordert, wenn fremde Religionen den Verdacht nährten, durch ihre Kultformen und durch die praktische Lebensführung ihrer Mitglieder den Staat und das allgemeine Verständnis von Moral zu gefährden. In diesen Fällen wurde nicht die Zugehörigkeit zu einer Glaubensgemeinschaft bestraft, sondern die Zugehörigkeit zu einer Personengruppe, der Delikte und Verbrechen, begangen unter dem Deckmantel der kultischen Verehrung eines Gottes, vorgeworfen wurden.

Die Fragen nach der Wahrheit der religiösen Aussagen und generell danach, was in den Köpfen der Menschen vor sich ging, spielten keine Rolle. Als der Statthalter Plinius in Bithynien Christen vor sein Tribunal lud und einige der Folter unterwarf, wollte er in Erfahrung bringen, wie es bei ihrem Kultvollzug zuging und wozu sich die Christen eigentlich verpflichteten. Das Verhör zielte also auf den Nachweis von Verbrechen (*flagitia*) und nicht auf den Glaubensinhalt. Als Plinius schließlich nichts weiter herausbekam als einen besonders verschrobenen Aberglauben (*superstitio prava*), wandte er sich einigermaßen ratlos an den Kaiser und bat um Instruktionen [Plinius, Briefe 10, 96]. In der Tat: Erst eine theologische Disziplin konnte der Frage nach der Wahrheit des Glaubens Leben einhauchen. Diese war im Raum der römischen Religion undenkbar, da sie das Verhältnis des Menschen zu den gefährlichen Mächten des Götterhimmels durch die Wahrung der sakralrechtlich fixierten Verehrungs- und Befragungsformeln stabilisierte.

Innerhalb des Imperiums erhielt die religiöse Vorstellungswelt der Römer ihr spezifisches Gesicht. Ihre Herrschaft beschränkte sich auf den politischen und wirtschaftlichen Raum, sodass in den Provinzen weder bestehende Kulte verboten noch neue zwangsweise eingeführt wurden. Es gab keine Erscheinung, die mit dem Stichwort Reichsreligion zu umschreiben wäre; die religiösen Grundlagen der staatlichen Ordnung waren und blieben die spezifisch römischen, und sie erstreckten sich dementsprechend nur auf römische Bürger. Allein der Kaiserkult war allen gemeinsam, jedoch nur als Akt der Loyalitätsbekundung gegenüber Rom und nicht als Praxis, die irgendwelche religiösen Vorstellungen und Anhänglichkeiten stimuliert hätte. Was er dokumentierte und vertiefte, war das Bewusstsein von der Gemeinschaft der Untertanen, aber nicht von der Gemeinschaft der Gläubigen.

Spezifisch römisch war schließlich auch die Gewissheit, von den Göttern in besonderer Weise ausgezeichnet worden zu sein. Der sichtbarste Beweis ihrer Gunst waren die Weltherrschaft und das Imperium. Die vom Anfang der Geschichte an kontinuierlich und gewissenhaft ausgeübte religio, so lautete das der praktischen Anschauung entlehnte politische Credo Roms, hatte den Göttern die Gewährung der Herrschaft über den *orbis terrarum* geradezu abgetrotzt. Die beiden Jahrhunderte nach Augustus hatten keine Schwierigkeiten, diesen Gedanken ohne besonderen Nachdruck wachzuhalten. Die Herrschaft ebenso wie die mit ihr gegebene Prosperität waren so gesichert, dass das ganze Problem nicht als existenzielles empfunden werden musste. Daher wurden Randgruppen nicht weiter beachtet, die wie die Christen abseits standen, wenn durch Opfer, Umzüge und Feste das Wohlwollen der Götter beschworen wurde. Latent jedoch wurde auch von ihnen die Antwort auf die Frage gefordert, in welcher Form sie sich an den staatserhaltenden Kulten beteiligen wollten und wieweit ihre eigene religiöse Überzeugung es zulassen konnte, den Göttern Weihrauch zu streuen, damit das in der Person des Kaisers wirksame göttliche Weltregiment seine Macht behielt. Niemand konnte an dem tödlichen Ernst der Mahnung zweifeln, die Cassius Dio den Kaisern des dritten Jahrhunderts mit auf den Weg gab: „Willst du unsterblich werden, so verehre hinfort selbst die Gottheit nach der Väter Sitte, und nötige auch die anderen, sie zu ehren. Die aber hiervon abweichen, die hasse und züchtige, und zwar nicht allein der Götter wegen, sondern auch, weil Leute, die an ihre Stelle irgendwelche neuen göttlichen Wesen setzen, viele dazu verleiten, sich eigene Gesetze zu machen, woraus dann Verschwörungen, Komplotte und Geheimbünde entstehen" [52, 36, 1 f.].

Der Konflikt

Weder die dem gottgegebenen Staat unterwürfige Kirche noch das an dem religiösen Denken seiner Untertanen desinteressierte Rom suchten den Konflikt. Der Grund aller Konfrontationen lag denn auch im gesellschaftlichen Bereich: Die christliche Abkehr von dieser Welt überschritt das Maß, das einer ganz anders denkenden und handelnden Gesellschaft noch zuzumuten war. Die Lehre von dem gekreuzigten Gottessohn, „den Juden ein Ärgernis, den Heiden eine Torheit" [Paulus, 1 Kor. 1, 23], mochte noch angehen, zumal sie sich nicht vorrangig an die Gebildeten wandte. Der radikale Bruch mit jeder Tradition jedoch, die Intoleranz des neuen monotheistischen Glaubens, der die alten Götter verurteilte und verhöhnte, der in Privathäusern stattfindende Kult mit unbekannten Riten, und vor allem die sich allzu häufig bewusst von der Umwelt abgrenzende Lebensführung, die selbst den Toten keine gemeinsamen Friedhöfe mehr gestattete, schufen im sozialen Miteinander eine Atmosphäre latenter Spannung. In Zeiten sozialer oder politischer Krisen musste sie in offene Feindschaft umschlagen. Der in Rom lebende christliche Rechtsanwalt Minucius Felix traf wohl das Richtige, als er in einem fiktiven Gespräch zwischen einem Heiden und einem Christen das Verhalten der Christen wie folgt charakterisierte: „Die Tempel verachten sie als Grabmäler, die Götter machen sie lächerlich, über die Opfer spotten sie" [Octavius 8, 4].

In diesem Dunstkreis der gegenseitigen Missachtung mussten Wichtigtuer, Eiferer und Heißsporne besonders auffallen, die vor den Tempeln provokativ ausspuckten [Tertullian, Über den Götzendienst 11, 7], Götterbilder ohrfeigten, um die Wehr- und Hilflosigkeit eines heidnischen Gottes zu beweisen [Origenes, contra Celsum 8, 38], oder die die Kapellen der Flur- und Waldgötter auf dem Lande und an den Wegkreuzungen zertrümmerten, um ihr Überlegenheitsgefühl in einer geeigneten Form auszutoben. Hinzukamen die Stillen der syrischen Kirche, die Ehe und Besitz auflösten und sich in totaler Armut von jeder Bindung an ihre Nachbarn befreit hatten. Sie bevorzugten wie viele andere auch die weitverbreiteten und volkstümlichen Apostelgeschichten, die die Abkehr von dieser Welt in der Form von anschaulichen Geschichten als Ideal unter die Leute brachten. Ihren exzessivsten Ausdruck fand die Flucht aus der Welt in dem Drängen vieler Christen nach der Krone des Märtyrers. In Umlauf gesetzte Prozessaufzeichnungen und Passionsgeschichten gehörten dementsprechend zur wichtigen Lektüre in den Gemeinden, die das Bekenntnis der Blutzeugen vor ihren Richtern als Wort des heiligen Geistes zur Erbauung und Belehrung lasen. Wie dies auf die heidnische Umwelt wirkte, verdeutlicht die Reaktion des Arrius Antoninus, Prokonsul der asiatischen Provinz und konfrontiert mit einer christlichen Gemeinde, die geschlossen den Märtyrertod von ihm begehrte. Nachdem er einige hatte hinrichten lassen, um den Starrsinn der Gemeinde zu brechen, schickte er schließlich die übrigen mit der Bemerkung nach Hause, für den, der unbedingt sterben wolle, gebe es Klippen und Stricke.

Besonderen Anstoß erregte der christliche Kult, oder besser: das, was an Gerüchten über ihn umlief und mit seinen meist scheußlichen Details willige Ohren fand. Im Gegensatz zum heidnischen Kultvollzug, bei dem sich die Bürger zu gemeinsamen Opfern vor den Tempeln öffentlich versammelten, trafen die Christen in geschlossenen Räumen zusammen. Bereits dies musste den Verdacht erregen, dass es hier nicht mit rechten Dingen zugehe. Dabei mochte der zumeist erhobene Vorwurf von Menschenopfern, Ritualmorden, Magie und sexuellen Ausschweifungen [Minucius Felix, Octavius 8, 1–9, 7] genährt werden durch die christliche Eucharistie, durch die Forderung der Nächstenliebe und durch den Gedanken, den Mitgliedern der Gemeinde würden himmlische Kräfte verliehen. Darüber hinaus boten viele frühchristlichen Gemeinden ein Bild heilloser Verwirrung, da eine theologische Durchdringung (und damit Festigung) der Glaubensinhalte durch die eschatologischen Hoffnungen zunächst verhindert wurde. So konnte z. B. die aus dem ersten Korintherbrief des Paulus bekannte extensive Auslegung der Lehre durch die Heiligen von Korinth von Außenstehenden nur als Blutschande bezeichnet werden, wie überhaupt der ganze Vorgang klarmacht, wie schwer auf den Gemeinden die Sorge vor dem Einbruch dubioser Elemente in die christliche Gemeinschaft lastete. Geschichten wie die, wonach Paulus einen jüdischen Zauberer namens Bariesus auf Zypern vor den Augen des Statthalters erblinden ließ, weil er dessen Bekehrung im Wege stand, lasen sich in heidnischen Augen wie Protokolle vollzogener und wirkungsvoller Magie [Apg. 13, 6–12]. Wer gar tiefer schürfte, der fand sich in den im Volke umlaufenden Wundergeschichten – festgehalten in den Apostelgeschichten – bald im Bannkreis eines Denkens wieder, das den Erfolg des Christentums auf die magischen Zauberkräfte seiner Missionare zurückführte.

Alle diese Vorstellungen, Gerüchte und Fakten verdichteten sich schnell zu dem pauschalen Urteil, die Christen machten sich in ihrer Abkehr von der Welt ritueller Verbrechen und der Zauberei schuldig. Nero – daran lässt Tacitus keinen Zweifel [ann. 15, 44, 2–5] – konnte aus diesem Grunde im Jahre 64 den Brand Roms den Christen anlasten, die den heidnischen Massen bereits tief verhasst waren. Eben dieser Hass, geboren aus dem Anderssein der Christen, führte in den folgenden zweieinhalb Jahrhunderten immer wieder zu Explosionen des Volkszornes und der Massenhysterie: „Wenn der Tiber die Mauern überflutet", schrieb Tertullian nicht ohne Verachtung für den Gegner, „wenn der Nil die Felder nicht überflutet, wenn der Himmel sich nicht rührt, wenn die Erde sich bewegt, wenn eine Hungersnot, wenn eine Seuche wütet, gleich schreit man: Die Christen vor den Löwen" [apol. 40, 2]. Plinius hat nicht minder gewiss, in den Christen Verbrecher vor sich zu haben, seine Prozesse gegen sie geführt, und wohl nur die Gewissenhaftigkeit eines Mannes, der nichts falsch machen wollte, veranlasste ihn dazu, durch die peinliche Befragung einiger Christen Näheres über Art und Umfang der christlichen *flagitia* in Erfahrung zu bringen. Das Ergebnis war negativ. Sein daraufhin eilig an den Kaiser geschriebener Bericht mit der Bitte um Instruktionen belegt zunächst zweifelsfrei, dass seit Nero auch der Staat die feste Überzeugung gewonnen hatte, dass das Christsein mit kapitalen Straftatbeständen verknüpft sei und daher ebenso wenig geduldet werden könne wie in der Republik der orgiastische Bacchuskult [Livius 39, 8–19] oder wie unter Tiberius und Claudius die im Widerstand gegen Rom verharrenden Druiden.

Trajan hat sich durch den Bericht seines Statthalters, der nur krausen Aberglauben, aber keine Verbrechen aus den geschundenen Leibern zweier christlicher Sklavinnen herausgefoltert hatte, nicht von der allgemeinen Auffassung der Zeit abbringen lassen. Er nutzte jedoch die Gelegenheit, um in seinem Reskript präzise Verfahrensnormen festzulegen, die das Verhältnis des Staates zu den Christen klaren Bedingungen unterwarfen und bis Decius die praktische Politik der Statthalter weitgehend bestimmten. Im einzelnen [Plinius, Briefe 10, 97]:

1. Jede staatliche Initiative, Christen aufzuspüren, wird unterbunden.
2. Von Privatpersonen angezeigte und vorgeführte Christen, die sich dazu bekennen, Christ zu sein, sind zu bestrafen.
3. Behauptet der Beklagte, kein Christ zu sein oder nicht mehr zu sein, so hat er das Opfer für die römischen Götter zu vollziehen und geht dann straffrei aus.
4. Anonyme Anzeigen sind nicht zugelassen.

Damit sanktionierte Trajan zunächst die in den Provinzen bereits übliche Praxis, das Bekenntnis zum Christentum (das *nomen ipsum* also) allein als ausreichenden Straftatbestand zu bewerten. Das Opfergebot als Testfall wurde konstitutiver Bestandteil aller Christenprozesse: Es wurde das prozessuale Beweismittel schlechthin. Die der rechtlichen Logik widersprechende Praxis, Christen einerseits als überführte Verbrecher hinzurichten, andererseits den staatlichen Institutionen zu verbieten, sie aufzuspüren, entsprang der langsam um sich greifenden Einsicht, dass die den Christen angelasteten Taten der gesellschaftlichen Sphäre angehörten. Im Grunde waren es nicht diese Taten, sondern die durch sie in der heidnischen Bevölkerung ausgelösten Unruhen, die die Christen als Feinde der öffentlichen Ordnung vor den Richter brachten. Das römische Herrschaftsinteresse, für das die Ruhe in den Provinzen oberstes Gebot war, hat hier wie in anderen Fällen die Pragmatik der Rechtslogik vorgezogen und die Christen nur dort als Verbrecher behandelt wissen wollen, wo dies die Befriedung hysterisch nach den Löwen schreiender Massen tatsächlich auch erforderte.

Die Christen, die es nicht gerade nach der Märtyrerkrone drängte, haben dagegen nicht mehr tun können, als ihre Loyalität gegen Rom und ihre Gebete für Kaiser und Reich immer wieder zu betonen. Auf die Dauer erfolgreich wurde jedoch nur die Abwehr des *flagitia*-Vorwurfes. Die Apologeten haben darauf verweisen können, dass die hohe Sittlichkeit der Christen gegen jede Anfechtung immun sei, da die Gebote Gottes in der Hoffnung auf das Heil in der künftigen Welt eingehalten würden. Alle Verleumdungen und Anschuldigungen mussten vor dieser Logik kapitulieren, sobald das christliche Leben offener zutage trat und die Prinzipien der christlichen Lebensweise verständlicher wurden: „Deshalb treiben sie nicht Ehebruch und Unzucht, legen kein falsches Zeugnis ab, unterschlagen kein hinterlegtes Gut, begehren nicht, was nicht ihr eigen, ehren Vater und Mutter, erweisen ihren Nächsten Gutes und richten, wenn Richter, nach Gerechtigkeit", schrieb der Apologet Aristides bereits an Hadrian [15, 4]. Am Ende des Jahrhunderts hatte sich die Richtigkeit dieser Behauptung zwar noch nicht durchgesetzt, wie der Octavius des Minucius Felix zeigt, der *flagitia*-Vorwurf umschrieb jedoch nicht mehr das Problem, um das es im dritten Jahrhundert gehen sollte.

Dessen mit Krieg und Niederlagen angefüllte Jahrzehnte, die zunehmend am Bestand des Imperiums zweifeln ließen, verschafften zunächst den christlichen Missionaren neue und große Erfolge. Das Christentum wurde mit seiner Hoffnung auf die *civitas Dei*, die den Menschen ihre Tore offen hielt, zum ersten Mal zur politischen und geistigen Autorität in einer zusammenbrechenden Weltordnung, in der keine Weisheit der Kaiser und Statthalter mehr imstande schien, das Chaos der zerfallenden römischen Herrschaft doch noch zu bändigen. Das Feuer der außen- und innenpolitischen Katastrophen verbrannte für viele Menschen den Glauben an die unbesiegbare Kraft der altrömischen Tradition und bahnte den Weg für eine neue Autorität, die die Kraft zum Überleben auch dann noch vermitteln konnte, als die Bedingungen dazu völlig neu formuliert werden mussten. So öffneten sich den christlichen Missionaren jetzt auch die Häuser der Reichen und der politischen Eliten, und die Angehörigen dieser Familien übernahmen mehr und mehr das Steuer der Kirche. Nach wie vor traf dies in erster Linie für die Provinzen des Ostens zu, während im lateinischen Westen das Christentum lange Zeit auf die griechisch sprechenden Einwanderer beschränkt blieb. Als die Mission auch dort darüber hinaus zielte, war die Verkündigung der Lehre ebenso wie die Liturgie auf die Übernahme der lateinischen Sprache angewiesen; dazu gehörte die Übersetzung der Evangelien und der sonstigen für den Glauben wesentlichen Überlieferung in ein Latein, das die kleinen Leute ansprach, ohne die führenden Schichten zu verprellen. Der Nordafrikaner Tertullian zitierte bereits aus einer ihm vorliegenden Bibel und führte selbst das christliche Latein auf die sprachliche Höhe, die eine Auseinandersetzung mit der lateinisch sprechenden Intelligenz möglich machte. Auch dies erklärt, warum die im Westen führende Kirche in Nordafrika (vor allem im heutigen Tunis) heranwuchs und die von ihren Bischöfen vertretene Position in den kommenden Jahren der Verfolgung das Gesicht der lateinischen Kirche bestimmte.

Die seit Maximinus Thrax rapide Verschlechterung der außenpolitischen Lage und die erneut ausbrechenden Bürgerkriege verschärften den Hass der städtischen Unterschichten gegen die Christen, deren wachsende Zahl in den Großstädten des Ostens und Nordafrikas das Problem des Zusammenlebens aus der Randzone der Gesellschaft in deren Mittelpunkt verlagert hatte. Die anachronistisch gewordenen Verleumdungen – *flagitia*, Geheimbündelei – traten dementsprechend zurück gegenüber dem weit ernsteren – weil treffenden – Vorwurf, die Christen bildeten eigene (z. T. auch wirtschaftlich autarke) Gruppen, die eine eigene Soziallehre lebten und die zentralen staatlichen Aufgaben verweigerten: die *munera* und den Dienst im Heer. „Wenn alle ebenso handelten wie ihr", schrieb um 170 der empörte Kelsos in seiner Streitschrift gegen die Christen, „dann könnte den Kaiser nichts vor völliger Vereinsamung und Verlassenheit bewahren, und die Herrschaft über das Reich fiele in die Hände der wildesten und gesetzlosesten Barbaren" [Origenes, contra Celsum 8, 68f.].

Dies in der Tat traf den Kern des Problems, das sich den Christen und den Kaisern des dritten Jahrhunderts gemeinsam stellte und für das sie vor Konstantin keine gemeinsame Lösung fanden. Die Christen wollten das Imperium, von dessen Segnungen sie sich längst überzeugt und dessen barbarische Gegner sie wie jeder Römer verachteten, erhalten sehen, ohne dabei ihren Glauben und die daraus fließenden Lebensformen aufzugeben. Die Kaiser suchten das Reich des Augustus in asketischer Pflichterfüllung zu retten, ohne einen anderen Weg dorthin zu sehen als den, den die Tradition schon immer gewiesen hatte: Die unsterblichen Götter, die das *imperium sine fine* den Römern gegeben und garantiert hatten, solange die Menschen mit ihnen im Kultvollzug einig waren, durften an ihrem Auftrag nicht länger zweifeln. Alle Bewohner des Reiches waren daher aufgefordert, unter der Führung des Kaisers jeder verkehrten Gesinnung abzuschwören und die Götter mit dem Reich auszusöhnen: „Ist es doch das größte Verbrechen, zu widerrufen, was einmal von den Alten festgesetzt und bestimmt worden ist und bis jetzt seinen alten Stand und sein Wesen bewahrt. Darum sind wir eifrigst darauf bedacht, die unsinnige Hartnäckigkeit (*pertinacia*) jener nichtswürdigen Menschen zu bestrafen, die den alten Religionen neue, bisher nicht bekannte religiöse Sekten entgegenstellen, um uns zum Lohn für ihre verderbliche Willkür von dem abzuschneiden, was uns die Götter einst gewährten" [Edikt Diokletians gegen die Manichäer: Ritter, Alte Kirche, 1994, S. 113].

Derartige, ständig wiederholte Formeln klangen wie Beschwörungen einer untergegangenen Ordnung der Welt – und sie waren es auch. Trotzdem liegt in den daraus resultierenden weltweiten Verfolgungen des Christentums unter Decius, Valerian und Diokletian eine gewisse welthistorische Logik. Ihr Scheitern machte dem römischen Kaisertum endgültig klar, dass die Tradition, die man beschwor, zum Prokrustesbett geworden und statt ihrer der theologisch legitimierte Absolutismus die Herrschaftsform war, die die innen- und außenpolitische Handlungsfähigkeit der monarchischen Gewalt wieder herstellte. Mit der von Diokletian – da allerdings schon in besonderem Maße unzeitgemäß – zitierten vorbildlichen Vergangenheit waren die eingetretenen politischen und sozialen Veränderungen nicht mehr zu erfassen. Diese hatten – ganz anders als in den Zeiten, in denen Augustus die Orientierung am *mos maiorum* betrieb – längst die überkommenen Wertmaßstäbe und Verständigungsformeln gesprengt. Den Christen nötigten die Verfolgungen das Bekenntnis der Loyalität zum römischen Staat selbst noch im Angesicht des Henkers ab; sie gaben ihr damit die Form, die selbst theologische Grundsätze korrigierbar machte, um dem Imperium, als es das Bündnis mit den Christen suchte, zu Hilfe zu eilen. Ihre Folgen innerhalb der Kirche schließlich forderten kategorisch die positive Antwort auf die Frage, ob man den im Glauben wankend Gewordenen ihre Sünde verzeihen könne; damit nahm die Kirche endgültig Abschied von dem Gedanken, eine Gemeinschaft der Heiligen zu sein, und wandte sich den Nöten der Sünder zu.

Dem 249 erlassenen Edikt des Decius, das alle Reichsbewohner (einschließlich der Frauen und Kinder) verpflichtete, den römischen Staatsgöttern zu opfern, waren Massenpogrome in Alexandrien und in anderen Großstädten vorangegangen. Decius machte sich also die antichristlichen Affekte weiter Bevölkerungskreise zunutze, um durch reichsweite Opfer die Gunst der Götter dem schwer bedrohten Reich erneut zu sichern und alle Reichsteile auf seine politischen Ziele einzuschwören. Valerian setzte diese Politik fort (257/58), konzentrierte sich diesmal jedoch sofort auf die Christen und versuchte, den Klerus sowie (in einem zweiten Edikt) christliche Senatoren, Ritter und hohe Beamte zum Opfer und damit zur Rückkehr zu den Sitten der Väter zu zwingen. Die Christen wurden von diesem Schlag völlig überrascht, obwohl es angesichts des von ihnen immer gefürchteten Kaiserkultes klar war, dass gerade in bedrängten Zeiten das Opfer vor dem Bild des Kaisers und vor den Statuen der Staatsgötter als Zeichen der politischen Zuverlässigkeit gewertet und gefordert wurde. Es herrschte denn auch keine klare Vorstellung davon, wie man auf das Opferedikt des Decius reagieren solle; viele müssen sich auf das Schriftwort „Gebt dem Kaiser, was des Kaisers und Gott, was Gottes ist" berufen und geopfert haben. Weit mehr Christen erschreckte der Anblick des Henkers und das Geheul der aufgehetzten Massen, und sie opferten oder erschlichen sich eine Opferbescheinigung (*libellus*).

Die offizielle Kirche, d. h. die Mehrheit der Bischöfe, hat sich durch diese Entwicklung, die ihre Gemeinden vernichtete oder spaltete, nicht beirren lassen. Mit dem Instinkt der Selbsterhaltung wurde jeder Kompromiss abgelehnt: Kulthandlungen durften weder zur Ehrung eines Menschen noch vor den heidnischen Göttern vollzogen werden. Viele starben bis zum Jahre 311 für diesen Grundsatz und bewiesen dem Staat durch ihre Unbeugsamkeit, dass die Tolerierung der christlichen Glaubenssätze Vorbedingung für die Verständigung sein müsse. Galerius hat in seinem Toleranzedikt diese Bedingung für den römischen Staat erfüllt und in seinem Bericht über die Gründe, die ihn dazu bewogen, den Zugzwang, in den ihn die Härte der christlichen Position gebracht hatte, genau benannt: „Da die meisten (sc. Christen) auf ihrem Vorsatz beharrten und wir sahen, dass sie weder den Göttern den gebührenden Dienst und die schuldige Verehrung erwiesen noch auch den Gott der Christen verehrten (sc. auf Grund der Verfolgung), so haben wir ... unsere bereitwilligste Nachsicht auch auf die Christen ausdehnen zu müssen geglaubt, sodass sie von neuem Christen sein ... dürfen" [*ut denuo sint Christiani*; Lactanz, de mort. pers. 34, 4].

Der Weg zum Bündnis von Staat und Kirche

Tertullian berichtet, dass das Publikum im Zirkus nach den Christen mit dem Ruf schrie, „Wo bleibt denn das dritte Geschlecht?" [Scorp. 10]. Die Heiden nahmen also die Begrifflichkeit auf, in die das christliche Geschichts- und Selbstbewusstsein den Anspruch auf Selbstständigkeit des neuen Glaubens gegenüber Juden und Heiden gegossen hatte. Beide betonten bewusst den Graben, der sie trennte, beide taten es in der Gewissheit, der Stärkere zu sein. Daran war nur dann etwas zu ändern, wenn jenseits der Glaubensfragen das ihnen allen Gemeinsame in den Vordergrund rückte; die im 3. Jahrhundert auch für den Christen bange Frage nach der Zukunft des Reiches spielte dabei eine wichtige Rolle.

Der Staat war für die Christen zweifellos – ungeachtet seiner sporadischen Aggressivität – der näherliegende Partner als die Gesellschaft, da ihm seit Paulus Anerkennung und Achtung nicht versagt wurden. Mit dem Anwachsen der christlichen Gemeinden und dem Vordringen der Lehre in die führenden Schichten stellte sich jenseits der Unterordnung die Frage schärfer, welche Funktion die Politik hat und in welchem Maß die Christen auch hier gefordert waren. Die heidnische Intelligenz hatte mit unverhohlener Entrüstung die christliche Abkehr vom öffentlichen Leben angeprangert – ergebnislos, solange der so Gescholtene als Handwerker oder Proletarier ohnehin für den Staat allenfalls als Steuerzahler nützlich war. Verwundbar hingegen waren die christianisierten Eliten, die ihrerseits selbst auf eine Modifizierung der kompromisslosen Abkehr vom Staate drängten.

Tertullians nach 210 erschienene Schrift über den Götzendienst [„de idololatria"] macht das Problem anschaulich. Der streitbare Rechtsanwalt, inzwischen rigoroser Montanist geworden, griff in eine Diskussion um das rechte Leben eines Christen ein, die innerhalb der karthagischen Gemeinde selbst ausgebrochen war und in der versucht wurde, das Verhältnis von christlichem Selbstverständnis und staatlichen Pflichten neu zu definieren. Seine eigentliche Brisanz muss dieses Problem angesichts einer wachsenden Zahl einflussreicher Gemeindemitglieder erhalten haben, die öffentliche Tätigkeiten (vor allem als Dekurionen) ausgeübt hatten, als sie zum christlichen Glauben übertraten. Derartige Lebensläufe häuften sich, und sie zeigen Karrieren, die aus der städtischen oder kaiserlichen Verwaltung in die Leitung christlicher Gemeinden führten. Mit dem Auftreten dieser Männer in den Gemeinden veränderte sich das christliche Bild von der Bedeutung des politischen Raumes nahezu zwangsläufig: Eben dieser hatte dem Ehrgeiz der Eliten traditionell das gemäße Betätigungsfeld gewiesen, das die neuen Gemeindemitglieder nur um den Preis ihrer gesellschaftlichen Ächtung durch die heidnische Umwelt verlassen konnten. Eine positive Würdigung dieser politischen Tätigkeit durch die Gemeinde ergab sich häufig schon daraus, dass die Bekehrten ihre ganze Erfahrung (und ihre Beziehungen) in den Dienst der Gemeinde stellten und dort häufig genug auf dem Stuhl des Bischofs die Regierungspraktiken entfalteten, die im öffentlichen Raum erfolgreich gewesen waren. Von hier aus war es nur noch ein kleiner Schritt von der grundsätzlichen Anerkennung des römischen Staates hin zur aktiven Mitwirkung an seinen Aufgaben.

Tertullian hat die Beteiligung der Christen am staatlichen und öffentlichen Leben mit dem Argument abwehren können, der Christ könne im Dienste des Staates die Opfer für die heidnischen Götter gar nicht vermeiden und müsse sich daher notwendig der Gotteslästerung schuldig machen. Auf Dauer war jedoch dieses Argument zu schwach, um den politischen Ehrgeiz der Neuankömmlinge in den christlichen Gemeinden aufhalten zu können, zumal die bedrohlicher werdende Lage des Reiches immer drängender von den die Christen verlangte, nun endlich für den Staat, der sie schützte, auch zu sorgen.

Zwei Dinge kamen also zusammen, um im Grunde bereits vor der Verfolgung des Decius die Grundsteine für das viele Jahrzehnte später besiegelte Bündnis der Kontrahenten zu legen: Die heidnische Umwelt hatte angesichts der grundsätzlichen Staatsbejahung der Christen als Forderung formuliert, was diese bereits selbst angesichts des Zustroms neuer sozialer Schichten zum heftig diskutierten Streitpunkt gemacht hatten. Und wiederum siegte das an den Staat gebundene aristokratische Ethos und unterwarf der Pragmatik, was Tertullian noch als unübersteigbare Schranken vor den Staatsdienst gesetzt wissen wollte: Es fanden sich Mittel und Wege, die Opferpflichten und Repräsentationsaufgaben im Zirkus oder bei den Festen zu umgehen; notfalls wurde der Friede mit dem eigenen Gewissen dadurch hergestellt, dass der Opfervorgang als indifferent und den Glauben nicht berührend interpretiert wurde. Solange die Herausforderung nicht total war – und dies wurde sie erst mit Decius und dann nur kurzfristig –, wuchs daraus kein Schaden für die Gemeinden.

Der Umfang dieses Zustroms aus den Reihen der Eliten kann nicht gering gewesen sein. Das Verfolgungsedikt Valerians [Cyprian, Briefe 80] nennt als Adressaten Senatoren, *egregii viri* und *equites Romani*. Damit wird offiziell dokumentiert, dass es innerhalb des Ritterstandes Christen in nennenswerter Zahl gab und sie auch der Forderung ihrer Umwelt nachkamen, die Lasten des Staates mitzutragen; ihr traditionell auf staatliche Bewährung ausgerichtetes Standesethos hat ihnen diese Entscheidung leicht gemacht. Dabei blieb es jedoch nicht. Cyprian führte bewegte Klage über viele afrikanische Bischöfe, die das ihnen von Gott anvertraute Amt missachteten und im Dienste reicher Latifundienbesitzer gewinnbringenden Geschäften nachgingen, weite Reisen durch die Provinzen unternahmen, über große Finanzmittel verfügten und ihr Geld zu hohen Zinssätzen arbeiten ließen [de lapsis 6].

Die Gründe, die führende Kleriker zu solchen geschäftlichen Aktivitäten geführt haben, sind vielfältig: Neben der gesellschaftlichen Anerkennung, die ihre erfolgreiche Ausübung versprach, war es häufig die reine Finanznot der Gemeinden, die die Bischöfe nach zusätzlichen Verdienstmöglichkeiten Ausschau halten ließ. Aus der Sicht der Kirche – daran ließ Cyprian keinen Zweifel – war der gemeinsame Nenner solcher Aktivitäten jedoch die Gier nach Besitz, die dem Glaubensethos widersprach und die kirchliche Disziplin zu untergraben drohte. Bis ins sechste Jahrhundert reichen dementsprechend die Bemühungen von Konzilien und Kaisern, Handelsgeschäfte des Klerikerstandes als unvereinbar mit dem kirchlichen Amt zu unterbinden. Derartige Nachrichten künden von einer Entwicklung, die zwischen 200 und 250 die führenden Vertreter der Gemeinden an die ganze Breite staatlicher und gesellschaftlicher Aufgaben herangeführt und im wirtschaftlichen Bereich neue Gemeinsamkeiten geschaffen hatte.

Weitgehend ungebrochen und damit für die heidnische Gesellschaft umso auffälliger blieb der Widerstand der offiziellen Kirche gegen den Dienst im Heer. Er speiste sich in erster Linie aus dem fundamentalen Glaubenssatz, der das Töten verbot; erst in zweiter Linie war dafür der universale Herrschaftsanspruch des Gekreuzigten verantwortlich, der die Beteiligung seiner Gläubigen an den kultischen Bräuchen des Heeres nicht dulden konnte. Aber auch hier verhallte der Hilferuf des Imperiums nicht ungehört. 314 verpflichtete die Synode von Arles den christlichen Soldaten bei Strafe der Exkommunikation, in Friedenszeiten im Heer zu bleiben; über die Haltung, die im Kriege einzunehmen ist, schwieg sie sich aus. Gewiss verbirgt sich dahinter ein Teil des Preises, den die Kirche für die Protektion Konstantins zahlen musste.

Die geistige Wegbereitung erfolgte schon bei Origenes, wenn er die Christen mit ihren Gebeten für die streiten lässt, „die einen gerechten Krieg führen, auch für den rechtmäßigen Kaiser, auf dass alles vernichtet werde, was sich der gerechten Sache widersetzt" [contra Celsum 8, 73]. Der einfache Mann schließlich hatte in der Praxis längst vorweggenommen, was theologisch so unmöglich schien: Bereits in den Markomannenkriegen wurden von den Christen selbst Geschichten kolportiert, denen zufolge christliche Soldaten Heldentaten verrichtet hätten und eine größtenteils aus Christen bestehende Legion das römische Heer im Quadenkrieg gerettet habe [Tertullian, apol. 5, 6]. So nimmt es nicht wunder, dass am Ende des dritten Jahrhunderts die Christen einen so großen Teil des Heeres ausmachten, dass die Verfolgung Diokletians mit einer Säuberung des Heeres begann. In der Praxis muss sich also eine deutlich positive Einstellung zum Kriegsdienst durchgesetzt haben, bevor dieses Problem theologisch bewältigt werden konnte. Die Gründe sind unschwer zu erkennen: Der christliche Missionar hatte vor dem Kasernentor nicht haltgemacht und damit einer Berufsgruppe das Evangelium verkündet, die ihren hoch angesehenen Beruf nicht so ohne weiteres an den Nagel hängen konnte. Das Offizierskorps, in besonderem Maße an das Ethos der Pflichterfüllung gebunden, hätte gerade in Kriegszeiten das Ansinnen, den Dienst nach der Taufe zu quittieren, als Verrat von sich gewiesen. Allen gemeinsam war ohnehin die Überzeugung, in dem Imperium die beste aller Welten zu verteidigen – und diese Auffassung teilte die offizielle Kirche, deren Gebete für Kaiser und Reich auch in den Tagen der Verfolgung unablässig zum Himmel stiegen.

Eine weitere, für die Einheit der Kirche und das spätere Bündnis mit dem römischen Staat unverzichtbare Voraussetzung fand sich im Zentrum des innerkirchlichen Lebens selbst. Zu den bestaunenswerten Leistungen der Christen gehört die Entwicklung von Organisationsformen, die aus kleinen Gruppen innerhalb der jüdischen Diasporagemeinden eine kirchliche Ordnung schufen, die sich in ihrer endgültigen Gestalt parallel zur Gliederung des Staates aufbaute: In ihrer hierarchischen Struktur bestand sie von den Diakonen bis zum Bischof aus einer abgestuften Folge von Amtsträgern, die jeweils für bestimmte Gegenstände und Territorien zuständig waren und sich an die räumlichen Organisationseinheiten des Imperiums anlehnten. Bereits Ende des ersten Jahrhunderts übernahm die Leitung der Gemeinde und des Gottesdienstes ein auf Lebenszeit bestellter Vorsteher, der seine Amtsbefugnis aus dem Auftrag herleitete, den Jesus selbst den Aposteln und deren Nachfolger übertragen hatte [1 Clemens 42, 1–44, 1]; das zweite Jahrhundert fand für diesen Vorsteher einhellig die Bezeichnung „Bischof". Die einheitliche Durchbildung dieses Amtes, dessen monarchische Züge von Anfang an unverkennbar sind, war damit theologisch legitimiert und erfolgte notwendig in einer Zeit, in der sich die christliche Lehre durch viele Kompromisse erst entfalten musste und der geistigen Autorität bedurfte, um nicht im Strudel der umlaufenden Interpretationen und Spekulationen ihr spezifisches Gesicht einer an ein historisches Ereignis gebundenen Erlösungsreligion zu verlieren.

Die Summe dieser Entwicklung zog Cyprian, Bischof von Karthago, gestorben als Märtyrer 258. Er lehrte in der Schrift *de ecclesiae unitate* zunächst den Grundgedanken, dass das dem Individuum zustehende Heil in der jenseitigen Welt nur durch die Kirche, die damit als heilsnotwendige Instanz zwischen Gott und Mensch tritt, gesichert werden kann. *Extra ecclesiam salus non est* (außerhalb der Kirche gibt es kein Heil), dieser Satz band für immer die Festlegung der Glaubensinhalte ebenso wie jeden Erlass von Vorschriften des täglichen Lebens und die gesamte Ausgestaltung der Liturgie an die Institution Kirche. Ihre höchste Instanz, der Bischof, verwahrte und gebrauchte als Mittler zwischen Gott und Mensch allein die heilbringenden Sakramente. In dieser Funktion stellt sich in seinem Amt zugleich die Einheit der Kirche her, die mit der Eintracht der Bischöfe identisch wird. Die monarchische Machtvollkommenheit des Bischofamtes erhält damit eine weitere theologische Stütze und unterwirft sich endgültig den Gläubigen, der nur als Untertan sein zukünftiges Heil erwarten kann. Nunmehr tritt dem römischen Kaiser eine Organisation gegenüber, deren Festigkeit und Geschlossenheit der Ordnung seines Reiches ebenbürtig geworden ist.

Zusammenfassung

Der Weg der Christen zum Staat der Römer war lang und beschwerlich. Seine Meilensteine beginnen mit der Lehre des Paulus von der göttlichen Legitimation der staatlichen Autorität, und sie enden mit der Heiligsprechung des Völker umspannenden und ewige Dauer beanspruchenden Imperiums, dessen Gründer Augustus in die christliche Heilsgeschichte eingeordnet und ebenso als Ausdruck des göttlichen Willens verstanden wurde wie die Fleischwerdung des eigenen Gottes zu eben diesem Zeitpunkt. Dazwischen liegt Ende des ersten Jahrhunderts der endgültige Abschied von der Erwartung des unmittelbar bevorstehenden Heils. Die Welt forderte ihr Recht. Auf sie richteten sich mehr und mehr die Sorgen und Hoffnungen der Gläubigen. Dazwischen liegt die Entscheidung, auch im Angesicht staatlicher Verfolgungen für Frieden, Eintracht und Beständigkeit des Reiches zu beten und die seit Paulus zur christlichen Pflicht gewordene Loyalität gegenüber Rom als etwas zu verstehen, was immer neu unter Beweis zu stellen war. Dazwischen liegt die theologische Grundpositionen erschütternde Gewissheit, in den Jahrzehnten der äußersten Bedrohung des Reiches dieses auch mit der Waffe gegen jene verteidigen zu müssen, von deren barbarischem Regiment nur Unordnung, Rechtlosigkeit und moralischer Verfall zu erwarten war.

Viele Etappen dieses langen Weges sind gekennzeichnet durch Verachtung, Gleichgültigkeit, Unverständnis und schließlich Hass der heidnischen Gesellschaft, die kaum am Glaubensinhalt, umso mehr jedoch an den Formen des Kultvollzuges und an der Abkehr der Christen von den traditionell gemeinsamen Teilen des privaten und öffentlichen Lebens Anstoß nahm. Das Ringen um den richtigen Glaubensinhalt, den verbindlich zu bestimmen bereits die geografische Entfernung hemmte, die häufigen Angriffe der staatlichen Behörden, die vielen Christen nur als die Büttel des aufgehetzten Mobs erscheinen mussten, das Blut der Märtyrer und das Ringen mit der in den eigenen Reihen behaupteten und aus der Johannes-Apokalypse belegten Identität von Antichrist und römischem Staat drohten zudem permanent, die jenseits davon angesiedelten Möglichkeiten der Verständigung zu verschütten. All dies brach das Selbstbewusstsein der von Generation zu Generation effektiver organisierten Gemeinden nicht, deren beste Köpfe unbeirrbar in der römischen Tradition ihre geistige und in der Ordnung des Imperiums ihre politische und soziale Heimat sahen. Dies vor allem machte die Christen auch in der letzten Konfrontation mit dem heidnischen Staatsverständnis Diokletians unbesiegbar, da sie auch in der härtesten Prüfung durch ihre Gebete für den sie verfolgenden Staat unwiderleglich bewiesen, dass Rom ihre Heimat war und bleiben sollte.

Die Römer hatten damit ihre letzte große Leistung vollbracht und unter dem Dach ihres Imperiums zwei sich ausschließende Weltsichten vereinigt. Für das heidnische Rom schuf der politische Raum überhaupt erst die Möglichkeit, etwas zu tun, was nicht der Vergänglichkeit anheim fällt: Das Gründen und Erhalten von Staaten brachte den Menschen in die Nähe der Götter. Die christliche Heilsbotschaft verkündete dagegen, dass das Leben des Einzelnen unsterblich und die Welt vergänglich sei, die der irdische Pilger zu durchwandern habe, ohne sein persönliches Heil zu verspielen. Politik – dies ergab sich daraus zwingend – brachte dem Individuum nur die Versuchungen der Macht und des Reichtums und keinen bleibenden Gewinn. Als dreihundert Jahre nach Augustus ein christlicher Kaiser das Imperium regierte, hatte die Kirche gelernt, dass es auch für den durchreisenden Pilger wertvoll geworden war, dieses Reich zu erhalten: „Erwählt ist das Haupt der Völker zum Sitz des Lehrers der Völker" [Ambrosius, Hymnus auf das Fest der römischen Apostel].

Literaturhinweise

Quellensammlungen

Bringmann, K./Schäfer, Th.: Augustus und die Begründung des römischen Kaisertums, Berlin 2002.

Fiedrowicz, M.: Christen und Heiden. Quellentexte zu ihrer Auseinandersetzung in der Antike, Darmstadt 2004.

Geschichte in Quellen Band I: Altertum, bearbeitet von W. Arend, 2. Auflage München 1989.

Levick, B.: The Government of the Roman Empire. A Sourcebook, 2. Auflage London 2000.

Gesamtdarstellungen

The Cambridge Ancient History (CAH), second Edition, hg. A.K. Bowman u. a.: Bd. X: The Augustan Empire, 43 B.C.–A.D.69, 1996; Bd. XI: The High Empire, A.D. 70–192, 2000; Bd. XII: The Crisis of Empire, A.D. 193–337, 2005.
Von verschiedenen Autoren verfasste umfassende Darstellung von Politik, Gesellschaft, Religion, Literatur und Kunst; die Provinzen werden einzeln vorgestellt.

Christ, K.: Geschichte der römischen Kaiserzeit: von Augustus bis zu Konstantin, München 1998.
Darstellung unter detaillierter Berücksichtigung der gesellschaftlichen und wirtschaftlichen Strukturen, der Zivilisation und Kultur, der imperialen Politik und der Reichskrise des 3. Jahrhunderts.

Heuss, A.: Römische Geschichte, 6. Auflage Paderborn 1998.
Standardwerk; die Darstellung wird von der Einsicht geleitet, dass die Kaiserzeit „im großen und ganzen nicht viel individuelle Einsätze von geschichtlicher Bedeutung zeigt. An der historisch entscheidenden Tatsache, der Existenz des Römischen Reiches, hat der einzelne Kaiser im Allgemeinen nur einen sehr geringen persönlichen Anteil". Wirtschaft und Gesellschaft, Religion und Kultur, Verwaltung und städtische Ordnung, Krieg und Außenpolitik werden daher systematisch erfasst.

Der Kaiser

Clauss, M. (Hrsg.): Die römischen Kaiser. 55 historische Porträts von Caesar bis Iustinian, München 1997.
Von verschiedenen Autoren verfasste Lebensbeschreibungen der römischen Kaiser.

Dahlheim, W.: Augustus. Aufrührer, Herrscher, Heiland, München 2010.
Würdigung der Regierung des Augustus als Zeitalter, in dem das Imperium seine Bewährungsprobe bestand, Dichtung und Kunst blühten, die Bürger Italiens und der

Provinzen das Ende von Ausbeutung und Bürgerkrieg greifbar nahe sahen und rückblickend die Christen den Frieden priesen, den der Kaiser der Welt gab, als Gott Mensch wurde.

Heuss, A.: Zeitgeschichte als Ideologie. Bemerkungen zu Komposition und Gedankenführung der Res Gestae Divi Augusti (1975), in: Gesammelte Schriften Bd. 2, Stuttgart 1995, S. 1319–1359.
Grundlegende Behandlung des Tatenberichtes des Augustus.

Millar, F.: The Emperor in the Roman World (31 B.C.–A.D. 337), 2. Auflage London 1991.
Eingehende Untersuchung der Regierungspraxis der römischen Kaiser.

Winterling, A. (Hrsg.): Zwischen Strukturgeschichte und Biographie. Probleme und Perspektiven einer neuen Römischen Kaisergeschichte, München 2011.
Aufsatzsammlung, die die besonderen Charakteristika von Staat und Gesellschaft herausstellt. Hervorzuheben sind die Beiträge von D. Timpe: „Moderne Konzeptionen des Kaisertums" und U. Walter: „Der Princeps als Produkt und Gestalter". Beide enthalten einen konzentrierten Überblick über die Entwicklung der Forschung seit dem 19. Jahrhundert.

Winterling, A.: Aula Caesaris. Studien zur Institutionalisierung des römischen Kaiserhofes in der Zeit von Augustus bis Commodus (31 v. Chr.–192 n. Chr.), München 1999.
Der kaiserliche Hof als dauerhafte Institution und gesellschaftlicher Mittelpunkt der Stadt Rom. Er band die politischen Eliten an den Kaiser, die durch die Wahrung bestimmter Regeln dessen Macht anerkannten.

Das Imperium

Ausbüttel, Frank M.: Die Verwaltung des römischen Kaiserreiches: von der Herrschaft des Augustus bis zum Niedergang des Weströmischen Reiches, Darmstadt 1998.
Einführung in die Thematik; der Schwerpunkt liegt auf der Provinzialverwaltung.

Bleicken, J.: Verfassungs- und Sozialgeschichte des Römischen Kaiserreiches, 2 Bde., 4. Auflage 1995.
Systematisch geordnete Verfassungs- und Sozialgeschichte, die den Charakter der monarchischen Herrschaft, die Reichsverwaltung, die soziale Gliederung im Reich, die Urbanisierung, die Wirtschaft und den Wandel der Religiosität verfolgt.

Eck, W.: Die Verwaltung des Römischen Reiches in der Hohen Kaiserzeit. Ausgewählte Beiträge, 2 Bde., Basel 1995/98.
Überarbeitete Aufsätze des Autors: „Bausteine für eine Gesamtdarstellung der kaiserzeitlichen Administration der römischen Provinzen".

Kolb, A. (Hrsg.): Herrschaftsstrukturen und Herrschaftspraxis im römischen Kaiserreich. Konzeption, Prinzipien und Strategien der römischen Herrschaftsorganisation und Administration, Berlin 2006.
Aufsatzsammlung zum Thema.

Lendon, J.E.: Empire of Honour. The Art of Government in the Roman World, Oxford 1997.
Das Streben nach Ehre und ihr Preis schufen Regeln des Umgangs zwischen Sieger und Besiegten, die dem römischen Herrschaftsanspruch nützten. Besonders der Kaiser musste stets darauf bedacht sein, den Empfänger seiner Gunstbeweise zur Dankbarkeit dauerhaft zu verpflichten.

Lintott, A.: Imperium Romanum: Politics and Administration, London 1993.
Thema ist „not only the mechanics of the administration but the conceptualisation of the empire both by the Romans themselves and by modern scholars".

Meyer-Zwiffelhoffer, E.: Imperium Romanum. Geschichte der römischen Provinzen, München 2009.
Wesentlich zur Frage der Akzeptanz der römischen Herrschaft.

Vittinghoff, F.: Civitas Romana: Stadt und politisch-soziale Integration im Imperium Romanum der Kaiserzeit, Stuttgart 1994.
Grundlegende Aufsätze des Autors zur kaiserzeitlichen Stadt.

Gesellschaft und Wirtschaft

Alföldy, G.: Römische Sozialgeschichte, 4., neu überarbeitete Auflage, Stuttgart 2011.
Umfassende Darstellung der sozialen Ordnung der römischen Gesellschaft: soziale Gliederung, Ideale, Konflikte und Krisen.

Fischer, W. (Hrsg.): Handbuch der europäischen Wirtschafts- und Sozialgeschichte Bd. 1.: Europäische Wirtschafts- und Sozialgeschichte in der römischen Kaiserzeit, hg. F. Vittinghoff, Stuttgart 1990.
Teil A: Allgemeine Wirtschafts- und Gesellschaftsgeschichte der Kaiserzeit; Teil B: Vorstellung der europäischen Regionen des Reiches: Italien, Gallien, Spanien, Britannien, die Alpenregionen und die Donau- und Balkanprovinzen.

Giardina, A.: Der Mensch der römischen Antike, Frankfurt/Main 1991.
Von verschiedenen Autoren verfasste Schilderung der Lebensverhältnisse, geordnet nach Berufsgruppen.

Knapp, R.: Römer im Schatten der Geschichte: Gladiatoren, Prostituierte, Soldaten: Männer und Frauen im römischen Reich, Stuttgart 2012.
Auf die Quellen gestützte und an eine breite Leserschicht gerichtete Darstellung der Menschen jenseits der Eliten.

Schumacher, L.: Sklaverei in der Antike. Alltag und Schicksal der Unfreien, München 2001.
Umfassende Darstellung der rechtlichen und sozialen Existenz der Unfreien: Die Versklavung, der Arbeitseinsatz, das Leben in der Gesellschaft, Sklavenrecht und Herrengewalt, die Freilassung.

Gardner, Jane F.: Frauen im antiken Rom. Familie, Alltag, Recht, München 1995.
Vornehmlich auf die Rechtsquellen gestützte Untersuchungen.

Veyne, P.: Die römische Gesellschaft, München 1995.
Überarbeitete Aufsätze des Autors; herausragend: „Das Leben des Trimalchio".

Kunst und Literatur

Dihle, A.: Die griechische und lateinische Literatur der Kaiserzeit. Von Augustus bis Justinian, München 1989.
Erste Literaturgeschichte, die den literarischen Nachlass der zweisprachigen Kultur des römischen Kaiserreiches als Einheit zu erfassen sucht.

Fuhrmann, M.: Geschichte der römischen Literatur, Stuttgart 1999.
Überblick über die lateinische Sprache, das Buchwesen, die Epochen der Literatur, die Schriftsteller und ihre soziale Herkunft.

Zanker, P.: Augustus und die Macht der Bilder, 4. Auflage München 2003.
Kunstgeschichte unter dem Leitmotiv: „Bauwerke und Bilder spiegeln den Zustand der Gesellschaft, ihre Wertvorstellungen ebenso wie ihre Krisen und Aufbruchstimmungen." Unter Augustus habe sich die ganze Bildersprache verändert: Bauten, Staatsakte, Auftreten des Herrschers, „ja alle Formen der sozialen Begegnung, soweit sie sich zu Bildeindrücken verdichten".

Zanker, P.: Die Römische Kunst, München 2007.
Knappe systematische Erfassung des Gegenstandes unter den Stichwörtern „Herrschaft und Weltordnung", „Das Haus als Ort der Lebensfreude", Grabdenkmal und bürgerliches Selbstverständnis", „Rom und das Reich".

Die Religion

Clauss, M.: Kaiser und Gott. Herrscherkult im römischen Reich, Stuttgart 1999.
Eine breit dokumentierte Untersuchung, die bereits Augustus als Gott auf dem Kaiserthron sieht. Dies nicht zufällig, schaffte doch die kultische Verehrung des Herrschers, worauf es ihm entscheidend ankommen musste: „Religiosität schafft Loyalität, Loyalität mündet in Religiosität".

Graf, F.W./Wiegandt, K.: Die Anfänge des Christentums, Frankfurt/Main 2009.
15 Fachleute der verschiedenen Disziplinen suchen nach Antworten auf zwei Fragen: Wie fanden die Christen zu ihrem Glauben, ihren Gemeindeordnungen und zu ihrer eigenen Literatur, und warum konnten sie sich in einer Welt durchsetzen, die sie als Fremde empfand.

Markschies, Ch.: Das antike Christentum. Frömmigkeit, Lebensform, Institutionen, München 2006.
Überblick über die Ausbreitung, die Gemeinden und den Alltag der frühen Christen.

Rüpke, J.: Von Jupiter zu Christus. Religionsgeschichte in römischer Zeit, Darmstadt 2011.
Die Veränderungen der Religionen werden ihrem politischen und gesellschaftlichen Stellenwert zugeordnet. Die Ausbreitung des Christentums wird als Teil eines „religiösen Wandels im globalem Maßstab" vorgestellt.

Stroumsa, G.G.: Das Ende des Opferkults. Die religiösen Mutationen der Spätantike, Berlin 2011.
Vorlesungen zur „religiösen Revolution" in den Jahren nach der Zeitenwende. Die Abschaffung des Opferkultes, die zentralen Handlung tradierter Frömmigkeit, erscheint als wesentliches Moment des religiösen Wandels.

Zeller, D. (Hrsg.): Christentum I. Von den Anfängen bis zur Konstantinischen Wende, Stuttgart 2002.
Verschiedene Autoren behandeln drei große Themenkomplexe: „Die Entstehung des Christentums", „Die Konsolidierung in der 2./3. Generation", „Die Selbstbehauptung und Interkulturation in feindlicher Umwelt" bis Konstantin.

Rezeptionsgeschichte

Büchner, K.: Latein und Europa. Traditionen und Renaissancen, Stuttgart 1978.
Grundlegende Aufsätze zum Thema, darunter: „Römische Historiker – Tacitus als Beispiel" von Golo Mann, „Die politische Wirklichkeit und ihre Folgen" von Dieter Timpe und „Die Römer: eine Bilanz" von Alfred Heuß.

Die Textüberlieferung der antiken Literatur und der Bibel, hg. H. Hunger u. a., München 1975.
Von verschiedenen Autoren verfasste Kapitel über das Buchwesen, die Überlieferungsgeschichte der Bibel, der griechischen, lateinischen und byzantinischen Literatur; grundlegend H. Rüdiger zur Wiederentdeckung der antiken Literatur im Zeitalter der Renaissance.

Freely, J.: Platon in Bagdad. Wie das Wissen der Antike zurück nach Europa kam, Stuttgart 2012.
Die Geschichte der Weitergabe antiken Wissens an die christliche Welt durch die Araber.

Greenblatt, St.: Die Wende. Wie die Renaissance begann, Stuttgart 2012.
Ausgehend von Lukrez' „De rerum natura" und dessen Wiederentdeckung zu Beginn des 15. Jhdts. wird die Geburtsstunde der Renaissance beschrieben.

Zeittafel

43 v.–14 n. Chr.	Das Ende der Bürgerkriege und die Ausbildung der Monarchie (Prinzipat). Augustus verzichtet auf die Eroberung des Partherreiches, führt aber die römische Expansion in die Binnenräume West- und Mitteleuropas weiter. Der Rhein und die Donau bilden im Norden die Grenze des Imperium Romanum.
29 v. Chr.	Octavian gestattet auf Antrag der Landtage von Bithynien und Asia den Provinzialen die Einrichtung eines Kultes für die Göttin Roma und seine eigene Person. Das Modell für die künftige kultische Verehrung des Kaisers als Gott ist gefunden.
27 v. Chr.	Octavian legt alle außerordentlichen Gewalten der Bürgerkriegsära nieder. Die Herrschaft über das Imperium wird geteilt: Der Senat regiert wie bisher die befriedeten Provinzen, der Prinzeps übernimmt die Grenzprovinzen und erhält als Rechtstitel ein befristetes *imperium proconsulare*, das mehrmals verlängert wird. Der Senat verleiht Octavian das Cognomen Augustus; der offizielle Name des Prinzeps lautet nunmehr: Imperator Caesar Divi filius Augustus.
23 v. Chr.	Augustus verzichtet auf die jährlich neue Bekleidung des Konsulats. Die *tribunicia potestas*, nach der künftig die Regierungsjahre der Kaiser gezählt werden, tritt neben das *imperium proconsulare*. Der Prinzipat konstituiert sich als Rechtsordnung.
13–9 v. Chr.	Errichtung des Altars der Friedensgöttin (*ara pacis*) auf dem Marsfeld. Sein Bildprogramm verherrlicht die augusteische Ordnung als die Erfüllung der römischen Geschichte.
12 v.–16 n. Chr.	Der römische Versuch, die Elbe zu erreichen und Germanien zu provinzialisieren, scheitert nach großen Anfangserfolgen des Drusus (12–9 v. Chr.) am germanischen Widerstand, der seit 9 n. Chr. von dem abgefallenen Auxiliaroffizier Arminius geführt wird.
14–68	Die Julisch-Claudische Dynastie (Tiberius: 14–37; Gaius: 34–41; Claudius: 41–54; Nero: 54–68). Ausbau der kaiserlichen Zentralverwaltung. In den senatorischen Provinzen regieren seit Augustus im jährlichen Wechsel Prokonsuln, in den kaiserlichen ohne feste zeitliche Befristung proprätorische *legati Augusti*, neben denen ritterliche Prokuratoren die Finanzen verwalten.
30	Wahrscheinlich am 7. April wird Jesus von Nazareth vor dem *praefectus Iudaeae* Pontius Pilatus angeklagt, zum Tode verurteilt und gekreuzigt.

48–58	Etwa 20 Jahre nach dem Tode Jesu setzt Paulus, der sich von Gott zum Apostel berufen glaubt („Damaskuserlebnis"), die Heidenmission gegen den Widerstand judenchristlicher Gruppen durch. In drei großen Missionsreisen gründet er zahlreiche Gemeinden in den Ostprovinzen. Seine brieflich der römischen Gemeinde vermittelte Lehre von der gottgewollten Obrigkeit wies den Christen den Weg zum Gehorsam gegenüber Kaiser und Staat.
68/69	Nachfolgekrise, Bürgerkrieg und Vierkaiserjahr. Das Fehlen einer verbindlichen Nachfolgeordnung führt nach dem Sturz Neros zum Kampf der Grenzarmeen und ihrer Generäle um das kaiserliche Amt.
69–96	Die Flavische Dynastie (Vespasian: 69–79; Titus: 79–81; Domitian: 81–96). Die Feldzüge in England (77–84 unter Iulius Agricola) und Germanien (83–85: Chattenkrieg Domitians) führen zur dauerhaften Besetzung Englands bis zur Tyne-Solway-Linie und zur Einrichtung des Decumatlandes am oberen Neckar; die bisherigen germanischen Heeresbezirke werden in die Provinzen Germania Inferior und Superior umgewandelt. Die seit Claudius in der kaiserlichen Zentralverwaltung mächtigen Freigelassenen werden weitgehend durch Angehörige des Ritterstandes ersetzt. Im August 79 zerstört ein Ausbruch des Vesuv die Städte Pompeii und Herculaneum.
70–120	Zerstörung Jerusalems durch Titus im Jahre 70. In den christlichen Gemeinden schwindet die Hoffnung auf die baldige Wiederkunft Christi. Binnen dreißig Jahren erscheinen vier Biographien über Jesus und die Apostelgeschichte. Die Kirche löst sich von der Synagoge.
98–180	Das Jahrhundert der „Adoptivkaiser" (Trajan: 97–117; Hadrian: 117–138; Antoninus Pius: 138–161; Mark Aurel: 161–180). Die Monarchie wird für alle Belange der Reichsbevölkerung zuständig, soweit diese nicht im Rahmen der Städte gelöst werden können. Trajan erobert Dakien (106); die Reichsgrenzen werden befestigt. Die Eliten der Provinzialen nehmen das angebotene römische Bürgerrecht an, sodass die römische Herrschaft ihren Charakter als Fremdherrschaft allmählich verliert.
112/113	Trajan regelt die staatliche Behandlung der Christenfrage neu: Das Christsein an sich (*nomen ipsum*) ist strafbar, die staatlichen Behörden bearbeiten private und namentlich gemachte Anzeigen gegen die Christen, spüren selbst jedoch keine Christen auf.
150–200	Unter Berufung auf die apostolische Tradition und den Willen Gottes bilden die Christen eine hierarchische Kirchenverfassung aus: Bischöfe, Presbyter und Diakone übernehmen die Leitung der Gemeinden, die Unterstützung der Armen, die Verkündigung der Lehre und die Feier des Gottesdienstes.

161–180	Von Rom nicht kontrollierbare Völkerwanderungen im germanischen Raum lösen die Einfälle der Markomannen, Quaden und Iazygen in die Donauprovinzen aus. 167 schleppen aus Mesopotamien zurückkehrende Truppen die Pest ein, die sich über alle Provinzen ausbreitet.
193–235	Die Dynastie der Severer (Septimius Severus: 193–211; Caracalla: 211–217; Elagabal: 218–222; Severus Alexander: 222–235). Die Armeen an Rhein, Donau und Euphrat gewinnen angesichts wachsender Bedrohungen an politischer Bedeutung; ihre Rekrutierung erfolgt nahezu ausschließlich in den Grenzprovinzen.
212/213	Das römische Bürgerrecht wird durch Caracalla an fast alle Reichsbewohner verliehen.
224/226	Mit der Krönung Ardaschirs beginnt im Iran der Aufstieg des Sassanidenreiches, das unter Schapur I. (241–272) Anspruch auf die Weltherrschaft und die römischen Ostprovinzen erhebt. Die Lehre Zarathustras wird Staatsreligion; die Priesterschaft, hierarchisch gegliedert, erhält einen vom König eingesetzten höchsten Amtsträger.
235–284	Das Zeitalter der Soldatenkaiser (Gallienus: 253–272; Aurelian: 270–275). Die Bestellung der Kaiser wird Sache der Armeen (insgesamt über 40 Kaiser). Trotz schwerer Niederlagen gegen Germanen und Perser behauptet sich das Imperium. Die Konzentration des Großgrundbesitzes nimmt zu; der Bauer bearbeitet das Land vorwiegend als Pächter, der faktisch an seine Scholle gebunden wird.
259/260	Der obergermanisch-rätische Limes wird aufgegeben. Um die Verteidigungsfähigkeit des Reiches zu erhöhen, werden im Hinterland bewegliche Reichsverbände als operative Reserve stationiert; der Ritterstand übernimmt alle wichtigen militärischen Kommandostellen.
260–268	Kaiser Gallienus annulliert die Verfolgungsdelikte gegen die Christen. Im innerkirchlichen Streit um den Umgang mit den vom Glauben Abgefallenen (*lapsi*) setzt sich der Grundsatz durch, dass es außerhalb der offiziellen Kirche keinen Glauben und keine Heilsgewissheit geben könne.
270–275	Aurelian stellt die Reichseinheit wieder her (*restitutor orbis*); die Hauptstadt wird befestigt („Aurelianische Mauer"). Das Kaisertum wird mit dem solaren Monotheismus ideologisch verknüpft (offizieller Staatskult des Deus Sol Invictus).
311	Das Toleranzedikt des Galerius beendet endgültig die Verfolgungen der Christen; die Ausübung ihrer Religion wird staatlich sanktioniert, um dem bedrängten Reich nunmehr auch den Segen des christlichen Gottes zu sichern.